序言　移动新媒体写作的机遇与挑战

进入21世纪后，我国无线移动互联网技术发展成熟，信息的传播渠道从PC端互联网全面延伸到移动终端互联网，而传播介质也从台式机、笔记本电脑扩展到了智能手机、平板电脑、电子阅读器等智能移动终端上。根据2016年8月3日中国互联网络信息中心发布的第38次《中国互联网络发展状况统计报告》："截至2016年6月，我国手机网民规模达6.56亿，较2015年底增加3656万人。网民中使用手机上网的比例由2015年底的90.1%提升至92.5%，手机在上网设备中占据主导地位。同时，仅通过手机上网的网民达到1.73亿，占整体网民规模的24.5%。"在这种情况下，依托联网的智能手机、平板电脑、电子阅读器等智能移动终端发展起来的以微博、微信、新闻APP客户端为典型代表的"移动新媒体"也兴盛起来。今天，移动新媒体已经成为人们日常生活、学习、工作的重要组成部分。对"移动新媒体"的内涵和外延、边界和范畴的认定，目前已经成为学界研究的重要对象。

21世纪第二个十年，移动新媒体的迅速发展使得越来越多的人习惯在以微博、微信、新闻APP客户端为典型代表的"移动新媒体"上阅读、转发信息和文章，从而催生了专门在移动新媒体上进行写作的作者。作者、作品、读者越来越多地集中到移动新媒体上，推动了一种与传统媒体写作迥异的"移动新媒体写作"的兴盛与繁荣。移动新媒体写作虽然出现时间不长，但它已经在写作思维、写作技巧上形成了自己的特色和影响，甚至对人们的生活也产生了较大的影响。"移动新媒体写作"自产生起就呈现了发展快、影响广的趋势，可以说正在跑步前进，它的理论价值、现实意义等，也正在引起学术领域、媒体领域的共同关注。今天，"移动新媒体写作"既获得了巨大的发展机遇，又隐藏着诸多的现实挑战。

从机遇上讲，首先，在联网的智能移动终端上发展起来的以微博、微信、新闻APP客户端为典型代表的"移动新媒体"的兴盛，带动了移动新媒体上不断增长的阅读需求，而大量读者的需求给"移动新媒体写作"带来了巨大的发展动力。甚至从某种角度我们可以说，"移动新媒体写作"就是因读者需求而产生的新型创作。当传统媒体写作还停留在“我写什么你们看什么”的美梦中时，“移动新媒体写作”以其能敏锐地把握读者的心理需求而迅速占领了广大的阅读市场，当我们通过阅读量这一角度去衡量媒体写作的成败时，传统媒体写作是完败于移动新媒体写作的。其次，“移动新媒体写作”一产生便注意时刻保持与时俱进的步伐，善于根据媒体的最新发展和读者的需求不断自我调整与更新，良好的自我革新能力使得它获得了比传统媒体写作更多的发展机遇。例如新浪微博上的文字写作最初被限制在140字以内，所以一开始，适合新浪微博的移动新媒体写作作品，大多在“用最少的文字表达最多的内涵”上下功夫。但很快创作者们发现，除了精简的文字，搭配上合适的图片、声音、影像等，能获得更多粉丝的关注，于是在微博上的移动新媒体写作自我发展出了许多更新的形式和创作方式。目前在新浪微博上使用比较广泛，也比较流行的九宫图、长微博、长图等创作形式，都不是一开始就有的，这种不断创新的特点在移动新媒体写作中显得特别突出。再次，越来越多的人关注移动新媒体，每天花很多时间在以微博、微信、新闻 APP 客户端为典型代表的移动新媒体上阅读信息和文章，对移动新媒体写作作品的阅读观看需求量非常大。虽然几乎人人能读、能看移动新媒体写作作品，但并非人人都能掌握它们的创作方法和技巧，而一个优秀的移动新媒体平台，深知其核心竞争力来自于内容或服务，如果不能提供读者喜闻乐见的、原创的移动新媒体写作作品，或者不能满足使用者的服务需要，这个平台迟早要被粉丝抛弃。因此从市场角度看，智能移动终端的使用者们对移动新媒体写作作品的阅读观看需求很大，使得业界对专业的、优秀的移动新媒体写作从业者需要量陡增。最后，移动新媒体写作的迅猛发展，也正在引发更多专家、学者的关注。学界对“新媒体写作”的研究由来已久，早在2008年，浙江传媒学院的何坦野副教授就出版了一本教材《新媒体写作论》；而2009年，《新闻与写作》杂志推出了“新媒体写作谈”专辑，刊发了一系列的相关论文。但学界对“移动新媒体写作”的研究才刚刚起步，而且大多集中在对微博、微信或新闻 APP 客户端等的媒体研究上，将之综合起来做整体分析的则较少，研究空间还很大，因此“移动新媒体写作”研究是不断升温的。随着学界研究的深入，“移动新媒体写作”的学理价值也在逐渐被发掘。

当然，“移动新媒体写作”的发展也不是完全没有受到挑战、遇到问题的，造成这些挑战和问题的主要原因还是移动新媒体写作的发展速度异常迅猛。2007年，主要模仿美国“Twitter”模式的中国第一批微博产品上线，如饭否网、腾讯滔滔等，但是它们由于种种原因很快就走向了衰败，之后出现的新浪微

高等学校新闻传播学应用型系列教材

本书受湖北品牌发展研究中心、启林教育学院资助

移动新媒体写作

学术顾问　申　凡
主　　编　刘　晶
副 主 编　方　蔚　彭晓艳
编 委 会　刘　晶　方　蔚　彭晓艳　王丽明　李春梅

武汉大学出版社
WUHAN UNIVERSITY PRESS

图书在版编目(CIP)数据

移动新媒体写作/刘晶主编.—武汉：武汉大学出版社，2018.4(2024.1 重印)
高等学校新闻传播学应用型系列教材
ISBN 978-7-307-19770-1

Ⅰ.移…　Ⅱ.刘…　Ⅲ.新闻写作—高等学校—教材　Ⅳ.G212.2

中国版本图书馆 CIP 数据核字(2017)第 263035 号

责任编辑:韩秋婷　　责任校对:汪欣怡　　版式设计:汪冰滢

出版发行：**武汉大学出版社**　(430072　武昌　珞珈山)
(电子邮箱：cbs22@ whu.edu.cn　网址：www.wdp. com.cn)
印刷:武汉图物印刷有限公司
开本:720×1000　1/16　印张:16.25　字数:287 千字　插页:1
版次:2018 年 4 月第 1 版　2024 年 1 月第 4 次印刷
ISBN 978-7-307-19770-1　定价:45.00 元

博、微信吸取前人的教训做出改进，才取得了成功。所以，由于移动新媒体平台也处于不断发展当中，移动新媒体写作的发展环境显得不够平稳。而且移动新媒体写作发展速度飞快，影响越来越大，但传统媒体写作依然占据着目前媒体写作的主流地位，一方面在数量占比上，目前移动新媒体写作并没有达到取代传统媒体写作的程度；另一方面在人们的心目中，对移动新媒体写作的作品的认可度，特别是对其发布的信息真伪性有疑虑，这些都对移动新媒体写作发展形成了一定阻力。同时，移动新媒体写作的迅猛增长，使得全行业都在寻觅优秀的移动新媒体写作者，但由于我们的教育步伐还没有跟上它发展的速度，大量创作水平参差不齐的从业者的涌入，造成了移动新媒体写作作品质量的良莠不齐，由此带来了一定负面影响。另外，移动新媒体写作尚缺乏相应的、健全的法律法规的约束和管理，在市场的刺激下，其发展容易出现偏差，特别是在原创性保护、技术作弊、文化禁忌等方面还不够规范。如 2016 年上半年，光谷客微信公众号(guangguer)上发布了一篇独家新闻调查《武钢减员 5 万人背后：一个普通钢铁家庭的命运沉浮》，该文迅速被各大新闻网、移动新媒体平台侵权转载，引发了大众对移动新媒体写作领域抄袭成风、懒于原创的乱象的再度关注。又如 2016 年 9 月，腾讯技术部门改变了微信公众号的接口，使刷量工具失效，让很多知名微信公号露出了马脚，大量号称拥有“10 万+”的超高阅读量的微信文章在脱去技术作弊所加诸的华丽外衣之后，显得“瘦弱不堪”，甚至只有几百的阅读量。所以，移动新媒体写作的健康发展，需要原创作品的支撑，需要更多了解移动新媒体写作系统理论、具备创新创作能力、遵守规范的作者们支持。

移动新媒体写作发展如此迅猛，但适合大学生、从业者、普通大众学习的移动新媒体写作理论与实践的相关教材却十分缺乏，鉴于此，我们决定编撰一本《移动新媒体写作》的教材，既能更好地服务高校的教学工作，使相关专业的学生能熟悉和掌握移动新媒体写作的最新理论、技术流程和关键技巧，又能满足移动新媒体从业人员的自学需求，他们可以通过阅读本教材自学自练，提高移动新媒体写作能力，还能使对移动新媒体行业有兴趣的广大群众了解移动新媒体写作的基本理论和技术。

本书在内容上主要分为三个板块，第一个板块是移动新媒体写作理论板块，涵盖第一章和第二章的内容，向读者介绍“移动新媒体”，阐述移动新媒体写作的发展脉络、写作观念和方法特点。第二个板块是移动新媒体写作的主要类型及创作技巧板块，涵盖第三章到第九章的内容。在这一部分，我们综合热门程度及重要性，选择了最具代表性的几种移动新媒体写作类型，包括新闻资讯类、政务公文类、企业营销类、休闲娱乐类、文化教育类、健康母婴类和微创作类等，分别介绍这些重要类型的特点和写作的关键技巧。第三个板块是移动新媒体写作的问题研究板块，即本书的最后一章。在这一部分，我们正视移动新媒体写作在发展中出现的各种问题和不良现象，强调“规范是为了更好的发展”的观点。

我们编撰的这本书具有鲜明的创新特点：第一，内容创新，具有前沿性。目前国内相关领域只有业界的一些培训讲义，能供高校教学使用的最新教材几乎没有，本书研究和阐释移动新媒体的写作，内容非常新颖。而我们把研究重点瞄准“移动新媒体”，研究以微博、微信、新闻 APP 客户端为典型代表的移动新媒体的写作，具有前沿性。第二，体例创新，具有针对性。本书尽量避免拖沓繁冗的结构和语言，在保证基本理论较全面的前提下，有针对性地对当前最重要的若干移动新媒体写作类型进行集中介绍与阐发。体例上改编传统的多以“载体”为导向的结构，以“传播指向和文本风格”为导向来建构内容和框架，具有创新性。第三，练习创新，突出实践性。本书非常注重案例教学的运用，每章开头都选取最新的实际案例进行教学导入，结尾则设置本章习题以加强操作环节的应用训练。在习题设置上偏向“实用”“实际”，从而做到讲练结合，真实地提高学习者的移动新媒体写作能力。

依托联网的智能手机、平板电脑、电子阅读器等智能移动终端发展起来的以微博、微信、新闻 APP 客户端为典型代表的移动新媒体的兴盛，使得移动新媒体写作成为业界的热门，并引发了学界的关注。本书的编撰者是来自高校中文、新闻、品牌等不同专业的几位年轻学者，他们既具备扎实的理论功底，又有一定的移动新媒体写作亲身实践和指导经验，还能利用各自不同的学科背景进行互补，从而保障了本书能兼备学理价值和实用价值，使读者们能通过这本书了解移动新媒体写作的专业理论，切实提高移动新媒体写作的创作能力。

目　录

第一章　移动新媒体写作的时代背景

【本章导言】

随着无线网络的普及和终端设备的发展，智能手机、平板电脑、掌上电脑等智能移动终端日趋发达，对当下的社会生活产生了巨大的影响。当人们普遍习惯在智能移动终端上查看信息或阅读时，微博、微信、新闻 APP 等移动新媒体应运而生，并催生了以微博、微信、新闻 APP 写作为主的移动新媒体写作。本章主要介绍移动新媒体的产生与发展，阐述移动新媒体写作的兴起与特点，包括以下三个部分的内容要点：

(1)移动新媒体的发展脉络和影响；

(2)移动新媒体写作的发展现状；

(3)移动新媒体写作与传统写作的异同。

【本章引例】

2015 年 10 月 23 日，腾讯全球合作伙伴大会“互联网+智慧城市”分论坛在重庆悦来国际会议中心举行。会上，微信官方第一次公开了微信用户数据：

60%微信用户是年轻人(15~29 岁)；

年轻人平均有 128 个好友；工作后好友会增加 20%；

58%异地通话是年轻人；

年轻人购物高峰是在早上的 10 点和晚上 10 点；

用户活跃高峰相比去年的晚上 10 点 30 分提前到了 10 点。

微信(2015 年)9 月平均日登录用户达到 5.7 亿人次；

在城市渗透率方面，一线城市渗透率达到 93%，二线城市为 69%；

用户分类上“90 后”爱看娱乐八卦，“80 后”喜欢国家大事，“60 后”热衷“鸡汤”文化。

西湖是微信签到最多的地方；香港是微信用户境外签到最多的地方。

(节选自 2015 年腾讯全球合作伙伴大会“互联网+微信”分论坛上公布的数据)

微信作为当下最流行的移动新媒体之一，其发展速度之快、影响面之广令人惊讶。你的手机里安装了微信吗？你平均每天花费多长时间在微信上阅读和转发文章呢？

第一节　移动新媒体概述

一、从“新媒体”到“移动新媒体”

“新媒体”这一概念的提出最早可以追溯到1967年。这一年，美国哥伦比亚电视网技术研究所所长，同时也是NTSC电视制式的发明者高尔德·马克，发表了一份关于开发电子录像商品的计划，他在计划书中把电子录像称为“新媒体”——“新媒体”一词由此而来。① 之后，美国传播政策总统特别委员会主席E. 罗斯托在向尼克松总统提交的报告书中，也多处使用了“new media”一词。由此，“新媒体”一词开始在美国社会上流行并扩展至全世界。中国的学者们对“新媒体”的定义并不统一，不下十多种。如清华大学熊澄宇教授提出，所谓新传媒，或称数字媒体、网络媒体，是建立在计算机信息处理技术和互联网基础之上，发挥传播功能的媒介综合。它除具有保值、电视、电台等传统媒体的功能外，还具有交互、即时、延展和融合的新特征，其用户既是信息的接收者，又是信息的提供和发布者。它是包括数字化、互联网、发布平台、编辑制作系统、信息集成界面、传播通道和接收终端等要素的网络媒体，已经不仅仅属于大众媒体的范畴，而是全方位、立体化地融合了大众传播、组织传播和人际传播方式，以有别于传统媒体的功能影响我们的社会生活。② 中国传媒大学黄升民教授将网络电视、地面移动电视、手机电视视为新媒体的三大部分。③ 中国传媒大学宫承波认为，门户网站、搜索引擎、虚拟社区、电子邮件、网络文学、网络游戏属于新媒体。④ 北京大学陈刚教授认为，新媒体是对传统媒体的时间和空间的扩展，是传统媒体的延伸和变化，是通过渠道创新而进行的市场定位的细分和传播范围的扩大化。他还提出了数字生活空间的理

---

① 杨继红：《谁是新媒体》，清华大学出版社2008年版，第9页。

② 熊澄宇、廖毅文：《新媒体——伊拉克战争中的达摩克利斯之剑》，http://news.xinhuanet.com/newmedia/2003-06/10/content_910340.htm，2003-06-10。

③ 虢亚冰、黄升民、王兰柱等：《中国数字新媒体发展报告》，中国传媒大学出版社2006年版，第1页。

④ 宫承波：《新媒体概论》，中国广播电视出版社2007年版，第1页。

念，认为“以互联网为基础的新的传播形态，是依托于数字技术，对人类日常生活中的各种信息传播和交流活动进行的虚拟的还原和放大，这种传播形态创造了一种新的数字生活空间”①。因此，目前新媒体的内涵与外延尚未统一，边界与范畴也模糊不清，这反映出新媒体发展之快、变化之多。

而进入21世纪第二个十年后，信息的传播渠道从PC端互联网全面延伸到移动终端互联网，而传播介质也从台式机、笔记本电脑扩展到了智能手机、平板电脑、电子阅读器等智能移动终端上，从而诞生了移动新媒体。对“移动新媒体”这一概念，学界、业界看法比较谨慎，大多认为移动新媒体就是新媒体的移动化，如中国社会科学院新闻与传播研究所唐绪军教授认为“中国新媒体稳步发展，移动化趋势明显。……中国新媒体发展进入‘微时代’”②。暨南大学教授谭天也持类似观点。中国网络通信集团高级主管付玉辉则认为“移动终端媒体化移动媒体主要指以移动终端载体和无线网络为传播介质，实现文字、图像、音频、视频等内容的传播和服务，是以手机媒体为典型代表的一种新的传播形式”③。鉴于此，我们并不打算纠结于对“移动新媒体”具体概念的确定，而是从更为现实和务实的角度出发，抓住移动互联网时代信息传播内容领域的重要呈现方式，本书把“移动新媒体”看作是依托联网的智能手机、平板电脑、电子阅读器等智能移动终端发展起来的以微博、微信、新闻APP客户端为典型代表的新兴的媒体。

二、微博、微信、新闻APP客户端的发展现状

(一)微博的发展现状

微博，作为一个一般术语，指微博客(Microblog)，是一个基于用户关系的信息分享、传播及获取平台，用户可以通过Web、WAP以及各种客户端组建个人社区，以简短的文字更新信息，并实现及时分享，国际上最早、影响最大的微博是美国的Twitter。Twitter由杰克·多西在2006年创办、启动的网络社交平台。Twitter是完全免费的，它允许用户将自己的最新动态和想法用类似移动电话中短信息那样的形式发布出来，但长度被限制在140个字符之内，同

① 陈刚、沈红、马澈等：《创意传播管理：数字时代的营销革命》，机械工业出版社2012年版，第9页。

② 唐续军、黄楚新、刘瑞生：《移动化新媒体：微传播改变中国》，载《中国报业》2014年第13期。

③ 李秀莹、付玉辉：《我国移动新媒体研究走向：移动·融合·创新——2011年中国移动新媒体研究综述》，载《中国传媒科技》2012年第5期。

时它可以绑定 IM 等即时通信软件。Twitter 在全世界都非常流行，截至 2012 年 3 月，Twitter 共有 1.4 亿活跃用户；2013 年 9 月，Twitter 进行首次公开募股，11 月 7 日 Twitter 股票在纽约证券交易所挂牌；2015 年第二季度，Twitter 在季度财报中指出，该公司月活跃用户数已经达到 3.16 亿人，移动端月活跃用户数在第二季度月活跃用户总数中的占比达到 80%。“据 2015 年新浪微博发布的第三季度财报中显示，截至 2015 年 9 月 30 日，其微博月活跃用户数（MAU）已经达到 2.12 亿人，较上年同期增长 48%，其中 9 月份移动 MAU 在 MAU 总量中的占比为 85%；9 月的日均活跃用户数（DAU）达到 1 亿人，较上年同期增长 30%。”①中国内地的微博起源于 2007 年王兴仿照 Twitter 创办的“饭否”，但到 2009 年，饭否、叽歪等中国最早的一批微博产品相继停止运营，而一些新的微博产品开始进入人们的视野中。2009 年 8 月，新浪成为国内最早推出微博服务的门户网站，其后国内大型门户网站也纷纷跟进推出微博产品，如百度贴吧、搜狐微博、网易微博、腾讯微博/说说等，而新华网、人民网、凤凰网等多家网站也相继发布了自己的微博产品。

2014 年，“新浪微博”正式更名为“微博”，这个目前在国内微博市场份额最大的微博产品，从此独占了“微博”一词，现在我们在中国大陆提起“微博”，如无特别说明，就是指新浪“微博”。而这一由新浪网推出的提供微型博客服务类的网络社交平台，从 2009 年创立到成为中国最大、最好的微博产品，至今才不过短短七年时间。七年中，新浪微博不断完善自我，添加了“@”“私信”“评论”“转发”功能以供用户交流。用户可以通过网页、WAP 页面、手机客户端、手机短信、彩信发布消息或上传图片，用户可以随时随地将看到的、听到的、想到的事情写成一句话，或发一张图片，通过 PC 端或者智能移动终端分享给朋友，不仅可以分享还可以关注朋友，即时看到朋友们发布的信息。同时，新浪微博邀请明星、名人、媒体工作者加入开设微博，并对他们进行实名认证，认证后的用户在用户名后会加上一个字母“V”，以示与普通用户的区别，同时也可避免冒充名人微博的行为，但微博功能和普通用户是相同的。公众名人用户众多是新浪微博的一大特色，目前已经基本覆盖大部分知名文体明星、企业高管、媒体人。除了名人认证，新浪微博为了方便企业在微博上进行宣传，也进行企业认证。与名人认证相同，经过企业认证后的用户名后也会加上一个字母“V”，因此吸引了越来越多的政府机关、媒体单位、企业公司、各

① 新浪微博数据中心：《2015 微博用户发展报告（年度报告）》，http：//www.useit.com.cn/thread-10921-1-1.html，2015-12-16。

类组织机构等纷纷开通“加 V”微博，不过粉丝团体、纯自发性民间团体等不能进行认证。

2010 年，新浪微博每天发博数超过 2500 万条，其中有 38%来自于移动终端，每天发布微博数量超过 2500 万条，微博总数累计超过 20 亿条。2015 年 2 月，数据显示新浪微博凭借 88.7%的份额主导微博应用市场。2015 年微博发布的第三季度财报中显示，截至 2015 年 9 月 30 日，微博月活跃用户数已经达到 2.12 亿人，较上年同期增长 48%，其中 9 月份移动端用户占比为 85%。2016 年微博发布的第二季度财报显示，截至第二季度末，微博月活跃用户为 2.82 亿，连续九个季度保持 30%以上增长，其中移动端月活跃用户同比增长 40%。而吉尼斯世界纪录“微博 TM 上最多评论的博文的纪录”称号，也是由新浪微博用户创造的。截至 2014 年 8 月 5 日，男子明星组合 EXO 的成员鹿晗凭借微博平台上一条于 2012 年 9 月 10 日转发自曼彻斯特联队球迷俱乐部的微博获得了 13162859 条评论，从而创造了评论最多的博文这一吉尼斯世界纪录。

(二)微信的发展现状

微信是一个为智能终端提供即时通信服务的免费应用程序，微信支持跨通信运营商、跨操作系统平台通过网络快速发送免费(需消耗少量网络流量)语音短信、视频、图片和文字，同时，也可以使用通过共享流媒体内容的资料和基于位置的社交插件“摇一摇”“朋友圈”“公众平台”“语音记事本”等服务插件。

2010 年 10 月，腾讯公司启动了微信研发项目，由张小龙带领的腾讯广州研发中心产品团队打造，该团队曾成功开发过 Foxmail、QQ 邮箱等成功项目。2011 年 1 月 21 日，微信(WeChat)发布了测试版。2011 年 5 月 10 日，微信发布了 2.0 版本，该版本新增了语音对讲功能，使得微信的用户群第一次有了显著增长。到 2011 年底，微信用户数量超过 5000 万；2012 年 3 月，微信用户数量破 1 亿；2012 年 9 月，微信注册用户数量破 2 亿；2013 年 8 月，微信国内用户数量超 4 亿，海外用户数量超 1 亿；2013 年 10 月，腾讯微信的用户数量已经超过了 6 亿，每日活跃用户 1 亿。截至 2015 年 9 月 30 日，微信和 WeChat 合并月活跃用户量达到 6.5 亿，同比再涨 39%。微信已经覆盖中国 90%以上的智能手机，用户覆盖 200 多个国家、超过 20 种语言。微信公众号的数量已经突破 1000 万(截至 2015 年 8 月)，每天还在以 1.5 万的速度增加，移动应用对接数量超过 85000 个。2015 年 10 月 23 日，在重庆召开的腾讯全球合作伙伴大会微信分论坛上，微信产品团队对外发布了《2015 微信生活白皮书》，展示了微信对于生活的影响。该白皮书中称，微信 9 月平均日登录用户数达到 5.7

亿，一线城市渗透率达到93%，二线城市渗透率达到69%。①

2015年7月21日，“城市服务”正式接入北京市。用户只要定位在北京，即可通过“城市服务”入口，轻松完成社保查询、个税查询、水电燃气费缴纳、公共自行车查询、路况查询、12369环保举报等多项政务民生服务。之后武汉等城市也陆续开通了这一功能，进一步拓展了微信应用的广度和深度。微信已成为众多手机用户的“强应用”与“日常应用”，媒体借助这一平台来传播自身内容与品牌也是一个不错的选择。由于用户路径依赖使然，不少用户表示每天通过微信平台对当天的新闻已有了解，不必再打开新闻客户端来看新闻，而“微信”却是一个时时要上、天天要看的移动互联应用。

一些媒体在微信公众平台上开设自己的“微信公共账号”，与开发独立APP至少需要10万元的成本相比，“微信公众账号”的成本可以忽略不计。但微信公众账号模式也有自己明显的缺点，尽管开发成本较低，但由于当前微信缺乏推荐机制，开发者如果不主动推广，用户获知该公众账号的唯一途径就是在微信内自行搜索关键词或由自媒体“大V”们推荐。大多数媒体“微信公众账号”很难通过搜索这单一的途径脱颖而出，而通过自媒体“大V”们进行广告推荐，一条广告标价高达5万元，能为“微信公众账号”带来约500名新增用户，相当于一个用户的获得成本要100元。总体而言，媒体取道“微信公众平台”，前期投入成本低，但后期的推广营销成本却并不低。

值得一提的是，随着各类微信公号的迅速增长，也出现了优秀的原创作品越来越多地被剽窃、抄袭的不良现象，这引发了微信团队的高度重视，如果不出台措施保护原创作品，将极大地打击原创作者的创新积极性。于是，微信团队出台了一系列措施着手保护微信原创作品的作者版权。2014年4月，《微信公众平台运营规范》出台，其中4.1.2条明确规定：“未经授权发送他人原创文章，侵犯他人知识产权；未经授权发送他人身份证号码、照片等个人隐私资料，侵犯他人肖像权、隐私权等合法权益……首次出现此类侵权行为将对违规内容进行删除处理，多次出现或情节严重的将对违规公众账号予以一定期限内封号处理。”2015年1月22日，微信公众平台在晚间发布声明称，为维护作者权益，鼓励优质内容产生，微信公众平台上线原创声明功能，旨在解决原创文章版权标识。该声明表示，原创文章在原创声明成功后，微信公众平台会对该文章添加“原创”标识，当其他用户在微信公众平台发布已进行原创声明的文

① 微信产品团队：《2015微信生活白皮书》，http://tech.qq.com/a/20151023/057238.htm#p=1，2015-10-25。

章时，系统会为其注明出处。

2015 年 2 月 3 日，微信团队发布《微信公众平台关于抄袭行为处罚规则的公示》，该公示规定：第一次删文并警告，第二次封号 7 天，第三次封 15 天，第四次封 30 天，第五次永久封号。对于不遵守平台规则，乱使用“原创声明”功能的恶意和违规行为，一经发现和被举报，微信公众平台将永久回收其“原创声明”功能，且进行阶段性封号处理。该公示发布两个多月内，微信公众平台累计删除抄袭侵权文章 32000 余篇，处罚公众账号 497 个。而除了惩罚抄袭的规则，微信团队也推出了原创激励措施。2015 年 3 月，微信推出公众账号“打赏”功能，其初衷就是告诉用户，只要不抄袭，辛勤码字，读者看完觉得对自己有价值，那么他就会为你的付出买单。微信这一新功能，使我们坚信“内容为王”依旧是移动新媒体创作者变现的主要途径。

(三)新闻 APP 客户端的发展现状

APP(Application)是指应用程序，一般指安装在手机上的软件，可以完善原始系统的不足与个性化。大量联网智能移动的用户接触媒介的时间是零散的，手机上网充斥在日常生活的各种场景中，打车、排队、睡觉前、学习间隙等，因此新闻 APP 更能满足用户碎片化内容的需求偏好。各大媒体的战场从 PC 终端转向了智能移动终端，除了官方微博、微信公众号之外，加入到 APP 行列也成为一种必然选择。有远见的媒体、运营商早已启动“移动之旅”，在移动平台谋篇布局，跑马圈地，渴望占得先机。简单地说，媒体移动化生存就是做一个新闻 APP 客户端。

APP 重新定义了“时间与空间”，对其进行类别区分的不再是时空，而是需求与场合。它作为现实世界与虚拟世界的连接，强化了相应场合下人们的实时体验。它本身是一种独特的媒介形式，包含着先前出现过的多种媒介样态。但它不会止于“媒体”的单一定位，它不只制造“内容”还负责提供“体验”，一个好的 APP，它的身后不仅仅是一个生产内容的媒体，而是一个能够提供多种体验与社会交往的媒介组织。凡此种种，对于传统媒体转战新闻 APP 是一个挑战。① 目前，新闻 APP 有两种路径选择。

第一种是独立 APP，即由媒体自己开发、运营的 APP，将母体的内容及品牌迁移到移动端，借此实现自身的移动化转型。独立 APP 优点很多，比如可以根据媒体自身需求开发更加个性化的功能和交互方式，此外，也能实现操作系统的性能优化。但其开发成本与进入门槛都较高，媒体前期要投入大量的

① 栾轶玫：《新闻 APP：向死而生》，载《网络传播》2014 年第 1 期。

人力、物力，还必须耐得住寂寞，能够承受初期难赢利之痛。此外，独立APP的另一问题是其应用数据很难被外界抓取，且不同应用之间的数据很难共享，这样独立APP很容易变成信息孤岛——孤立APP。

第二种模式是入驻APP平台，借助APP开放平台，来发展自己的APP，比如央视新闻、参考消息等，他们通过入驻搜狐新闻APP来实现自己的移动化生存。以央视新闻为例，它是首个使用搜狐新闻客户端“流媒体”模板的电视媒体账号，由于搜狐APP开放平台与央视新闻的24小时滚动新闻特点非常契合，可实时更新内容，充分利用“视频”“图文”“组图”“直播”等多媒体形式，同时用户可在每条新闻后跟进评论及一键分享至微博、微信等社交媒体。入驻APP平台模式可以说是媒体机构“借船出海”的移动生存策略，以搜狐新闻客户端为例，其目前用户量为1亿5000万，媒体机构可依靠它们的巨量用户平台来传播自身内容、构建自身品牌。

入驻APP平台模式相比独立APP模式而言投入少，见效也快，央视新闻在入驻搜狐APP平台一个月就获得了350万名的订阅用户。《参考消息》在搜狐新闻客户端上的订阅量超过千万，《人民日报》在搜狐新闻客户端上的订阅量超过500万，远大于其报纸发行量。显然，很多媒体看到了入驻APP平台远比自身APP见效快而纷纷效仿，截至2013年4月，已有550家媒体选择入驻搜狐新闻客户端而不是自立门户。但此种模式也有风险，主要风险在于媒体作为内容提供者，与平台方博弈时始终处于下风，未来随着平台方的不断壮大，媒体自身的要价权与能动性都将受限。2015年，Analysys易观智库产业数据库发布《中国移动新闻资讯APP市场专题研究报告2015》，报告指出：“从行业格局来看，目前中国移动新闻资讯APP市场的第一阵营已经成型，腾讯新闻、搜狐新闻、今日头条、网易新闻和凤凰新闻分列行业活跃用户规模的前五位。……凤凰新闻则依靠拥有凤凰网、凤凰卫视、凤凰周刊等全媒体优质内容资源优势，以独家特色内容吸引用户使用，在2015年4月实现了39.3%的高速增长，是Top 5移动新闻资讯APP中增长率最大的应用。”可见，优秀的原创内容能为新闻APP客户端带来强大的市场竞争力。

三、移动新媒体的功能与特点

如果从人类出现时算起，传统媒体大致经历了三次大的演变。第一次演变被认为是口语形态的出现，它使人类有了面对面交流的工具。第二次演变是书面语言的出现，它使人类有了记录的工具和异地交流的手段。现代意义上的第一代媒体——报刊媒体，即是书面语言逐步演变的结果。第三次演变被认为是电在传播中的运用，包括电报的发明、广播电视的诞生，其显著特征是人与人之间的沟通可以借助于机器来完成。移动新媒体则是超越了这三次演变之后的互联网技术参与智能移动媒体的应用，如微博、微信、新闻 APP 客户端等都依靠网络在智能移动终端参与信息传播，使得舆论传播从传统媒体时代的“我说你听”，到网络时代的“你说也听我说”，再到移动互联网时代的“我问你答”。

（一）移动新媒体的功能①

1. 信息传播功能

传播信息的功能是媒体的使命，随着传播手段逐渐与人类日常生活融合发展，传播信息的功能也日益强大。从最初的单向人际传播，到多元化多点传播，到现在的无时空界限的无界传播，移动新媒体时代的信息传播功能已经发生革命性的变化，将朝向智能化、个性化、随意化方向发展。媒体的信息传播在新技术推动下，已经朝着智能化、移动化方向发展，媒体的无线控制技术与无线传播网络的建设也日益完善。美国于 2013 年 1 月提出建设全美无线上网免费网络，这将是全世界的一个样本。日本与韩国已经建成全球最快速的网络公共服务设施，人们可以在智能传播媒体的帮助下，处理各种日常生活事务，并且实现办公与生活的结合，进而改变现代城市因为工作而导致的交通拥挤、环境污染等现状。类似的智能传播还可以通过网络实现个人生活的智能化，现在，用一部智能手机，在有网络信号的地方，就可以便捷地处理各种生活事务，从邮件收发、票务处理到各种缴费，智能信息传播功能正在提高人们的生活质量，延拓个人生命的空间。

随着新的传播环境的形成，在智能化、移动化的基础上，以个人需要，量身定做的信息服务完全可以实现。2014 年春节，由于微信和微博的大量使用，移动、联通、电信等公司的短信拜年业务量急剧下降，收入大幅减少。人们用各种便捷的个性化传播来展现自我，更好地发挥着个性与创造力，提升了信息时代的社交水平。而一些正能量信息通过个性化的传播，被广泛传扬，对社会正气的凝筑发挥了一定作用。此外，个性化传播功能的发展，对于虚拟社区的形成，产生了社会分层的作用。突破时间限制的移动新媒体传播空间，对于建构新型的社会结构和伦理关系将会产生极大的影响。基于农业文明的血亲关系和工业文明的买卖关系，将被基于信息社会的交互关系所取代。

① 王鑫、路琳娜：《新媒体时代的媒体功能研究》，载《科技传播》2015 年第 2 期。

2. 社会服务功能

新的媒体传播手段，促进了全人类的教育公平化和资源共享化。教育传播功能，将海量的信息进行整合，形成了人人能利用的教育平台。各种网络的图书馆、网络教育平台、网络图书、个人期刊等，都以新的媒体传播环境而使所有能够运用移动新媒体的人受益。人类首次在新的媒体传播环境中进行全人类的共同知识整合，人类的智慧与进化将在移动新媒体的推动下，产生突飞猛进的变化。各种社会服务体系信息化的推进将在新媒体新传播的环境中得以实现。例如湖南电广的有限网络，将利用其375G的超强带宽，打造一个极为高速同步清晰的家庭云电视终端网，个人的同步联系可以通过电视机实现，并在家庭照顾、远程聚会、即时医护等方面提供各项服务。目前这种模式已经在长沙等地实施，并在湖南电广传媒的上市公司增股中募集了50亿元以上的资金，用于这个项目的推广。

相信在不久的将来，基于新的媒体传播环境下的社会服务将有更丰富的内容，使媒体的社会服务功能体现出人性化、便捷化、即时化的最佳效果。各种社区生活服务也将在新的媒体传播的环境中即时化和便捷化，难以想象的各种数字社区服务将不断地呈现，人们可以从各种事务中解脱出来，真正实现人的解放。

3. 舆论监督功能

移动新媒体出现之前，传统媒体的舆论监督存在着被动、反应速度慢、选择面窄、受众难以接近等制约因素，难以满足人们日益增长的需求。而移动新媒体自身具有巨大的影响力，例如“大V”的微博影响力几乎相当于一个电视台。并且，移动新媒体舆论不会局限在自身媒介形式的影响力范围之内，还可以透过传统媒体影响到整个社会舆论。移动新媒体舆论的关注热点同整个社会舆论的关注热点高度重合，移动新媒体舆论是社会舆论发生、发展的重要阵地，也是社会舆论的重要表现形式。由此，移动新媒体成了公众监测整个社会环境的新通道。在移动新媒体平台上，任何一种声音都能进行自我表达，任何一个人都能追踪关于特定议题的舆情发展状态。因此，移动新媒体也推动了政务信息公开的进程，对其提出了快速、及时、准确、权威的新要求。要搭建政府与网民迅速、高效沟通的移动新媒体平台，这样不但使公民参政议政成为可能，而且可以有效帮助政府加快信息公开，加快转变政府服务方式，充分保障公民的知情权、监督权与表达权。此外，要在尊重网络民意的同时，提高对网络民意的甄别能力，既不能阻碍新媒体舆论的传播渠道，又要防止被网络民意所挟持。

(二)移动新媒体的特点

新媒体总是与旧媒体相对而言的。回顾人类传播发展历程，从口头传播到文字传播、大众传播再到今天的网络传播，每一次新的媒体出现，都将开启一个新的时代。随着互联网的飞速发展，网络化、数字化、智能化、移动化已经成为人类生活的重要组成部分，我们正跑步进入一个崭新的移动新媒体时代。

移动新媒体具有以下几个特点，第一，全时传播。信息传播的时效性有四个发展阶段：定时、即时、实时、全时，全时传播指的是信息随时可以进行发布，不像报纸那样发行要受到时间段的限制。第二，全域传播。移动新媒体传播的地域和空间限制越来越少，只需要设备和传输信号，就可以发布和接收信息，而智能移动终端设备已经越来越普及。第三，全民传播。传播不再是机构、媒体单位的事情，而是每一位民众都可以参与其中，谁都可能是消息发布者和作品推广者。第四，全速传播。移动新媒体传播速度比旧媒体快很多，在事件发生的同时就能够进行传播活动，而且能在较短时间内实现大范围的传播。第五，全媒传播。移动新媒体传播的信息和作品不再单纯只有文字或者图片，还附有音频、视频等多种触觉通道，正逐渐实现全媒传播。第六，全互动传播。以往信息的搜集和发布活动过程只有记者参加，但在移动新媒体时代，所有用户都有机会参与到这些过程中去，并且还可以在事后发表评论、表达意见。第七，去中心化传播。移动新媒体时代逐渐消解了类似于传统媒体“头版头条”这样的状况，不同的受众可以选择不同类型的信息去阅读，在不同的主题下进行讨论，每个人都有自己的选择权，使得中心逐渐消失。第八，去固定程式传播。传统报纸上的信息传播多采用比较固定的用词模式，但在移动新媒体上，不同作者、发布人可以用自己使用语言的习惯进行创作。①

综上，新媒体较之传统媒体具有传播速度快捷、信息容量巨大、表现形式多元、互动反馈及时、运营成本低廉等明显的传播优势，此外新型媒介的层出不穷也不断地刷新着受众的媒介接触习惯。新媒体唯一的缺点就是它的依赖性。新媒体不是人类先天自然拥有的技能，完全依赖于技术。没有科技的更新迭代，没有信息化、数字化、大数据等技术，新媒体完全不可能像今天这样迅猛发展。

① 孟波：《新媒体十大特征》，http：//media.people.com.cn/GB/40606/15263170.html，2011-07-27。

第二节　移动新媒体写作的兴起

一、移动新媒体写作的含义和特点

(一)移动新媒体写作的含义

移动新媒体写作，即主体在移动新媒体上的写作，而本书中提到的“移动新媒体”是指依托联网的智能手机、平板电脑、电子阅读器等智能移动终端发展起来的以微博、微信、新闻 APP 客户端为典型代表的新兴的媒体。因此，移动新媒体写作主要指 21 世纪以来存在于智能移动设备上，在以微博、微信、新闻 APP 客户端为典型代表的新型媒体中进行的创作。随着新媒体向移动新媒体的快速发展，写作与移动新媒体相互结合，而写作这种古老的表达方式与新兴的前沿科技融合后产生了不同以往的、具有革命性的新事物——移动新媒体写作。

(二)移动新媒体写作的特点

学界对于新媒体写作的特点有诸多概括，如超文本性、交互性、游戏性、虚拟性、匿名性、共享性、集体性等，但对移动新媒体写作的研究还十分有限。我们从理论价值与实践意义相结合的意义上出发，在研究了大量优秀的移动新媒体写作作品后发现，移动新媒体写作作品一般具有以下突出的特点：

1. 移动新媒体写作的核心内涵是“创新创意”

一般来说，所有的创作都要讲求创新性，但移动新媒体写作是把“创新”和“创意”结合起来，当作自己的立身之本。那些优秀的、原创移动新媒体写作作品无不充满了创新创新，瞬间就能抓住人们的眼光。

2. 移动新媒体写作的思维倾向于“发散型”

移动新媒体写作的创作思维不是聚合型的，而是发散型的。发散思维要求创作者能从不同角度、不同方向思考，从多方面寻求多样性结果的一种展开性思维方式，就像我们常说的善于“举一反三”的那种思维。

3. 移动新媒体写作的文化属性是“大众的”

移动新媒体写作属于大众文化中的一环，主要面向广大的民众进行创作，因而在创作时要时时关注大众的审美倾向、接受水平等。

4. 移动新媒体写作的内容形式呈现出“类型化”“多媒性”

移动新媒体写作的内容尽管总体十分丰富，但由于大众兴趣的强大导向，因而形成了类型化的特点，目前较热门的移动新媒体写作的内容主要集中在新闻资讯、企业营销、休闲娱乐、文化教育、健康母婴、微创作等方面。移动新媒体写作在形式上则融合了文字、图片、声音、影像、符号、表情等多种媒介素材，具有“多媒性”。

5. 移动新媒体写作的风格导向是“交互性”“休闲性”

移动新媒体写作不仅面向大众进行创作，还非常注意与读者的交流和互动，关注读者的反馈与体验，并随时根据数据调整接下来的创作。而查阅、观看移动新媒体写作作品的广大读者大多是利用闲暇的、零散的时间进行，这就使得移动新媒体写作风格偏向休闲化，专业风格过于强烈的作品不利于扩大传播。

【案例 1-1】

图 1-1　“碧浪”新浪微博的一篇微博作品

如图 1-1 所示，这条微博非常简短，表现了移动新媒体写作的典型特点。它借助品牌代言人主演的流行影视剧《微微一笑很倾城》正在热播的时机去进行创作，成功吸引到品牌代言人的粉丝群、影视剧《微微一笑很倾城》的观众群及产品潜在客户等不同群体的关注。作品采用了发散思维，运用图片和文字等创作，但图文之间不是简单的拼接，文字部分配合了所宣传产品的特性，仿佛是在给图片中的人物配音对话，而问句既像是图片中角色发出的，又像是看到作品的观众发出的，非常生动、有趣，互动感强。

二、移动新媒体写作在中国的发展历史和现状

人类文明发展至今，从结绳记事到甲骨钟鼎、竹简帛书，再到纸张的广泛运用，又到计算机的出现，直到智能终端媒介的兴盛，已经历若干次的媒介革命。可以说媒介是人的延伸，也是催动写作延伸的技术引擎。1990 年 11 月 28 日，中国正式在 SRI-NIC(斯坦福研究所网络信息中心)注册登记了中国的顶级域名 CN，开通了使用中国顶级域名 CN 的国际电子邮件服务，正式迈出了中国互联网的第一步。而互联网时代的到来，催生了新的媒体类型，网络新媒体蓬勃发展。1993 年，中国出现了网络新闻。从 1993 年 12 月 6 日，《杭州日报》推出电子版开始，到 1999 年，全国共有 2000 多家传统新闻媒体上了网。但在当时，这些媒体网站大多只是将报纸的内容照搬到网络上，并非进行真正意义上的新媒体写作，更谈不上移动新媒体写作。除了新闻领域，网络新媒体写作也在文学写作领域里生根发芽。1998 年，电子公告栏(BBS)上出现了蔡智恒所著的第一部最有代表性和影响力的中文网络小说《第一次的亲密接触》，从此网络文学兴盛起来，各种付费阅读的文学网站也大量成立，带动了网络文学产业的发展。尽管网络文学与传统文学写作差异很大，被当时大量的传统文学作家和研究者视为异类，但其内容和写作手法依然与通俗文学十分接近，当然发布媒介的更换会带来一定的创作理念上的影响，但也不能说 20 世纪 90 年代在网站上连载的网络文学创作属于移动新媒体写作。20 世纪末，中国的软文营销兴起，但当时的软文发布载体主要还集中在传统媒体或普通网站上，虽然朝移动新媒体写作的方向迈出了重要的一步，但也不能算作是真正意义上的移动新媒体写作。

进入 21 世纪后，随着手机、平板等智能移动终端设备的出现与迅猛发展，才真正催生了移动新媒体写作。尽管移动新媒体写作难以用某个事件来标志它的诞生，而它也并不仅仅只有一个单一的写作类型，而是涉及新闻咨询、企业营销、休闲娱乐等众多领域，甚至可以说，它就像一场席卷全人类的写作革命、思维革命。推动这场革命最重要的力量，是使用移动新媒体阅读的大众读者或观众。移动新媒体写作在写作观上的改变和读者在移动新媒体上阅读观念的改变是相辅相成的。在移动新媒体上，大众读者摒弃了长篇幅的专业文章阅读，而是将零散的时间花在获取更多简要的信息上。相对传统阅读偏向于细读，移动新媒体上的阅读更多是概览，移动新媒体上的大众读者或观众为了能

在较短时间内获得最多信息，会自觉挑选多媒融合、新颖易懂的移动新媒体写作作品去消费。

移动新媒体写作最为重要的写作载体，是在手机、平板等网络智能移动终端上占据大半江山的微博、微信和新闻 APP 客户端。对于“微博”这一概念的各类界定，国内新媒体专家陈永东认为，可以将微博看作是一种立足于关注机制、满足简短信息动态传播的现代网络平台。当然前文已经提到过，2014 年，新浪微博正式更名为“微博”，因此如无特殊情况，本书中说到的“微博”即指新浪微博。进入 21 世纪第二个十年，以微博、微信和新闻 APP 客户端等为典型代表的移动新媒体迅速发展起来，短短数年间用户总量就达到了亿级。随着它们的普及，移动新媒体写作这一革命性的创作思潮，也正在逐渐形成。移动新媒体写作来势汹汹，迅速挤压了传统媒体写作的空间，近年大量传统媒体如报纸、杂志等停刊休刊，转而在移动新媒体平台上继续发展就是佐证。移动新媒体的时代已经到来，对于从事写作工作的人们来说，必须及时转换观念，认识和了解移动新媒体写作这一具有革命性、颠覆性的写作思潮，掌握移动新媒体写作的技巧，才能更好地适应社会需要。

对于移动新媒体写作而言，它不仅突破了写作工具、写作媒介等的界限和局限，更意味着创作理念的更新，蕴藏着不断推陈出新的“创新创意”的内涵。因此，移动新媒体写作出现也有着非同一般的意义。首先，将写作与新技术革命结合起来，展现了人类在认识改造世界上的巨大进步。其次，写作是自古以来人类实现表达的主要手段，技术则是人类写作得以进行的重要中介，因此移动新媒体写作扩大了写作的边界，并不断追赶技术发展的步伐。再次，由于微博、微博和新闻 APP 客户端等移动新媒体已然被当下人们广泛地使用，使得移动新媒体写作也逐渐成为人们的一种生活方式。最后，移动新媒体写作促进了大众文化产业的繁荣，任何一个参与移动新媒体写作的人，既是创作者又是读者，既是移动新媒体写作的生产者，又是移动新媒体写作作品的消费者。

三、移动新媒体写作与传统写作的异同

传统媒体写作是随着纸张技术的发展而出现的，移动新媒体写作是随着网络移动智能技术的发展而出现的，但并不能简单认为只有媒介出现了变化。电脑刚刚出现的时候，写作者用在电脑上写作替代传统的在纸上写作，大家称这一现象为“换笔”。当然，那时电脑的功能还很简单，而且网络也还不发达，在电脑上的写作和把字敲进打字机在模式上是相似的。后来发展出了网络固定终端，然后出现了智能移动终端……那种认为移动新媒体写作无非就是在写作

工具上把笔换成了“能上网的键盘”，在写作媒介上把纸换成了“智能手机屏幕”，在发布载体上把印刷厂换成了“移动智能网络”的观点，就十分落后了。我们认为，移动新媒体写作和传统媒体写作，虽然都是因为媒介技术的进步才诞生的，但它们既有某些相同之处，又显得迥然不同。

（一）移动新媒体写作与传统写作的相同之处

从相同点上看，移动新媒体写作与传统写作在以下四个方面是相同的：

1. 都是一种创造性活动

在人类发展史的较早时期就出现了写作活动，而从“写作”诞生之日起，它就被视作一种创造性活动。它不是一种物质上的创造性劳动，而是一种精神上的创造性活动，它主要以满足人们的精神需求为目的。因此，不管是在什么媒体上的写作，都是一种创造性活动。

2. 都是对人的思想、情绪、活动的一种反映

写作是一种人类特有的活动，写作的内容可以千奇百怪，但都不能离开人而存在。传统媒体写作和移动新媒体写作都是对人类的思想、情绪、活动的一种反映，都是为了“人”才产生、发展起来的。

3. 都是记载和传播信息的重要手段

人类通过很多方法去记载和传播信息，写作则是其中重要的手段。古代的天文、地理、历史、人文、科技、医药、农事等信息，绝大部分是借助在传统媒体上的写作才得以保留至今的；而今天，我们现代人中出现的新知识和新信息，也正在被新媒体上的写作记录和传播着。

4. 都以语言文字为主要符号

与其他记录方式不同的是，写作主要运用的符号是语言文字。尽管从传统媒体写作到移动新媒体写作的发展中，更多类型的符号被运用到其中，如图片、声音、影像等，但语言文字依然是使用最多、最主要的符号。在移动新媒体写作广泛使用的表情包中，有一种叫“纯文字表情包”，就是将热门、简短的词句做成图片格式，但内容依然是纯文字的。

（二）移动新媒体写作与传统写作的差异

当然，移动新媒体写作与传统媒体写作之间存在的巨大差异，不仅是写作媒介上的截然不同，更重要的是在思维观念、内容选材、形式、写作方法上的差异。

1. 思维观念上的差异

传统媒体写作的记录意识更强，而移动新媒体写作的传播意识更强。

在漫长的人类发展历史中，传统媒体写作承担了绝大部分的知识记载和知

识保存的重任，它用笔把人类的记忆留在纸上，给后人留下了大量的文献资料。例如中国历史上最大的类书①《永乐大典》和丛书②《四库全书》，都是动员了大量人力、物力进行长时间编纂的重要文字成果。《永乐大典》编撰于明代明成祖(朱棣)永乐年间，历时六年编修完成，初名《文献大成》，全书22937卷、目录60卷，分装成11095册，约3.7亿字，保存了14世纪以前中国历史地理、文学艺术、哲学宗教和其他百科文献七八千种之多，是中华民族珍贵的文化遗产。《四库全书》则是在清朝乾隆皇帝的主持下，由纪昀等几百位御用学者编撰，三四千人参与抄写，费时13年编成的丛书，因分为经、史、子、集四部而得名《四库全书》。全书共收录3500多种书，7.9万卷，3.6万册，约8亿字。当时《四库全书》共抄有七部，分别藏于全国各地，先有“北四阁”(紫禁城文渊阁、辽宁沈阳文溯阁、圆明园文源阁、河北承德文津阁)，后有“南三阁”(扬州文汇阁、镇江文宗阁、杭州文澜阁)。这些大部头的类书、丛书，将先祖的智慧结晶比较集中地记录下来，在传播文明、传承文化、传递知识上有着举足轻重的作用。

随着互联网时代的到来，依托有线互联网的新媒体写作迅速兴起，有线互联网极大地提高了信息传播的速度，一篇作品一旦在有线互联网上出现，有可能在短短几分钟内被世界各地的有线互联网用户看到；依托无线互联网和移动智能客户端产生的移动新媒体写作很快也汹涌而来，又几何倍数地提高了信息传播的速度，让写作思维发生了颠覆性的变化。移动新媒体写作在树立经典、记录知识上远远不如传统媒体写作，但其传播速度之快却令传统媒体写作望尘莫及，于是，移动新媒体写作将自身的优势不断放大，形成了更注重传播速度和广度的思维观念。

2. 内容选材上的差异

传统媒体写作内容上偏向精英化，而移动新媒体写作内容上偏向大众化。

由于教育发展的局限，古代能熟练阅读和运用文字符号的属于少部分精英阶层，这也是中国的传统媒体写作一直盛行于读书人、文人士大夫及以上阶层的重要原因。他们在进行内容选材时，更偏向于精英化，特别是文学创作，更是突出表现了中国古代读书人高超的汉文字运用能力和人格修养，如楚辞中的

① 类书，中国古代特有的工具书，即采掘群书，辑录各门类或某一门类的资料，随类相从而加以编排，以利寻检、引用的一种古典文献工具书，是典籍之荟萃、知识之精华。

② 丛书，或称丛刊、丛刻、汇刻书、套书，是把各种单独的著作汇集起来，给它冠以总名的一套书，分为综合性丛书和专门性丛书，一般认为中国的丛书始于南宋。

“朝饮木兰之坠露兮，夕餐秋菊之落英”(屈原《离骚》)、汉赋中的“其宫室也，体象乎天地，经纬乎阴阳”(班固《两都赋》)、唐诗中的“相见时难别亦难，东风无力百花残”(李商隐《无题》)、宋词中的“只恐双溪舴艋舟，载不动、许多愁”(李清照《武陵春·春晚》)，等等，都是只有受过很好教育的文人才写得出来，当然也需要有一定文字感悟能力的人才能读。

社会进入现代化进程后，随着义务教育逐渐普及，大众的识字率不断提高，文盲率不断降低，但阅读水平依然参差不齐，过于精英化的内容依然不能在大众中很快的传播。因此，移动新媒体写作在内容选材上更加大众化，偏向于选取大众身边熟悉的、关心的内容进行创作，如新闻资讯、休闲娱乐、健康养生、文化教育等方面。

3. 形式上的差异

传统媒体写作中，文字符号占比非常高，而移动新媒体写作以文字符号为主，综合表情、静态图、动态图、音视等多种符号。

传统媒体写作主要依靠文字，但也有一些以文字为主、辅之图画的形式，如中国古典小说的图像本。“中国古典小说图像本始见于元代，存世有《全相三国志平话》《全相武王伐纣平话》等元刊五种。晚明时期，小说戏曲方兴未艾，木刻版画亦进入‘登峰造极，光芒万丈’的年代，‘差不多无书不插图，无图不精工’，合此两端，小说图像本遂臻于鼎盛，涌现出诸如容与堂本《忠义水浒传》《新刻批评绣像金瓶梅》雄飞馆本《英雄谱》等大量精美版本，并逐步形成建阳、金陵、徽州及苏州等风格不同的版画流派。至清代前期，小说图像本挟明末之势，仍有不俗表现。”①近代中国新闻业发展，以文字为主、辅之以照片的新闻写作也逐渐流行起来。

随着摄影、摄像和录音技术的发展，以有线网络为依托的新媒体写作将图片、照片、音频、视频等运用到作品中，使得新媒体写作的形式更加多样化。而随着移动网络和移动智能端的发展，移动新媒体写作则不仅运用静态图、照片、音频、视频等符号，还大量运用动态表情图等，使得移动新媒体写作的形式十分丰富多彩。

4. 写作方法上的差异

传统媒体写作强调“一支笔”，而移动新媒体写作强调综合创作能力。

由于传统媒体写作的文字性更强，练好“一支笔”、培养良好的文字驾驭

① 潘建国：《西洋照相石印术与中国古典小说图像本的近代复兴》，载《学术研究》2013年第6期。

就能成为一位合格的传统媒体写作作者。在中国古代写作理论中，对写作者的语言与表达能力向来是重视的，如早在先秦时期孔夫子就说“辞达而已矣”（《论语·卫灵公》），强调语言文字组织能力的重要性，又如中国古代文论中形容“炼字”①就有“吟安一个字，捻断数茎须”（卢延让《苦吟》）之说。

而移动新媒体写作需要综合运用文字、照片、音频、视频、静态图、动态图、表情包等，这就需要作者具备综合的创作能力，在写作方法上要充分调动各种表意符号进行创作。

本章小结：

本章第一节介绍了“移动新媒体”这一概念，梳理了微博、微信、新闻APP客户端的发展现状，并总结了移动新媒体的功能与特点。本书把移动新媒体看作是依托联网的智能手机、平板电脑、电子阅读器等智能移动终端发展起来的以微博、微信、新闻APP客户端为典型代表的新兴的媒体。本章第二节介绍了移动新媒体写作的含义及其在中国的发展现状，分析了移动新媒体写作与传统写作的异同。

本章重点：微博、微信、新闻APP客户端的发展现状；
移动新媒体写作的含义及其在中国的发展现状。

本章难点：移动新媒体写作与传统写作的异同。

本章思考题：

1. 2014年开始，腾讯微信团队采取了一系列措施保护微信平台上的原创作品。除了现有规定外，你认为还有什么具体方法可以有效保护移动新媒体原创作者的权益？

2. 移动新媒体写作与传统写作有哪些异同？

本章推荐阅读：

1. [美]马克·波斯特：《第二媒介时代》，范静哗译，南京大学出版社2005年版。

2. [美]曼纽尔·卡斯特：《网络社会的崛起》，夏铸九等译，社会科学文献出版社2006年版。

① 炼字，指每个词或字为了既符合节奏和音律又实现意义的表达，往往要经过千锤百炼才能最终确定下来。

3. [美]保罗·莱文森:《新新媒介》,何道宽译,复旦大学出版社 2011 年版。

4. [美]巴格迪基安:《新媒体垄断》,邓建国等译,清华大学出版社 2013 年版。

5. Analysys 易观智库产业数据库:《中国移动新闻资讯 APP 市场专题研究报告 2015》,2015 年 12 月。

第二章　移动新媒体写作的创作方法

【本章导言】

在使用无线网络的智能手机、平板电脑、掌上电脑等智能移动终端日趋发达的时代，碎片化阅读、信息泛滥已成为普遍现象，在微博、微信、新闻APP等移动新媒体上孕育而生的移动新媒体写作，也形成了适应这种阅读现象的移动新媒体写作的创作观。而根据移动新媒体写作的写作观，其也逐渐形成了自身富有特色的创作方法，如借势选题、善用流行语等。因此，本章主要分析移动新媒体写作的创作观和创作方法，包括以下四个部分的内容要点：

(1)移动新媒体写作的创作观；

(2)移动新媒体写作题材处理上的方法；

(3)移动新媒体写作形式构思上的方法；

(4)移动新媒体写作语言表达上的方法。

【本章引例】

2016年11月7日7时30分，“人民日报”新浪微博发布了一条关于“立冬”主题的微博，截图如图2-1所示。

图2-1　“人民日报”新浪微博的一篇微博作品

看到这条微博，你会想点开这九张图片吗？如果今天就是立冬，你会转发这条微博吗？大家一起来谈谈会或不会的原因吧。

第一节　移动新媒体写作的创作观

一、立足于“创新、创意”

这里说的“创新、创意”是移动新媒体写作的核心创作观，并不是说传统媒体写作就不讲创新、创意，而是说移动新媒体写作将创新、创意摆在了最为重要的核心位置。传统媒体写作大体包括创意写作、应用写作等写作类型，虽然创意写作很强调推陈出新，但整体上讲，创新、创意并非传统媒体写作的核心内涵，只能算一个重要因素。

优秀的移动新媒体写作作品，无不是以创新、创意为特征和内涵的，在构思、内容、形式等方面或多或少都有创新和创意。所以，要创作出精彩的移动新媒体写作作品，首先要抓住“创新”和“创意”。

（一）何谓“创新、创意”

1.“创新”的概念与特点

什么是“创新”？“创新”一词有三层含义，一是更新，二是创造新的东西，三是改变。按照政治经济学家熊彼特的理论，创新是生产要素的重新组合，包括五个方面内容：引进一种新产品；采用新的生产方式；开辟新的市场；开辟和利用新的原材料；采用新的组织形式。毫不夸张地讲，“创新”是人类特有的认识能力和实践能力，是推动人类进步和社会发展的不竭动力。

尹洪斌在《现时代自主创新的新特征及政策建议》一文中指出，创新具有以下几个方面的特征，一是目的性。任何创新活动都有一定的目的，这个特性贯彻于创新过程的始终。二是变革性。创新是对已有事物的改革和革新，是一种深刻的变革。三是新颖性。创新是对现有的不合理事物的扬弃，革除过时的内容，确立新事物。四是超前性。创新以求新为灵魂，具有超前性。这种超前是从实际出发、实事求是的超前。五是价值性。创新有明显、具体的价值，对经济社会具有一定的效益。①

因此，创新就是改变旧事物、创造新事物的方法或手段，侧重“新”，多与实体性、技术性的事物相关，如技术创新，但从本质上说，创新是创新型思

---

①　尹洪斌：《现时代自主创新的新特征及政策建议》，载《中州学刊》2006年第3期。

维实体化、物体化的结果。

2.“创意”的概念与特点

什么是“创意”?“创意”是创造意识或创新意识的简称，是指打破现有的常规意识，衍生出的一种新的思维模式和行为潜能。创意是一种通过创新思维意识，进一步挖掘和激活资源组合方式进而提升资源价值的方法。我国古代文献对“创意”一词也早有提及，如汉代王充在《论衡·超奇》中写道：“孔子得史记以作《春秋》，及其立义创意，褒贬赏诛，不复因史记者，眇思自出於胸中也。”清末的王国维在《人间词话》中说：“美成深远之致不及欧秦，唯言情体物，穷极工巧，故不失为第一流之作者。但恨创调之才多，创意之才少耳。”到了现代，著名文学家郭沫若在《鼎》中也讲道：“文学家在自己的作品的创意和风格上，应该充分地表现出自己的个性。”所以创意是一种创造性思维，具有原创性、独特性、求异性、创新性、价值性等特点。

创意首先是原创的，而且是独特的原创，其主要表现是难以被他人模仿；其次是求异、创新的，永远追求新意，不落俗套。而创意的价值性特点也不容忽视，创意要能给他人和社会带来价值，而不能禁锢在一隅孤芳自赏。

简而言之，创意就是有新颖性和创造性的想法，侧重于“意”，多与抽象性、思想性的事物相关，如创意营销，但从本质上说，创意也需要将抽象的创新思维具象化。

3.“创新、创意”的常用方法

“创新、创意”的方法既有集体的，也有个人的，这里主要介绍一些个人进行“创新、创意”时常使用的五种方法。

第一，逆向思考法。又称反向求索法和反向发明法。它是一种从现有事物原理机制的反面、构成要素的反面或功能结构的反面去思考、去求索以进行发明创造的创造技法。逆向思考法打破一般人顺向思考的常规角度，而在考虑某一构想的过程中，如果努力朝着与目的相反的方向思考，反而会茅塞顿开，能使创造性更加容易被激发出来。具体还包括：“更上一层楼法”，该方法的要点是认为目前理所当然的方法未必是最好的，进一步对其他方面作仔细的探索；“顺势反击法”，主要是指对于在理论上被认为是正确的事，要敢于反过来思考一下；“翻里作面法”，即推翻对某一现象的评价，反过来对被认为是最大的不足之处思考一番，这样就可以轻易地找到创新的线索，等等。

第二，创意分合法。创意分合法是创意思维训练方法之一，由 Gordon 于 1961 年在《分合法：创造能力的发展》(*Synectics：The Development of Creativity*)一书中指出的一套解决团体问题的方法。此法主要是将原不相同、亦无关联的元素加以整合，产生新的意念/面貌，利用模拟与隐喻的作用，协助思考者分析问题以产生各种不同的观点。简单地归纳这种方法，就是"使熟悉的事物变得新奇(由合而分)"和"使新奇的事物变得熟悉(由分而合)"。具体还包括：狂想类推，即在考虑解决问题的途径时，尽可能以不寻常的思路去考虑，或尽可能地牵强附会；拟人类推，即将事物"拟人化"或"人性化"加以考虑，如一个好的行政组织要像人的器官或细胞，各司其职，但每一器官或细胞都是互相关联的；符号类推，即运用符号象征化进行类推，等等。

第三，属性列举法。也称特性列举法，是美国内布拉斯加大学的克劳福德(Robert Crawford)教授在1954年提出的一种著名的创意思维策略。此法强调使用者在创造的过程中观察和分析事物或问题的特性或属性，然后针对每项特性提出改良或改变的构想。它特别适用于老产品的升级换代，特点是将一种产品的特点列举出来，制成表格，然后再把改善这些特点的事项列成表。它还有一些方法分支，但都属于列举法类，如希望点列举法，即不断地提出"希望""怎样才能更好"等理想和愿望，进而探求解决问题和改善对策的技法；优点列举法，即逐一列出事物优点的方法，进而探求解决问题和改善对策；缺点列举法，即不断针对一项事物，检讨此事物的各种缺点及缺漏，进而探求解决问题和改善对策的技法，等等。

第四，奥斯本检核表法。亚历克斯·奥斯本是美国创新技法和创新过程之父，1941年其出版的《思考的方法》提出了世界上第一个创新发明技法"智力激励法"(头脑风暴法)，同年出版了世界上第一部创新学专著《创造性想象》，提出了奥斯本检核表法。奥斯本检核表法是以该技法的发明者奥斯本命名的，引导主体在创造过程中对照9个方面的问题(有无其他用途、能否借用、能否改变、能否扩大、能否缩小、能否代用、能否重新调整、能否颠倒、能否组合)进行思考，以便启迪思路、开拓。奥斯本检核表法是针对某种特定要求制定的检核表，主要用于新产品的研制开发。

第五，七何检讨法。又称"5W2H检讨法"，由第二次世界大战中美国陆军兵器修理部首创。该法简单、方便，易于理解、使用，富有启发意义，广泛用于企业管理和创新活动，也有助于弥补考虑问题的疏漏。所谓"5W"，是指为何(Why)、何事(What)、何人(Who)、何时(When)、何地(Where)；所谓"2H"，是指如何(How)、何价(How much)。此法提示思考者从不同的层面去探究事物、寻求解法、创新创意。

(二)移动新媒体写作的"创新、创意"

移动新媒体写作不断打破传统媒体写作的规则与教条，从选材、形式、语言、风格等方面都力求达到“创新、创意”，下面简要介绍一些移动新媒体写作在形式和内容上的“创新、创意”，详细的内容我们会在后面的小节加以深入阐释。

1.“创新、创意”的表达形式

移动新媒体写作要想方设法地采用新的表达形式，而其创新往往建立在对传统媒体写作形式的创新和改造上。例如传统媒体写作多见以大块文字，或者用一些图片穿插在文字中，而移动新媒体写作则反其道而行之，“多图少文”几乎成了移动新媒体写作的一个基本法则。例如图 2-2 所示的这篇移动新媒体写作作品节选：

【案例 2-1】

买不起大house，我只好这么睡了

原创 2016-03-10 谦小牧 视觉志

中国第一视觉杂志 最受欢迎图文公号

点击题目下方蓝字关注 视觉志

蹭蹭上涨的房价，让不少人压力倍增。然而，买不起大House就只能挤挤睡了？当然，不是！通过diy让自己的房子，1㎡的发挥出2㎡的效果。不仅住的宽敞了，是不是还有满满的成就感呢？

图 2-2 “视觉志”微信公众号发布的谦小牧作品《买不起大 house，我只好这么睡了》节选

这篇作品用大量的设计成品图和简要的文字说明，告诉读者如何充分利用房屋空间。文字非常少，只是提纲挈领地进行提示，抛弃了传统媒体写作中常见的详细的文字描述，取代文字描述的是直观展示的图片。

如果确实需要大量文字阐释才能讲清楚，又怎么办呢？可以将文字转化为其他形式如符号、图片等，图 2-3 为“人民日报”新浪微博在 2016 年 3 月 13 日 11 点 12 分发布的一篇微博作品。

【案例 2-2】

图 2-3　“人民日报”新浪微博的一篇微博作品

如图 2-3 所示，这是一篇对 2016 年“两会”的新闻报道，但是没有像一般的传统媒体那样，将报告全文附上，而是将文字、照片等做成九张图，将重点文字用加粗、底纹、换色等方式突出出来，让读者在较短时间内，通过这九张形式新颖的图就能了解社会时政要闻。

有时候，将日常平凡的题材用新形式进行加工后，也能产生很好的效果，成为读者爱看的作品。

【案例 2-3】

如图 2-4 所示，作品中用的前 6 个图都是动态的，用动态的图片表达人们对于忽然变天的震惊心情，然后再将各地天气趋势图附在后面。虽然只是一个天气预报，但却因为其形式的创新，给读者带来了不一样的阅读感受。

乌鲁木齐雨夹雪又要来了！羽绒服脏成狗也要穿上啊！

2016-03-12 小尼 新疆我的家

王洋爱新疆  为新疆我的家代言

太烦了哎！
明明是个大太阳为啥还觉得那么冷
天气预报说的弱冷空气
你确定是弱冷？

但这个不是重点！
天气预报说
下周15号的时候竟然要下雨夹雪

乌鲁木齐：周末天气晴好 15日迎雨夹雪

天山网 2016-03-12 10:51　跟帖 5 条

天山网讯（记者庞雪芳报道）度过了春寒料峭的一周，这个周末乌鲁木齐将迎来升温的晴好天气。不过到了下周二（15日），一股冷空气将带着雨夹雪的天气来袭，届时，好不容易升起来的气温也会有所下降。

新疆我的家

我简直就呵呵了
要下雨你就好好下雨

要下雪你就好好下雪

雨夹雪到底是什么鬼
下个雨夹雪
你让我穿什么？！
穿羽绒服被淋湿了怎么办？
穿雨衣冷得很怎么办？

图 2-4　“新疆我的家”微信公众号发布的小尼作品《乌鲁木齐雨夹雪又要来了！羽绒服脏成狗也要穿上啊！》节选

2.“创新、创意”的内容和思维

移动新媒体写作不仅需要有新的表达形式，更需要在内容和思维上进行创新，我们可以把它形象地比喻为“酿造新的酒”。

在旅行途中拍照，是非常常见的行为，但是换一个视角，也许能得到更有趣的作品。例如图 2-5 所示的这部作品：

【案例 2-4】

图 2-5　“游在市南”新浪微博的一篇微博作品

如图 2-5 所示，作品中说姑娘在自拍，但是读者在这 9 张来自世界各地的照片中，根本没有找到那个“自拍的姑娘”，只看到照片中间有一款当地的代表食物。9 张照片全部看完，读者才恍然大悟，原来这个神秘的姑娘是个货真价实的“吃货”，已经和食物合二为一，所以“吃货”姑娘的自拍，就是对美食的拍摄。这样的创意真是可爱又有趣，让读者感叹作者的巧思。

给广大读者或观众普及日常生活知识也是一种内容创新，广大百姓对日常生活知识有实用性的需求，但日常生活知识在传统媒体上的传播广度十分有限，因此在移动新媒体写作的类型里，日常生活知识类作品常常能获得高转发率。如“现代快报”微信公众号在 2016 年 3 月 6 日发布的《为什么筷子的标准长度是七寸六分？即使天天用，这些常识你未必知道》，作品首先用了一个动态图来突出主题“筷子”，然后整理了如何鉴别、挑选、清洗筷子等日常实用知识，末尾又补充了关于筷子的趣味历史知识。其在内容上将传统的趣闻类文章和科普类文章融合在一起，又对形式做了一定的创新，也是移动新媒体写作中的一种典型代表。

当然，移动新媒体写作中有不少包含一定深度、观点十分独特、形式非常有趣的作品，受到大量青年学生读者的喜爱。例如图 2-6 所示，“二混子--Stone”新浪微博在 2016 年 3 月 9 日 11 点 44 分发布的这篇长图作品：

【案例 2-5】

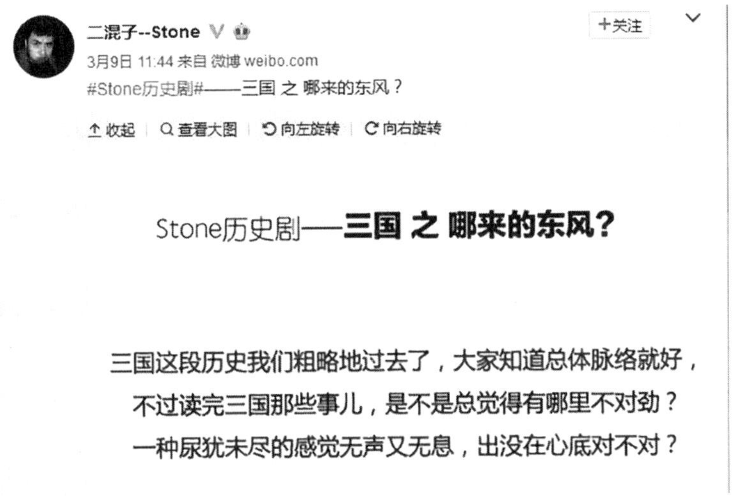

图 2-6　“二混子--Stone”新浪微博的一篇微博作品

“二混子--Stone”是活跃在移动新媒体写作界的一位知名作者，他的写作特点比较明显，一是善于自己画图设计，二是对于历史有自己较为独特的看法，三是文风幽默搞笑。图 2-6 所示的作品是对大众比较熟悉的《三国演义》中的一个故事片段进行了独特的阐释和解读，图文幽默风趣，内容较有深度，观点也较新颖，是一篇很优秀的移动新媒体写作作品。

所以，要想掌握移动新媒体写作的要领和技巧，首先就要改变传统的写作观念，既要不断突破传统媒体以文字为主的写作形式，也要在创作内容和思想内涵上展现新意，这才是真正的“创新、创意”。

综上所述，移动新媒体写作的“创新、创意”，就是要求写作者从思维到实体，都要将“新”贯彻到底，不断努力打破旧的思维、旧的形式去写作。

二、强调“发散思维”

（一）何谓“发散思维”

1. “发散思维”的定义

著名的心理学家吉尔福特认为，人的创造力主要依靠发散思维，它是创造思维的主要部分。这里所说的发散思维是指与集中思维相对的一种思维方式。发散思维，又称辐射思维、放射思维、扩散思维或求异思维，是指大脑在思维时呈现的一种扩散状态的思维模式，它表现为思维视野广阔，思维呈现出多维发散状。如“一事多写”“一物多用”等方式，培养发散思维能力。不少心理学家认为，发散思维是创造性思维最主要的特点，是测定创造力的主要标志之一。

发散思维对问题从不同角度进行探索，从不同层面进行分析，从正反两极进行比较，因而视野开阔、思维活跃，可以产生出大量独特的想法。

2. “发散思维”的特点

发散思维的特点主要是流畅性、变通性、多感性、求异性等。流畅性就是观念的自由发挥要顺畅，即在尽可能短的时间内生成并表达出尽可能多的思维观念以及较快地适应、消化新的思想观念。流畅性反映的是发散思维的速度和数量特征，需要运用机智。

变通性就是在吃透问题、把握问题实质的前提下，打破思维的定势，克服头脑中某种自己设置的僵化的思维框架，改变单一的思维方式，运用联想、想象、猜想、推想等尽量地拓展思路来思索问题的过程。变通性需要借助横向类比、跨域转化、触类旁通，从问题的各个角度、各个方面、各个层次进行或顺向、或逆向、或纵向、或横向的灵活而敏捷的思考，使思维沿着不同的方面和方向扩散，表现出极其丰富的多样性和多面性，从而获得众多的方案或假设。

多感性是指发散性思维不仅运用视觉思维、听觉思维等，而且也充分利用其他感官接收信息并进行加工。同时，多感性与情感相关，当思维者感到有兴趣、充满激情时，就能把信息情绪化，赋予信息以情感的色彩，这会提高发散思维的速度与效果，使得多感性特征更加明显。

求异性是指在发散思维中做出不同寻常的、异于他人的新奇反应的能力。发散思维追求与众不同的思维，有强烈的“求异性”特点，与“创新创意”有着密切的关系，所以，求异性是发散思维的显著特点和最高目标。

3.“发散思维”的训练方法

训练发散思维的方法有很多，这里主要介绍一下常用的几种方法：

第一，角度发散训练法。这是发散思维的初级训练方法，即从以某一问题为中心，沿着每个不同的角度去扩散思考，如功能角度、结构角度、因果角度等。在一次创造力研讨会上，日本的村上幸雄捧来一把曲别针让大家说说它们的多种用途，看谁的创造性思维开发得好、多且奇特。大家七嘴八舌，大约说了十几分钟，村上对大家在不长的时间讲出 20 多种曲别针的用途很称道，但他说他能说出 300 种，大家很惊异。而以“思维魔王”著称的怪才许国泰先生自称对于曲别针的用途，能说出 3000 种甚至 30000 种。他说：“大家和村上讲的用途可用四个字概括，这就是钩、挂、别、联。要启发思路，使思维突破这种格局，最好的办法是借助于简单的形式思维工具——信息标与信息反应场。”他把曲别针的总体信息分解成重量、体积、长度、截面、弹性、直线、银白色等 10 多个要素。再把这些要素用标线连接起来，形成一根信息标。然后，再对与曲别针有关的人类实践活动要素进行分析，连成信息标，最后形成信息反应场。他从容地将信息反应场的坐标不停地组切交合。通过两轴推出一系列曲别针在数学中的用途，如曲别针可分别做成 1、2、3、4、5、6、7、8、9、0，再做成+、-、×、÷的符号，用来进行四则运算，运算出数量，就有 1000 万、1 亿……曲别针在音乐上可创作曲谱。曲别针可做成英、俄、希腊等外文字母，用来进行拼读。曲别针可以与硫酸反应生成氢气，可以用曲别针做指南针，或将其串起来导电。曲别针是铁元素，分别化合生成的化合物则有成千上万种……实际上，曲别针的用途，几乎近于无穷！

第二，心智图训练法。心智图又称思维导图，是一种刺激发散思维及帮助整合思想与信息的思维训练方法。英国著名心理学家、英国头脑基金会总裁、心智图法的发明人 Tony Buzan，一直致力于寻找一种可视化的、快速的阐释思想观点的方法，来支持学习和记忆活动。20 世纪 60 年代，他的努力使得这一现代版的心智图训练法开始流行起来。心智图训练法能够将各种点子、想法以及它们之间的关联性以图像视觉的景象呈现，能够将一些核心概念、事物与另一些概念、事物形象地组织起来，输入我们脑内的记忆树中，可以说是一种观念图像化的发散思维策略。

我们大多数人都是视觉导向的，而心智图训练法主要采用图志式的概念，以线条、图形、符号、颜色、文字、数字等各样方式，将意念和信息快速地摘要下来，从而允许我们对复杂的概念、信息、数据进行组织加工，以更形象、易懂的形式展现出来。结构上，心智图训练法具备开放性及系统性的特点，能让使用者自由地激发扩散性思维，发挥联想力，又能有层次地将各类想法组织起来，以刺激大脑做出各方面的反应。

第三，曼陀罗思维训练法。最早推行曼陀罗思维训练法的是日本的今泉浩晃博士。曼陀罗思维训练法是一种有助发散性思维的训练方法，它以九宫格图为基础，将主题写在中央，然后把由主题所引发的各种想法或联想写在其余的8个圈内，进行8×8辐射式发散，快速产生八次方的idea，如图2-7所示。

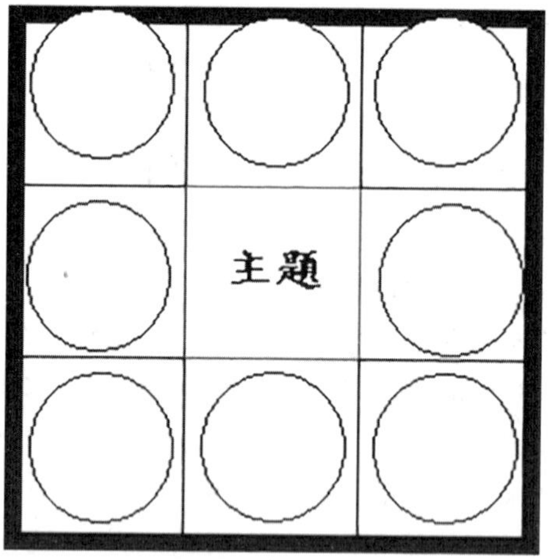

图2-7　曼陀罗思维训练法使用的九宫格

利用曼陀罗思维训练法，跳脱出平日想不出好构想的直线思考，从而让思绪向四面八方拓展，轻易产生成百上千种好灵感。

第四，头脑风暴训练法。与前两种主要运用于个人的发散思维训练方法不同，头脑风暴训练法主要采用的是一种集体训练的方法，也是最为人所熟悉的依靠集体力量的发散思维训练法。头脑风暴训练法是由美国学者阿历克斯·奥斯本在20世纪30年代所倡导的，此法强调集体成员间互相激发思考，鼓励参加者于指定时间内，构想出大量意念，并从中引发出大量的、发散的构思。

头脑风暴训练法的特点是让参与者敞开思想，使各种设想在相互碰撞中激起脑海的创造性风暴。在进行头脑风暴时，每位成员随心所欲地提出意见和见解，不评判他人的对错优劣，不拘泥于局限。参与者能根据一种灵感激发另一种灵感的方式，产生创造性思想，并从中选择解决问题的最佳途径，对受训者的发散思维有很大影响。头脑风暴法有四项基本规则：一是追求数量，在较短时间内，假设提出的设想数量越多，越有机会出现高明有效的方法；二是禁止批评，在头脑风暴活动中，参与者要集中努力提出设想、扩展设想，延后评论或批评；三是提倡独特的想法，要想有多而精的设想，提倡与众不同；四是综合并改善设想，多个好想法常常能融合成一个更棒的设想，综合的过程可以激发有建设性的设想。

头脑风暴法虽然主要以团体方式进行，但也可于个人思考问题和探索解决方法时，运用此法进行发散思维。

(二)移动新媒体写作的"发散思维"

移动新媒体写作不仅强调文字写作水平，更强调一种具有发散思维的综合创作能力，对客体的思考有独特的角度、一定的深度和多元的维度，是一个优秀的移动新媒体写作作品的要求。如图 2-8 所示，"悦跑圈"新浪微博在 2016 年 3 月 26 日 14 点 55 分发布的这篇长图作品：

【案例 2-6】

图 2-8　"悦跑圈"新浪微博的一篇微博作品

图 2-8 所示的这篇作品是为了宣传 2016 年"悦跑圈马拉松(武汉站)"活动而推出的"软文"(软性广告)，不仅在微博上得到了 15000 多次的一次转发，而且还引发了非常多的二次、三次转发，以及其他移动新媒体如微信、说说等用户的大量转发。这篇作品通过悬疑叙事将历史、武汉、长跑等元素进行组合，综合运用文字、老照片、表情图等形式穿插，最终落足到武昌起义和所要宣传的活动的关系就是"胜利是跑出来的"。思维之发散令人称奇，作者不仅要熟悉历史知识，更重要的是如果将这些元素进行发散组合，既满足了人们对历史揭秘的需求，又巧妙地转折到长跑主题上。读者被这样精妙的构思所吸

引，对长跑活动有了深刻印象的同时，还愿意自发转发，从而达到比简单的广告营销更好的宣传目的。

又如图 2-9 所示的这则作品，其由“第九文化”微信公众号于 2016 年 3 月 7 日发布。

【案例 2-7】

沙悟净是干啥滴？为啥总在说“大师兄，师父被妖怪抓走啦”

(原创) 2016-03-07 萌书生 第九文化

《敢问路在何方》唱到：

> 你挑着担，我牵着马，迎来日出，送走晚霞，踏平坎坷，成大道，斗罢艰险，又出发，又出发，啦啦……

这几句歌词道出了唐僧师徒各自的责任！
沙悟净是干啥滴？
沙悟净如是说：
踏平坎坷与我无关、斗罢艰险与我亦无关……
（我晕，那啥与你有关？）

挑着担或者牵着马与我有关
送走晚霞…迎来日出…又出发呀，又出发……
这事与我们都有关，自然与我也有关。
……
沙悟净以前是干啥滴？
沙悟净，又叫沙和尚、沙僧。
原是天庭中的卷帘大将，是往来护驾，出入随朝滴将军。

图 2-9　“第九文化”微信公众号发布的萌书生作品《沙悟净是干啥滴？为啥总在说“大师兄，师父被妖怪抓走啦”》节选

这篇作品主要是解读中国古代经典名著《西游记》，但它没有从《西游记》最重要的人物入手去分析，反而聚焦大家容易忽略的沙悟净这个角色，同时加入现代人的意识去阐释和理解，在思路上具有发散性，再加上一些幽默的语言表达和配图，使得整个作品增色不少。这篇作品是作者自己为了扩大影响力，增加“第九文化”公众号的订阅用户数量，所以其在结尾又加上了悬念，能吸引读者新进的、持续的关注。

可见，移动新媒体写作需要发散思维，这也是实现创新、创意的重要途径。但需要提醒的是，移动新媒体写作所需要的发散思维，不是无目的的发散，而是有比较明确的目标，是为了达成某种目的而进行的发散构思与创作，与一般的发散思维还有一定的不同。

三、善于“以图表意”

(一)何谓“以图表意”

“以图表意”即指用各种图片形式来表现概念或事物的语言符号与它所表现的概念或事物之间的关系。

使用图形符号作为表意在人类历史上由来已久，在语言文字出现前，非文字符号就已经被广泛用来表意记事了。据考察，早期人类曾经使用过的非图形表意手段主要为结绳记事法。结绳作为一种实物记事手段，在我国古籍中就有记载，如《老子·小国寡民》中说：“小国寡民……使人复结绳而用之。”其他民族也同样存在这样的情况。据摩洛哥学者乔治·艾弗拉哈在《结绳记事》(联合国教科文组织《信史》中文版，1982 年 4 月)一文中记载：“即使到今天，玻利维亚和秘鲁印第安人，还在使用一种直接从‘基普’演变而来的结绳方法，叫‘奇普’。”除了结绳外，还有结珠(将涂有颜色的偏圆形贝壳制成的小珠串在绳上)、刻木(在木上刻画花纹等)等方法。经过实物记事后，人类开始用图形符号表达意义。一般来看，文字的直接源头是记事图画，是指运用图画类符号表达意义、传递思想的一种形式，用于达意的图画不求形体的逼真、丰满、美观，只是用线条勾勒对象的特征。当图画脱离观赏性，并与语言符号直接相关的时候，就产生了文字。象形文字就是以拟图画的形式记录语言符号中词或语素意义的初始形态，它带有明显的图画印记，但形式上更为概括，人类文字的最初阶段，以象形的居多，如美索不达米亚(即两河流域，今天的伊拉克一带，约公元前 30 世纪)的楔形字(也称丁头字)、埃及(约公元前 30 世纪)的圣书字、中国(公元前 16—前 14 世纪)的甲骨文中存在大量象形符号。但完全由象形字构成的体系应该是没有的，因为除了用于构形的符号有限外，语言中的很多意义单位没有办法用图画式符号来记录，必然会出现符号的组合以及借形表音等手段，这就使文字进入表意且记音的阶段，这样的文字符号可以称作意音文字。

中国的汉字具有意音文字的特点，使得中华文明也充满了"象音表意"的意味。《说文解字注》中说："文，错画也；错画者，文之本义"。所以中国的汉字是通过字形、字音来呈现思想与义理，汉字本身就是一个完善的并且自我融洽的"象音表意"系统。所以大家看中国的书法艺术，虽然只有线条交错，所使用的色彩也很单调，但却能构现出无穷韵味、内涵和妙趣。除了汉字本身具有"象"的特点，"立象以尽意"也是中国古代重要的文化思想。《周易·系辞上》中说："子曰：'书不尽言，言不尽意'，然则圣人之意，其不可见乎？子曰：'圣人立象以尽意……"我们的古人深知"言不尽意"的道理，所以古典诗词中不要求文字密集，而是要有意蕴和留白。可见，汉字用非语言文字的符号来传递信息、表达意思在中国有着十分悠久的传统。

（二）移动新媒体写作的"以图表意"

传统媒体写作更偏重对语言文字符号的运用，网络 CP 端媒体上的写作会加入一些照片、视频、音频等多媒体，而移动新媒体写作，不仅会综合运用文字、照片、视频、音频，还特别需要善用表情包、动态图等去"以图表意"，这是传统媒体写作、网络 CP 端写作所少见的。

1. 移动新媒体写作对表情包的使用

表情包是在社交软件活跃之后形成的一种流行文化。在移动互联网时期，人们以时下流行的明星、语录、动漫、影视截图为素材，配上一系列相匹配的文字，用以表达特定的情感。表情包本质上属于一种流行文化，依托于社交和网络的不断发展，人们之间的交流方式也出现了相应的改变，由最早的文字沟通到开始使用一些简单的表情包，逐步演变为日益多元化的表情文化，使用一些自制的、流行元素图片来进行沟通。学界 2010 年后开始注意到社交网络的"表情"使用，但相关研究很少。2011 年，陈星星在 9 月 1 日出版的《人民日报》上发表了一篇文章《网络表情创作者点击你我的喜怒哀乐》。2012 年出现了硕士毕业论文《面向情感倾向分析的微博表情情感词典构建及应用》（东北大学，王文远）；7 月《新闻爱好者》上刊登了吴宛青、李和平的《动漫品牌兔斯基之 QQ 表情传播分析》。2013 年以后对表情的研究一直不温不火。到 2016 年，随着 1 月的 Facebook 平台上出现的"表情包大战"事件，表情包研究也随之升温，张宁、汤景泰、郑满宁、徐敏、王中加、秦菊英等学者都撰文对表情包现象发表了自己的观点。中山大学的张宁认为："表情包是一种网络表达符号，多为静态图片或者 GIF 动态图片，既有表情、动作，也可含有文字，意义简洁直接，表达诙谐有趣，更兼一目了然、互动快捷的特点，仅仅一图就有丰富的社会文化意蕴，已经成为当今网络各类社交平台最常见的沟通符号。”①

表情包以搞笑的居多，且构图夸张，通过收藏和分享此类图片，人们可以获得趣味，同时展现自己的藏图，可以得到人们的认可，实现心理上的满足。表情包不仅成为一种流行文化，还成为潜在的产业。如图 2-10 所示的这篇揭示表情包产业的移动新媒体写作作品：

【案例 2-8】

这个工作室，几乎承包了你最爱用的表情包

2016-12-03 吴俊宇 南都周刊

一个个漫画表情，不仅仅是社交APP工具的附属品，更是一本可以长期耕耘的生意经，几乎每个手机用户瞬间点发出去的表情，后面都是一个工作团队的努力。

文◆ 吴俊宇

头顶豆芽菜嘟嘴卖萌的白团子，跪地“谢谢老板”的贱萌红衣少女，或许你叫不出这些“表情”的名字，但它们却经常出现在你的微信群聊对话里，在微博上演绎各种搞怪故事。

它们的名字分别叫长草颜团子和制冷少女，“这些表情背后是让人咂舌的数据：根据微信表情商店官方统计，去年8月至今，长草颜团子系列表情发送量已经超过110亿次，制冷少女系列仅仅是“谢谢老板”这一个被用于回复收到红包的表情，发送量就超过50亿次。

图 2-10 “南都周刊”微信公众号发布的吴俊宇作品《这个工作室，几乎承包了你最爱用的表情包》节选

① 张宁：《消解作为抵抗：“表情包大战”的青年亚文化解析》，载《现代传播（中国传媒大学学报）》2016 年第 9 期。

吴俊宇的这篇作品不仅分析了表情包这一隐形产业，本身也使用了很多表情包，使得一篇深度分析文章变得更加活泼明朗，读者在阅读时更容易理解。

移动新媒体写作使用频率高的表情包，从内容上看，多以漫画、植物、动物、风景、名人等作为素材。在类型上则大致包括动态图和静态图两大类，大类中又分纯图表情、图文表情、颜文字表情、纯文字表情等小类。

纯图表情就是只有图画或照片的表情，如图 2-11 所示。

图文表情则是将图画、照片等和文字结合起来生成的表情，如图 2-12 所示。

图 2-11 纯图表情

图 2-12 图文表情

颜文字表情源自日本，是在多语言符号象形元素基础之上发展起来的，有着网络极简主义风格的象形文字。如图 2-13 所示。

图 2-13 颜文字表情

纯文字表情就是将文字做成图片形式的表情，如图 2-14 所示。

图 2-14 纯文字表情

2. 移动新媒体写作对动态图的使用

移动新媒体写作已经不再满足于传统的文字、图片、视频，而大量使用新型的图，其实就是把图片与视频结合起来的新型动态图。

目前移动新媒体写作用到的动态图绝大部分是 GIF 格式。GIF(Graphics Interchange Format)的原意是“图像互换格式”，是 CompuServe 公司在 1987 年开发的图像文件格式。GIF 是一种基于 LZW 算法的连续色调的无损压缩格式。其压缩率一般在 50%左右，它不属于任何应用程序。目前几乎所有相关软件都支持它，公共领域有大量的软件在使用 GIF 图像文件。GIF 格式的另一个特点是其在一个 GIF 文件中可以存多幅彩色图像，如果把存于一个文件中的多幅图像数据逐幅读出并显示到屏幕上，就可构成一种最简单的动画。GIF 分为静态 GIF 和动画 GIF 两种，支持透明背景图像，适用于多种操作系统，“体型”很小，网上很多小动画都是 GIF 格式。其实 GIF 是将多幅图像保存为一个图像文件，从而形成动画，所以归根到底 GIF 仍然是图片文件格式，但 GIF 只能显示 256 色，是一种在网络上非常流行的动态图形文件格式。GIF 动图的制作软件很多，如专业软件 Photoshop、Ulead Gif Animation 等，视频播放软件迅雷、QQ 影音等，格式转化软件 GIFGIF、格式工厂等。

移动新媒体写作借助动态图可以解决因语言过于抽象而导致信息不准确的问题，如案例 2-9 所示。

【案例 2-9】

如图 2-15 所示，这则作品主要是介绍瑜伽的基本动作的。如果纯粹用文字描述，读者肯定要费尽脑力去理解，结果还不一定能准确把握，所以作品把瑜伽的基本动作直接做成动态图，十分直观，不仅让人看完后对动作要领一目了然，还降低了信息传播过程中的失真率。

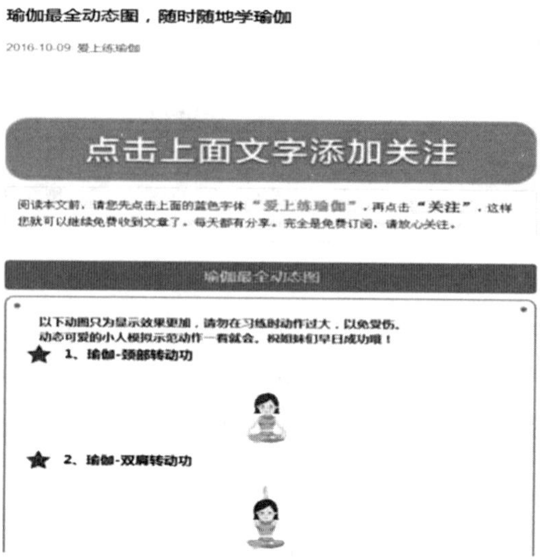

图 2-15　“爱上练瑜伽”微信公众号发表的作品《预计最全动态图，随时随地学瑜伽》节选

四、注重“交互性”

(一)何谓“交互性”

“交互性”是一个比较广泛的概念，运用于不同的领域其含义是不同的，但大致指向交流互动、互文链接等特征。

一方面，交互性含有“交流互动”的意思。我们知道，传统技术条件下的传播并非没有交互，如报刊的群众来信、编读往来就是编者与读者之间的互动；电视、广播中的观众(或听众)连线，也使受众与主持人、电视台或电台能够进行互动。但是由于受到时间、空间、技术等各方面因素的制约，传统技术条件下的交互性不能得到充分发挥。如报刊交互的时效性较差，而电视、广播仅能提供即时交互，即同步交互。更为重要的是，这些交互活动平台狭小，容量非常有限，如报纸存在版面限制，电视节目受到时长限制，而且交互极易受控。所以，传统大众传播是一种基于信息单向流动的传播方式，传受双方的互动机制较弱。

但是，网络新媒体打破了这个传播法则，其鲜明的交互性使人类的大众传播模式有了重大变化，也使信息传播更加接近于人类的自然传播方式。网络交互活动，除容量巨大、渠道通畅外，更重要的在于，它不仅可以即时交互，也可以延时交互。即时交互，指互动主体的活动在同一空间、同一时间进行，如QQ、微信等社交平台上的在线聊天等就是即时交互。而延时交互，指主体不在同一时间和空间中进行交互，传统的延时交互典型就是电话留言。在网络上，延时交互的实现更为简易，如对一篇文章，你可以在任何时间发表跟帖；对电子邮箱中的邮件你可以选择任何时间阅读并给予回复。帖子、邮件等就储存在网络中，不管你读或者不读，它就在那里。在传统的传播中，传播渠道不仅狭窄而且受到严密的控制，参与者往往只是信息的被动接受者，媒体传播哪些信息，信息的真伪与多少，信息的传播对象、时间、渠道等，很大程度上由政府和媒体决定。参与者只能接收媒体所传播的信息，且难以针对信息、事件本身进行表达和反馈。而在网络条件下，网络不仅提供了海量、多元的信息供参与者进行自主选择，同时，为参与者提供了开放、通畅的互动平台。交互的过程实质上就是信息的再加工和再传播的过程。美国学者艾略特·金在《是否需要重新定义》一文中认为，在这一过程中，“信息不再是依赖某一方发出，而是在双方的交流过程中形成的”①。同时，参与者积极地分享其掌握的信息，贡献自己的意见和观点，使信息得到充分交换，意见得到充分表达，也吸引和动员了其他网民参与。

另一方面，交互性具备“互文链接”的特点。“互文”概念最早是由法国学者克里斯特娃在1969年的《符号学》中提出的：“每一个文本都把自己建构为一个引用语的马赛克，都是对另一个文本的吸收与改造。”②即每一个文本中都包含了其他文本涉及的因素，每一个文本都不可能是一个与外界绝缘的封闭的语言体系，而是与其他文本有着这样那样的联系。互文理论是20世纪70年代之后兴起的一种文本观念，它来源于结构主义文本观，但又是对结构主义封闭文本观的有意反叛。互文理论在立足文本客观存在的基础上，突出各文本之间以及文本与文本之外因素的复杂联系，强调文本意义阐释的开放性、多样性和不可重复性，构成了对传统理论的强有力挑战。所以洛朗·坚尼说：“互文性的特点在于，它引导我们了解一种新的阅读方式，使得我们不再线性地阅读文本。”③互文观念的产生与解构主义思潮关系密切，从根本上讲，它也体现出一种反对单一与稳定、主张多元与颠覆的解构倾向，可以说互文精神就是一种立足文本形式的解构精神。而“超链接”是超级链接的简称，是随着网络而产生的。所谓的超链接是一种允许我们同其他网页或站点之间进行链接的元素，是从一个网页指向一个目标的链接关系，这个目标可以是另一个网页，也可以是相同

① ［美］艾略特·金：《是否需要重新定义》，载《国际新闻界》1994年第4期。

② 冯寿农：《文本·语言·主题》，厦门大学出版社2001年版，第18页。

③ ［法］蒂费纳·萨莫瓦约：《互文性研究》，邵炜译，天津人民出版社2003年版，第85页。

网页上的不同位置，还可以是文字、图片、邮件地址、文件，甚至应用程序。当浏览者单击已经链接的文字或图片后，链接目标将显示在浏览器上，并且根据目标的类型来打开或运行。超链接使得网络新媒体、移动新媒体的互文更加容易，也使得互文现象更加流行，其也是对单一、固定的陈述、观点等的反叛。

（二）移动新媒体写作的“交互性”

突破单向的、线性的阅读方式，在可操作层面上实现交流互动、互文性和超链接，使得多个参与者、多个文本之间相互关联起来，正是移动新媒体写作的创作观。

1. 移动新媒体写作的“交流互动”

移动新媒体写作在创作时，具备鲜明的交流互动观，即运用图文声像等多种符号构建起更明显、更强烈的召唤结构。“召唤结构”是由德国著名接受美学家沃尔夫冈·伊瑟尔提出来的，指文艺作品因空白和否定所导致的不确定性，呈现为一种开放性的结构，这种结构本身随时召唤着接受者能动地参与进来，通过想象以再创造的方式接受。伊瑟尔极力主张避免外在于作品的任何一个固定的视点，阅读视点是内在的，从作品的内部产生的。移动新媒体写作则强调从外部到内部都对读者和观众进行召唤，使他们成为真正的参与者。如图2-16所示，“人民日报”新浪微博在2016年12月9日16点18分发布的这篇微博作品：

【案例2-10】

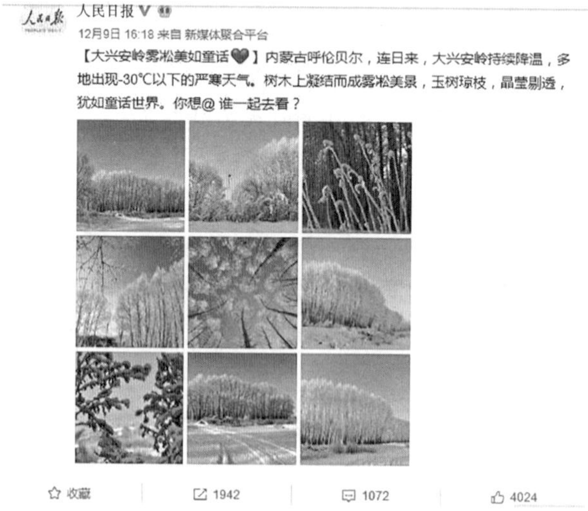

图2-16　“人民日报”新浪微博发布的一篇微博作品

这则微博作品主要介绍大兴安岭地区因严寒天气出现雾凇，但是它不仅有文字的介绍，还有雾凇美景的照片，让人产生如临其境的感受，对美景本身产生评论的想法。另外，作品结尾的“你想@谁一起去看”，是一个疑问句，构造出一个召唤结构，吸引读者参与互动发言。

所以，移动新媒体写作的作品大量运用召唤结构，正是为了更好地让读者或观众参与其中，与创作者进行交流互动，从而能更好地激发参与者的自发传播行为，体现的正是交互性的创作观。

2. 移动新媒体写作的“互文性”

互文性的表现形式多种多样，移动新媒体写作则大量使用其中的戏仿形式。戏仿，又称谐仿，是在自己的作品中对其他作品进行借用，以达到调侃、嘲讽、游戏或者致敬的目的，其主要目的是为了颠覆传统观念与定论。在后现代主义和新现代主义文化里，时常使用戏仿形式，使之成为后现代主义文化的重要呈现方式。“后现代视域的戏仿美学自20世纪60年代以来，随着西方后现代主义浪潮的到来，戏仿被大量运用于纷繁多样的文学艺术中。许多后现代主义小说都在不同程度上尝试戏仿手法，后现代戏仿主要包括对人物形象的戏仿、对语言的戏仿、对主题的戏仿、对历史的戏仿、对情节的戏仿、对文本模式的戏仿、对某个流派文学风格的戏仿等等。”①戏仿的“目的就在于破坏这种统一性，以优雅的形式表达粗俗或不那么严肃的主题，借内容与形式的反差以造成‘笑’的审美效果……读者由前文本的严肃而积聚起来的情感因此在文本的空虚、轻飘中突然转化为虚无，‘笑’便由此产生。从根本上讲，戏仿不是对前文本进行了转化，而是以漫画形式重新创作了前文本，新文本与前文本之间存在着张力关系，前者对后者进行了否定与讽刺”②。

戏仿对现代主义所构建的美学规范提出质疑，但后现代语境中的戏仿文本究竟是缺乏深度的文本拼贴抑或是颠覆成规的话语方式，不同学者的看法也迥然不同。20世纪90年代到21世纪初，中国香港导演、演员周星驰在《大话西游》和《功夫》等影片对《西游记》、李小龙电影、《黑客帝国》等大量进行了戏仿，就引发了争议和讨论。在移动新媒体写作中，戏仿的作品属于二次创作的一种，而戏仿的对象通常都是大众耳熟能详的作品。如图2-17所示的这篇微信作品：

① 刘然茹：《“戏仿”与后现代美学》，载《温州大学学报（社会科学版）》2012年第5期。

② 董希文：《文学文本互文类型分析》，载《文艺评论》2006年第1期。

【案例 2-11】

图 2-17　“这就旅游”微信公众号发表的作品《水浒好汉来穿越历史来到浙里，画风竟然是这样的!》节选

如图 2-17 所示，作品通过戏仿中国著名古典小说《水浒传》来进行海盐旅游的宣传，特别是美食的推荐。开头用大图、漫画、动态图和简单的文字导入，然后模仿微信的格式，让大家非常熟悉的梁山好汉宋江、鲁智深、吴用、

武松等用现代语言“发微信”晒海盐的美食，而且“海盐旅游”和其他梁山好汉都在主题下点赞、评论。这种方式就是典型的戏仿。

3. 移动新媒体写作的“超链接”

由于超链接是一种对象，它以特殊编码的文本或图形的形式来实现链接，如果单击该链接，则相当于指示浏览器移至同一网页内的某个位置，或打开新的文字、图片、视频、音频、网页、网站、程序等，所以通过“超链接”，移动新媒体写作几乎可以使一切作品互相关联起来。尽管有人认为移动新媒体写作是碎片化的，但运用超链接却使得移动新媒体写作在内容的广泛性上完全突破了传统媒体写作的局限，甚至不夸张地说，它几乎可以将所有文本互相链接。移动新媒体写作作品中经常使用超链接，如图 2-18 所示，国务院 APP 在 2016 年 12 月 10 日发布的《国务院@ 你，本周这 7 件民生大事，千万别错过》。

【案例 2-12】

2016年还剩不到一个月，此刻的你，已经开始规划新年了吗？快来看看国务院的这些新政，是否正是你的期盼呢？

12月7日的国务院常务会议定了这3件大事

国务院总理李克强12月7日主持召开国务院常务会议，根据国民经济和社会发展第十三个五年规划纲要，审议通过“十三五”促进中部地区崛起和国家信息化、国家科技重大专项重点规划，推动区域协调发展、经济结构升级；通过《中华人民共和国水污染防治法修正案（草案）》。>>详细阅读

两年取消七成：国务院再取消114项职业资格许可和认定事项

国务院日前印发《关于取消一批职业资格许可和认定事项的决定》，再次公布取消114项职业资格许可和认定事项。本次取消的职业资格许可和认定事项中，专业技术人员职业资格7项，其中准入类3项，水平评价类4项，涉及公路水运工程监理、防雷、管理咨询等领域；技能人员职业资格107项，均为水平评价类，涉及机械设备、食品加工和农业、文化、轻工等多个领域。>>详细阅读

图 2-18 国务院 APP 发布的《国务院@ 你，本周这 7 件民生大事，千万别错过》节选

国务院 APP 上的这则“一周民生新闻提要”，对该周重要的民生新闻进行了汇总和摘要。在形式上，每则新闻都要先写标题，然后附上相关新闻照片，接着写新闻摘要，最后附上该报道的原文链接，并用“≫详细阅读”进行标识。这样读者在阅读时，对某则新闻特别感兴趣，就能通过点击“≫详细阅读”所指向的“超链接”，打开另一个新闻页面详细阅读。

综上所述，对于移动新媒体写作来说，创新、创意是它的创作立足之本；发散思维是它最为强调的创作思维；以图表意是它最重要的创作模式；交互性则是它主要的创作内涵，它们共同构成了移动新媒体写作富有特色的创作观。

第二节　移动新媒体写作题材处理上的方法

移动新媒体写作的创作，从处理题材开始就需要掌握一定方法了。在题材处理上，移动新媒体写作主要有三个基本方法：改造传统经典；运用名人效应；善用前沿热点。

一、改造传统经典

移动新媒体写作在题材选择上，很重要的一点就是改造传统经典，这和第一节讲移动新媒体写作注重交互性的创作观是一脉相承的。互文性用来表明每一个文本中都包含了其他文本涉及的因素，它不可能是一个封闭的、绝对创新的体系。移动新媒体写作对传统经典的改造，多少带有互文性的特征，在改造形式上大量使用拼贴、影射、戏仿等互文形式，具有一定后现代主义特征。下面主要介绍一下影射和戏仿。

(一)拼贴

拼贴是一个从方法论角度看待后现代主义而产生的名词。后现代主义强调现代性是一个已经完成甚至过时了的时态，在后现代的语境里，所谓进步与发展根本就是自欺欺人的伪装。单纯从“拼贴”这个词来讲，指的是在文本(广义)的创作阶段作者所使用的一种技巧，这种技巧的特征在于从整体上审视它是全新的，但组成它的每个部分却是原有的，作者的工作便是将这些原有的不同部分尽量巧妙(有时适得其反)地整合在一个段落、篇章或整个文本当中，使其呈现出与原有面貌大不相同的气质。移动新媒体写作对传统经典的题材大多采用拼贴的手法，如图 2-19 所示，“六神磊磊读金庸”2016 年 3 月 25 日发布的这则作品：

【案例 2-13】

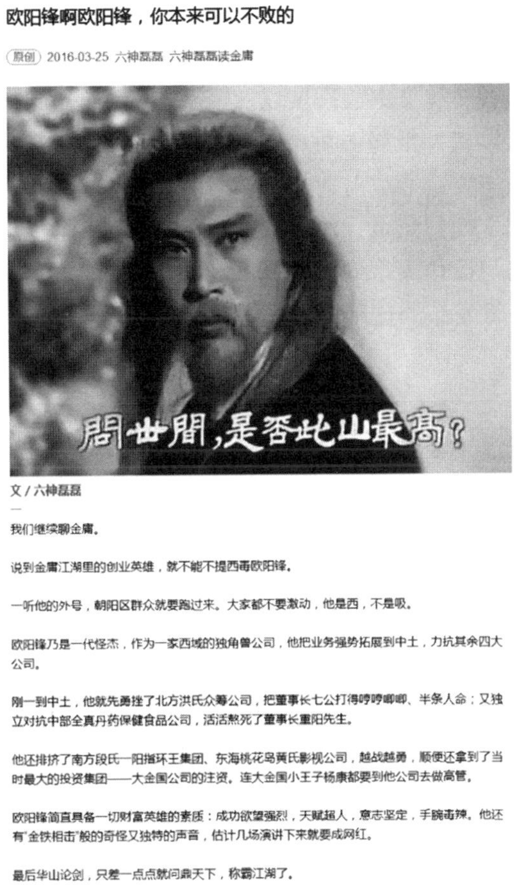

欧阳锋啊欧阳锋，你本来可以不败的

原创 2016-03-25 六神磊磊 六神磊磊读金庸

文 / 六神磊磊

我们继续聊金庸。

说到金庸江湖里的创业英雄，就不能不提西毒欧阳锋。

一听他的外号，朝阳区群众就要跑过来。大家都不要激动，他是西，不是吸。

欧阳锋乃是一代怪杰，作为一家西域的独角兽公司，他把业务强势拓展到中土，力抗其余四大公司。

刚一到中土，他就先勇挫了北方洪氏众筹公司，把董事长七公打得哼哼唧唧、半条人命；又独立对抗中部全真丹药保健食品公司，活活熬死了董事长重阳先生。

他还排挤了南方段氏一阳指环王集团、东海桃花岛黄氏影视公司，越战越勇，顺便还拿到了当时最大的投资集团——大金国公司的注资。连大金国小王子杨康都要到他公司去做高管。

欧阳锋简直具备一切财富英雄的素质：成功欲望强烈，天赋超人，意志坚定，手腕毒辣。他还有"金铁相击"般的奇怪又独特的声音，估计几场演讲下来就要成网红。

最后华山论剑，只差一点点就问鼎天下，称霸江湖了。

图 2-19　"六神磊磊读金庸"微信公众号的作品《欧阳锋啊欧阳锋，你本来可以不败的》节选

这是一篇通过改造金庸武侠小说题材创作的移动新媒体上的广告软文。作品的主体部分是在分析金庸武侠小说中的经典人物欧阳锋，作者"六神磊磊"熟读金庸武侠小说，对欧阳锋这个人物的分析很到位。如果只看主体部分，那么这篇作品看来就和传统媒体写作没太大差别了。但是作品在结尾处，用"如果欧阳锋如同×××一样拥有两门奇功"这句话，接上了某车的广告，介绍该车的优越性能。我们都比较熟悉金庸小说评论，也知道很多车的广告，但是"六神磊磊"将两种大家比较熟悉的类型巧妙地拼贴起来后，产生了新鲜的意象和新奇的效果。

（二）戏仿

在本章第一节中我们已经介绍过“戏仿”这个概念，戏仿自 20 世纪 60 年代以来，随着后现代主义文化兴起而逐渐被学界重视。历代西方学者对其概念的界定大多集中在四个关键问题上：戏仿文本与源文本之间的关系、戏仿的喜剧性特征、戏仿作者对源文本的态度以及被戏仿对象的范围。戏仿作为一种创作手法和文化实践形式，是移动新媒体写作十分钟爱的一种题材处理方法，但是传统的戏仿作品主要是通过对前文本的带反讽滑稽意味的模仿和转换以实现对该文本的形式和主题的致敬、玩味或批评等复杂的意图，而移动新媒体写作的戏仿时常表现出与原作关系的疏离。如今日头条 APP 专栏中“吴钩的钩沉”在 2016 年 12 月 4 日发布的这则作品：

【案例 2-14】

今日头条 首页 / 历史 / 正文

78

微博

Qzone

微信

行走江湖的侠女们怎么洗澡？

原创 吴钩的钩沉 2016-12-04 09:28

大侠们是怎么洗澡的？

吴钩

“金庸”贴吧上有人说，“金庸小说，对吃饭有描述，睡觉有描述，上厕所也有，上班有，做体育运动有，逛街也有，就是从没有提到过洗澡。”这位朋友读小说并不仔细，金庸其实是写过洗澡的，如《天龙八部》中，虚竹喝醉后，不省人事，四名灵鹫宫婢女替他洗了澡，虚竹醒后，吓得“一声大叫，险些晕倒”。《飞狐外传》中，胡斐在河里洗澡，衣服被袁紫衣夺走，“赤身露体的不便出来，好在为时已晚，不久天便黑了，这才到乡农家去偷了一身衣服”。

又如《书剑恩仇录》中，陈家洛无意中撞见一位女子在湖中洗澡：“只见湖面一条水线向东伸去，‘忽喇’一声，那少女的头在花树丛中钻了起来，青翠的树木空隙之间，露出皓如白雪的肌肤，漆黑的长发散在湖面，一双像天上星星那么亮的眼睛凝望过来。”

不过，金庸小说涉及洗澡等日常生活的细节描述确实不多见，以致有一些读者生出“大侠们怎么不爱洗澡”的疑问。嘿，还真有不爱洗澡的大侠。《射雕英雄传》里的“妙手书生”朱聪，是这么出场的：“一副惫懒神气，全身油腻，衣冠不整，满面污垢，看来少说也有十多天没洗澡了，拿着一柄破烂的油纸黑扇，边摇边行。”

图 2-20 今日头条 APP 专栏“吴钩的钩沉”发布的作品《行走江湖的侠女们怎么洗澡》节选

“吴钩的钩沉”所创作的这篇作品其实主要是为了总结中国历史上关于洗澡的知识，但是它并不是一篇古板的历史论文，而是戏仿了金庸的武侠小说，从金庸武侠小说中的女侠洗澡问题入手，使得作品风格变得更为活泼幽默。这篇作品与原文本即金庸武侠的关系不是特别大，作者借金庸小说的情节描写，主要是为了塑造活泼的作品风格，使大众更容易接受。

二、运用名人效应

名人就是名气大的人物。狭义上的名人，指知名的、杰出的、引人注目的人物或显要的人物，如鲁迅、陈景润、爱因斯坦、撒切尔夫人、尼克松等。广义上的名人，则指一定范围内有高知名度的人，小到行业圈、大到国家，在相对的范围内为众人知晓的人物，都可称为名人。名人的名气大小通常与其所从事的职业有较大的关系，如政治人物、军人、科学家、企业家、作家、演员、歌手、艺术家等名人就比其他行业的多。移动新媒体写作在题材处理上，常常借用名人之名进行创作，把所要传达的主题跟某个或某些名人关联起来，从而运用名人效应来增加作品阅读量和转发量。

(一)运用商业富豪的名人效应

那些充满传奇经历的富豪显贵总是特别牵动人心，他们可能出生于普通人家，但是却能借助勤奋、机遇、方法等发家致富，充满了个人魅力。特别是那些国家、大洲、世界的首富的言行，更是吸引着全世界人的关注。美国著名杂志《福布斯》公布的2016年全球亿万富豪排行榜显示，中国内地净资产超过10亿美元的亿万富豪达到创纪录的251位，而大连万达集团董事长王健林以287亿美元的净资产，超越李嘉诚跻身亚洲首富。之后大众对首富王健林的关注度明显高涨起来，他的言行常常引发大众热议。如2016年8月，王健林在《鲁豫有约大咖一日行》节目访谈中说：“想做世界最大，想做首富，这是对的，奋斗的方向嘛。但是呐，最好先定一个能达到的小目标，比方说我先挣它一个亿。”首富王健林这个“小目标一个亿”的言论瞬间引发了网友的大讨论，而借首富王健林这一言论进行移动新媒体写作的作品也如雨后春笋般冒了出来。如微信公众号“基层干部”在2016年9月3日发布了一篇作品《作为机关干部，你的小目标不是挣它1个亿，而是做好这18点》。该作品在形式上采用文字与动态图相结合的形式，其内容旨在介绍 18 种机关干部的工作方法，本来是和首富王健林没有任何关系的，但是编者却在标题上巧做文章，不仅将王健林的“小目标一个亿”放进标题，还用了转折句式去突出本篇作品的价值，让读者忍不住想点开看。

（二）运用文娱明星的名人效应

大众对文娱界的明星也是十分关注的，所以移动新媒体写作在处理题材时，时常会运用文娱明星的名人效应，当然移动新媒体写作中的娱乐时尚类作品本身就涉及非常多的文娱明星内容。借文娱明星的名气进行创作时需要注意以下三点：一是多选择“同文化圈”的明星，即偏向选择在本地区有很高知名度的文娱明星；二是避免跟风、炒作有负面形象的明星，不能为了炒作降低作品格调；三是不利用明星隐私甚至谣传去进行创作。如图 2-21 所示，“女巫占卜师”新浪微博在 2016 年 10 月 28 日 10 点 18 分发布的这篇微博作品：

【案例 2-15】

图 2-21　“女巫占卜师”新浪微博的一篇微博作品

图 2-21 中的这条微博作品将星座知识和明星结合起来，运用明星的名人效应吸引人们点开阅读。当然，当人们因想了解明星而阅读该作品后，还是会注意到作品中的星座知识比较准确，占星水平比较高，从而提高微博的传播率，扩大博主的影响力。

三、善用前沿热点

移动新媒体写作需要关注社会各领域的前沿，从大众传播的角度来说，人们对新鲜出炉的、新奇有趣的事件会更为关注，因此被大众感兴趣和追捧的热门话题常常来自这些社会各领域的前沿动态。所以我们可以说，社会各领域的前沿动态与新鲜信息，比较容易吸引大众的关注，当关注升温后就很容易成为社会热点，从而引发更多相关或周边话题的讨论与关注。

当前沿成为热点，移动新媒体写作借由热点效应去创作具有很明显的优势，因为它能在较短时间内引发较高关注度，这符合移动新媒体写作追求广泛传播的需求。当然，借前沿热点创作也有弊端，一方面，创作者所关注的前沿也许没有成为社会热点，达不到吸引关注的目的；另一方面，即使实现了短时间的高关注度，也可能只是一时炒作，传播后劲不足。那么，如何借前沿热点去处理移动新媒体写作的题材呢？至少有以下两种途径可供大家学习。

(一)巧借已形成的热点进行关联创意

在互联网络发达的时代，热点事件很快就能蔓延到互联网的每个角落，巧借已经形成的热点，与主题相关联创作的好处是，不必担心抓错热点，能保证一定的关注度。这种题材处理的方法，首先需要关注在网络上、社会上的热点人、物、事，然后思考如何将热点与自己的平台内容、主题定位等结合起来，最后才能进行创作。

在 2015 年，有部非常热的电视剧叫《琅琊榜》，一经播出就引发了全民的热烈关注和讨论，引发了一股“琅琊榜热”，其热度持续时间已经超过了一年。在移动新媒体上，也出现了非常多的借这部电视剧热点进行关联创意的作品。如图 2-22 所示，“做饭很简单”微信公众号在 2015 年 10 月 31 日发布的这部作品：

【案例 2-16】

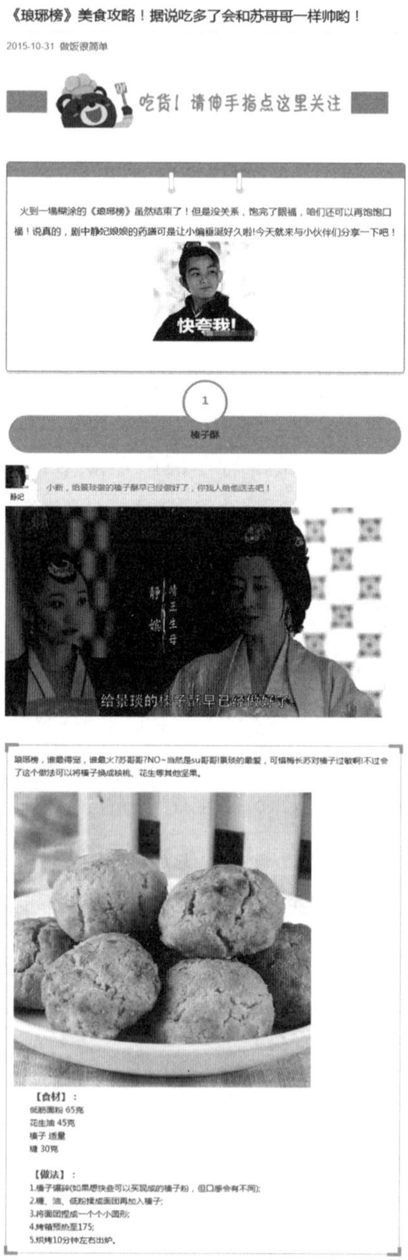

《琅琊榜》美食攻略！据说吃多了会和苏哥哥一样帅哟！

2015-10-31 做饭很简单

吃货！请伸手指点这里关注

火到一塌糊涂的《琅琊榜》虽然结束了！但是没关系，饱完了眼福，咱们还可以再饱饱口福！说真的，剧中静妃娘娘的药膳可是让小编垂涎好久啦!今天就来与小伙伴们分享一下吧！

快夸我!

1

榛子酥

静妃

小新，给景琰做的榛子酥早已经做好了，你找人给他送去吧！

给景琰的榛子酥早已经做好了

琅琊榜，谁最得宠，谁最火?苏哥哥?NO~当然是su哥哥!景琰的最爱，可惜梅长苏对榛子过敏啊!不过会了这个做法可以将榛子换成核桃、花生等其他坚果。

【食材】：

低筋面粉 65克

花生油 45克

榛子 适量

糖 30克

【做法】：

1.榛子碾碎(如果想快些可以买现成的榛子粉，但口感会有不同);

2.糖、油、低粉揉成面团再加入榛子;

3.将面团捏成一个个小圆形;

4.烤箱预热至175;

5.烘烤10分钟左右出炉。

图 2-22 “做饭很简单”微信公众号发布的作品《〈琅琊榜〉美食攻略！据说吃多了会跟苏哥哥一样帅！》节选

“做饭很简单”微信公众号主要推送美食烹调类的作品。这篇 2015 年 10 月的作品，借《琅琊榜》这一娱乐热点，结合自己公众号的定位进行发挥。但是这篇作品不是简单地对电视剧中出现的美食进行归纳总结，还将电视剧中的相关剧照与食物的现代制作方法结合在一起，图文并茂、生动直观，从而吸引了大量或爱好这部电视剧或喜欢烹调美食的读者的关注与转发。

又如“三九养生”微信公众号在 2015 年 12 月 3 日发布的作品《〈琅琊榜〉最大谜团　梅长苏的死因究竟是啥》，由于“三九养生”微信公众号主要发布健康养生类的作品，所以这篇 2015 年 12 月的作品，借热门电视剧《琅琊榜》中梅长苏这一主角形象进行关联创意。电视剧中的梅长苏尽管有过人的才智，但却体弱多病，在完成洗刷冤屈、辅助贤王的心愿后最终英年早逝。而这篇微信作品就是将主角的疾病表征与现代的养生知识结合起来，运用图文结合的表达方式、通俗易懂的语言，既借用了当时《琅琊榜》热播剧的热点，又紧扣了自己的平台定位(健康、养生、疗病)，不仅增强了作品的趣味性，又能让读者真正获得一些知识。

(二)关注大众前沿，发掘潜在热点

上文讲的是对已经形成的热点进行关联创意，那么如果想创作出更独特的移动新媒体写作作品，就不能只是追热点，还需要善于发掘热点，这对于很多人来说都是比较难办的。因为，人们并不知道哪些会成为热点内容，并且能在互联网上迅速发展起来。此种创意方法，首先也要在网络上搜索，但不是搜索近期热点，而是未来一月内的社会预发事件，然后筛选出你认为最有可能成为关注热点的那些事，之后再思考如何将热点与自己的平台内容定位结合起来进行创作。这就要具备很强的数据分析能力和舆情预测能力，当然也可以使用一些工具进行协助，如百度搜索风云榜、今日头条等。

一种情况是提前准备，抢点发布。如 2015 年 7 月 31 日，北京联合张家口申奥成功，举国欢庆，在消息传来的第二天，许多新媒体平台都抢点发布了与自身平台定位相关的申奥热点文章。2015 年 8 月 1 日，信公众号“大唐网”就发布了作品《【唐山头条】北京张家口申奥成功，对咱大唐山有啥影响》。

该作品是在申奥成功后次日发布的地方宣传类文章，作者预先做好了准备工作，只等申奥结果公布，再将素材整合。作品先简介了北京张家口联合申奥成功的消息，附上申奥宣传片视频，然后引出主题，分析这次申奥成功给自己家乡唐山带来的五大好处，及时发掘潜在热点并进行地方形象宣传。

另一种情况是提前创作、发表意见，助推热点话题的形成。如 2016 年由谷歌公司研造的人工智能系统阿尔法机器人，挑战世界围棋冠军李世石。根据日程安排，五盘棋分别于3月9日、10日、12日、13日和15日举行。比赛还没开始，就已经有很多人对这场“人机大战”很关注，如图2-13所示，“棋牌新闻”新浪微博在2016年3月5日20点15分发布的这条微博：

【案例2-17】

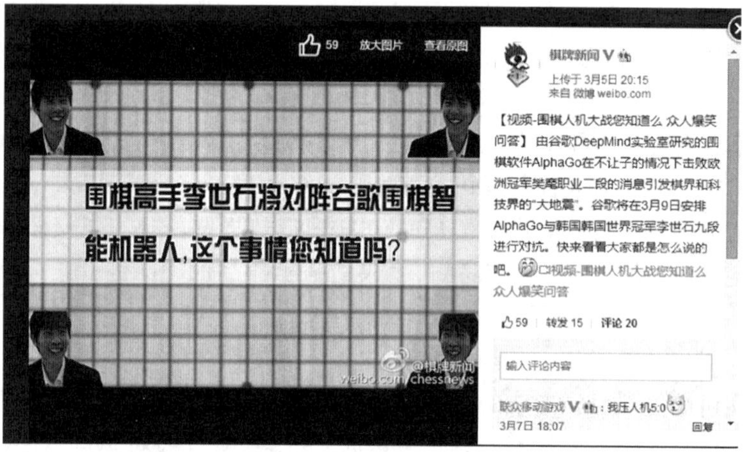

图2-23　“棋牌新闻”新浪微博的一篇微博作品

这个在“人机大战”之前发布的作品，主要采用文字加视频的形式，制作的视频风趣幽默，加入了很多流行元素，虽然当时的点击率并不高，但是当“人机大战”开始，热点迅速形成后，这个视频的播放率也跟着迅速升高。

当然，一个热点如果把握得好，前期、中期、后期都将给新媒体写作提供丰富的素材和灵感。例如上文“人机大战”的例子，不仅大战之前和比赛之中出现了很多相关作品，即使在阿尔法机器人最终以4∶1赢了李世石之后，“人机大战”这一热点也还在持续发酵。后期借热点进行创作的文章层出不穷。例如“上海高考志愿研究院”微信公众号在2016年3月22日发布的作品《人机大战火了！辣么！与AlphaGo相关的热门专业有哪些》。该作品立足自己的账号定位，借“人机大战”这一热点话题，巧妙地将其与高考志愿的填报联系起来，并配上娱乐红人的照片，让作品更接地气，吸引了许多即将参加高考的学生及学生家长的关注。

所以，移动新媒体写作在题材处理上，需要掌握改造传统经典、运用名人效应、善用前沿热点等主要方法，可以单独使用一种方法，也可以共用多种方法。使用时都要注意与自己平台的定位、主题主旨联系起来，也不应恶搞恶俗、只求博眼球。

第三节　移动新媒体写作形式构思上的方法

移动新媒体写作在形式构思上主要围绕标题、形式和结构进行，总体上都立足于其创作观，特别强调创新、创意。

一、设计吸引人的标题

好的移动新媒体写作作品必然有一个出色的、吸引人的标题，标题甚至可以直接影响到资讯的阅读率。一般人不可能花非常多的时间在移动新媒体上点开每一个作品，点开还是不点开，依赖于人们对作品标题的认知。

（一）基本方法

一般来说，创作一个移动新媒体中的好标题有以下一些基本方法：

第一，要具有问题导向意识，所以很多会包含6W（Who 谁，What 什么，When 何时，Where 何地，Why 为什么，How 如何做），它们都是回答一个具体问题的。如《2016 年 10 月之后，上海将发生大事》《常做这个动作，能健康哦~》等标题。

第二，在句式上长不如短，多使用否定句或疑问句，使得标题呈现开放的状态，如《什么样的家庭才能培养出高考状元?》《如何用一个鸡蛋做出七个煎蛋》等。在代词上则多使用“你”，拉近与读者的距离，如《关于小儿感冒，你不得不知道的十件事》《点开自测，你的家人是否健康》等。

第三，多用数字。在一排汉字中间，阿拉伯数字有着天然的魅力，特别容易吸引眼球，特别容易跳脱出来，让人很直观地看到数据，吸引点击率。如《长寿的 12 个秘密》《解决失眠问题的 8 个方法》等。

第四，巧用标点或颜文字。汉语标点和颜文字都有表意的特性，如情感色彩强烈的“!”，表示无语的“。。。”等标点，以及（·（工）·）、(>﹏<。)、(*￣▽￣)、(≧︶≦*)、o(￣ヘ￣*o)、(ToT)/、┏(゜ロ゜;)┛、<(￣︶￣)>、[]~(￣▽￣)~*、(￣﹏￣)、(￣ε(#￣)、(☆▽☆)y、(￣.￣)、╮(￣▽￣)╭、(￣▽￣)~*、(⊙_⊙)、(￣.￣)+、(￣▽￣)"、Σ(°△°|||)︴、╮(╯▽╰)╭、(=￣ω￣=)、(￣3￣)a、(￣0￣)y、(>﹏<)、(→_→)、(￣o￣). zZ等颜文字。如《独家重磅！普京访日有何目的(⊙_⊙)》《这种人你见过吗?(→_→)》等。

第五，词语使用上讲究口语化，可以多使用流行词语。如《这些“歪果仁”在东风做了些什么?》《读完此法，让你不蓝瘦》等。

第六，运用夸张、比喻、对偶等修辞手法。修辞手法的运用使得标题更具有文学性、可读性，可以提高作品点击率。如《80%的人都因为这个小错误多花了装修费》《十里春风不如你，西湖美景长待君》等。

第七，还可以多起几个标题，让朋友们来讨论投票，也许他们的建议能给标题设计带来绝佳的灵感。

(二)几种标题模式

在设计吸引人的标题时，并非完全没有模式，下面介绍几种标题模式：

1. 傍热点型

即利用最近的热点事件，借用到标题中去，但注意一定不能生搬硬套，不能没有一点关联性而硬靠，否则读者在阅读完之后会觉得受到欺骗。

2. 揭秘型

即利用人类固有的窥探心理去设计标题。如《首富的一天是怎样过的》《女明星争相使用的瘦脸法》《揭秘中国历史上唯一女皇帝的后宫》等。

3. 故意反话型

在标题中故意设置一些反话，以产生非正常、不合逻辑的理解，激起人们的好奇心，使其产生非点开看看到底是怎么回事的想法。这样的反话包括“千万别看”“看了肯定后悔”“不喜勿进”等。

4. 亲民型

移动新媒体写作作品的受众非常广，所以较少有特别精英化的标题而多亲民型标题。如《街坊们，这个绝招赶紧学起来!》《什么事，惊呆了围观群众》等。

5. 对比型

在强烈的对比中强化冲击性，激起人们的阅读兴趣。如《医生不想让你知道的10个惊天秘密》《月薪3千和月薪3万的文案区别》《她是一个女人，却活出了男人的姿态》等。

6. 挑战型

采用一些诱发挑战的词语，让人产生不看就是能力不够的感觉，从而吸引人点击。如《智商200以上才能看懂的6张图》《你这辈子都不可能知道的登月故事》等。

7. 场景型

即用生动简短的语言描述一个场景，给人带来丰富的联想，当然创作这种类型的标题需要有一定文笔，需要多练习。如《别只顾着玩手机，来学一点东西吧》《做了 3 年 Ctrl+C、Ctrl+V 后，才知道怎样做文案》等。

当然，在标题上下功夫并不是要大家成为“标题党”（对互联网和移动新媒体上不顾真实原则、编辑离奇古怪的标题以吸引大众眼球的平台管理者和发布者的总称）。关于“标题党”的危害，本书会在后面章节讲到。

二、融合文、图、音频、视频等多种表达形式

严格意义上，移动新媒体写作并不是对传统媒体写作的颠覆和替代，而是一种叠加、融合的关系，这也就是说移动新媒体写作中仍然会用到传统媒体写作中的各种媒介，如文字、图片等。从某种程度上说，移动新媒体写作正是在与传统媒体写作的融合和竞争中，才能产生强大的创新能量。所以，移动新媒体写作融合文、图、音频、视频等多种表达形式，尽量避免纯文字作品，在文字阐述的同时，加入图片、音频、视频，使得作品更丰富多彩。

（一）图片的运用

第一节已经讲过，“以图表意”是移动新媒体写作的重要创作观。移动新媒体写作相较于传统媒体写作，不仅使用照片，还大量使用表情包、静态图、动态图，特别是表情包和动态图，在传统媒体写作中几乎不怎么涉及，而现在却已经成为移动新媒体写作的必要形式。

就表情包而言，在新媒体和移动新媒体上是十分火爆的，但它就很少被用在传统媒体上，传统媒体写作更是很少用到表情包。表情包的创作者多为 80 后、90 后，创作的灵感多来源于非主流文化圈，而且以草根阶层居多。2015 年 7 月，微信上线了表情开放平台，每个用户都能进行投稿，若通过审核就能进入微信表情商店并获得关注，这实际上就是通过支持表情包设计者来鼓励表情包的使用。“南都周刊”微信公众号在 2016 年 12 月 15 日发布了一篇作品《他们问我，为啥要把 2016 盘点做成天书》，作品开头导语就说了“看厌了那些正儿八经、不走心也不走肾的国内新闻年度盘点。于是我开了一下脑洞，决定用 emoji 把它们呈现在你面前”。所以作品主体部分只有一串串表情，正当读者莫名其妙的时候，作品结尾又说：“如果没读懂，也不要放弃治疗，向「南都周刊」的公众号后台，回复「2016」就可以看见详细的解读版本啦。”大部分读者看完后会立刻在公众号后台回复“2016”查阅这份年度盘点的解读版本，于是大家看到了真正的年度盘点内容，如图 2-24 所示。

这份特别的盘点报告将 2016 年一年的新闻大事件按时间顺序排列，先用一串 emoji 表情做提要，然后再用文字去描述该新闻事件，当人们读完文字，再回过头来看 emoji 表情，确实是很贴切。

【案例 2-18】

2月6日 台湾6.7级地震

台湾高雄发生6.7级地震，震源深度15千米。截至2月12日，死亡人数增至93人。

2月 春运

3月 问题疫苗曝光

山东警方破获案值5.7亿元非法经营人用疫苗案引起关注。经查，涉事疫苗包含25种儿童、成人用二类疫苗，未经严格冷链存储运输销往18个省市。

图 2-24　“南都周刊”微信公众号发布的《emoji 表情告诉你 2016 年中国发生的大事》节选

就动态图而言，在传统媒体写作中几乎没有，一方面是因为动态图技术比较适合新媒体，只有在 PC 端和移动端上才能自由显示，另一方面是由于传统媒体写作自身重视文字表达，不大需要动态图，所以动态图几乎是随着新媒体时代而诞生的。移动新媒体写作中大量使用动态图，增强了作品的生动性和趣味性，可以说，动态图是移动新媒体写作使用的重要形式。

另外，从微博开始流行起来的九宫图形式也是移动新媒体作品广泛采用的图片格式。它采用九张图片，以 3×3 的方式，列出一个由矩阵图形式构成的作品。最中间的那张图有标识中心主题的作用，而其他八张图则是分别从不同角度来诠释中心主题。九宫图形式不局限于单纯的图像，而是设计成图文同时呈现的模式，让读者在打开图片的同时能看到图像和文字，从而形成完整的九图可视化作品。这种形式目前已经在微博上被广泛采用。它对作者提炼主旨的能力要求较高，因为必须要在有限的九张图中把主题和内容表达清楚，同时又实现了图像、文字的同时呈现，使得作品美观和谐。

（二）音频的运用

对音频的使用也是传统媒体写作中没有的，移动新媒体写作使用最多的音频是歌曲、纯音乐和人声。在一些唯美风格的作品中，常常插入歌曲或纯音乐，读者可以一边观看作品一边欣赏纯音乐。如微信公众号“李银河”2016 年 12 月 12 日发布了一篇《莫奈笔下的晚霞》的作品，主体是大量的晚霞摄影作品和简单的文字，还配上了韩国歌手成诗京的歌曲《晚霞》，美丽的晚霞与印象派大师莫奈的画一样动人，加上恰到好处的歌曲，使得整个作品充满意蕴。

移动新媒体写作中还会运用人声的音频，如微信公众号“花开心灵驿站”在 2016 年 12 月 16 日发布的作品《朗诵 | 有你的日子里总会有天晴》中，将作者关于月光的诗作、艺术照和配乐朗诵融合起来，营造出一个舒缓、唯美的感觉空间，让人不管在视觉还是听觉上都感受到美，非常动人。

(三)视频的运用

视频这种形式更是传统媒体写作中完全没有的，视频在移动新媒体写作作品中时常出现，风格也各不相同，只要和主题贴合都可以使用。视频的加入，方便读者更直观地理解作品内容，如图 2-25 所示，“央视新闻”新浪微博在 2016 年 11 月 21 日 20 点 18 分发布的一篇图、文、视频相结合的作品：

【案例 2-19】

图 2-25　“央视新闻”新浪微博的一篇微博作品

图 2-25 是一篇新闻资讯类作品，主要是报道天宫二号空间实验室在太空中的情况。天宫二号空间实验室是继天宫一号后中国自主研发的第二个空间实验室，用于进一步验证空间交会对接技术及进行一系列空间试验。2016 年 9 月 15 日 22 时 04 分，天宫二号空间实验室发射任务取得圆满成功。2016 年 10 月 19 日凌晨，神舟十一号飞船与天宫二号自动交会对接成功，航天员景海鹏和陈冬入驻天宫二号空间实验室，开始了为期 30 天的太空驻留生活。2016 年 11 月 17 日 12 时 41 分，神舟十一号飞船与天宫二号空间实验室成功实施分离，航天员景海鹏、陈冬搭载神舟十一号飞船踏上返回之旅，并于 11 月 18 日 13：33—14：13 返回地球，而天宫二号转入独立运行模式。新闻中报道的正是航天员陈冬在太空站驻留期间打乒乓球的趣事，作品不仅用到了文字、图片和表情，还配上了视频，使读者能很清楚直观地看到场景，增强了新闻的真实性。

三、多用超文本写作

“超文本”(Hypertext)是与“超链接”相关联的一个术语，由美国学者 Ted Nelson 于 1965 年创造，是指“非相续性著述(Non-sequential Writing)，即分叉的、允许读者作出选择、最好在交互屏幕上阅读的文本”，“大量的书写材料或图像材料，以复杂的方式相互联系，以至于不能方便地呈现纸上。它可能包含其内容或相互关联的概要或地图，也可能包含已经审阅过它的学者所加的评注、补充或脚注。”①另据牛津英语词典 1993 年版对“超文本”的解释是：“一种并不形成单一系列、可按不同顺序来阅读的文本，特别是那些以让这些材料(显示在计算机终端)的读者可以在特定点中断对一个文件的阅读以便参考相关内容的方式相互连接的文本与图像。”②“超文本”的基本特征就是可以超链接文本符号，预览者可以指向其他位置，该位置可以在当前的文本符号中、局域网中的其他文本符号，也可以在因特网上的任何位置的文本符号中。这些组成了一个杂乱的信息网，目标文本通常与其包含的超链接有某些关联，来源中的链接元素则将这种关系传递给阅览者。

所以“超文本写作”是以网络所储存的大量数据为基础，使得原先的线性文本变成可以通向四面八方的非线性文本写作，使得阅览者在观看“超文本”时，可以在任何一个关节点上停下来，进入另一重文本，然后再点击、进入又

① 转引自英鸣奋：《超文本诗学》，厦门大学出版社 2002 年版，第 11 页。
② 转引自黄鸣奋：《超文本诗学》，厦门大学出版社 2002 年版，第 12 页。

一重文本，于是原先单一的、平面的文本变成了无限延伸、扩展的、立体的文本。我们说，传统媒体写作是有顺序的，一方面传统媒体写作源于说话，而说话是具有线性时序性质的，缜密细致的逻辑推理、条分缕析的口笔表述，倒是后天训练的结果；另一方面，纸张的书本由于其物理特性，也遵循线性有序原则，否则将十分不便于查阅。但是，人的思想、思维其实具有非线性、跳跃性、弥散性等特征，而知识的记忆存储、搜索再现也是呈网状节点式的。所以超文本写作实际上更贴近人类思维的本真状态。而计算机和网络技术的发展，使得超文本写作成为可能，移动新媒体写作也更倾向于使用超文本写作而非线性写作。如图 2-26 所示，“青海人事考试中心”新浪微博在 2016 年 10 月 17 日 14 点 36 分发布的一篇微博作品：

【案例 **2-20**】

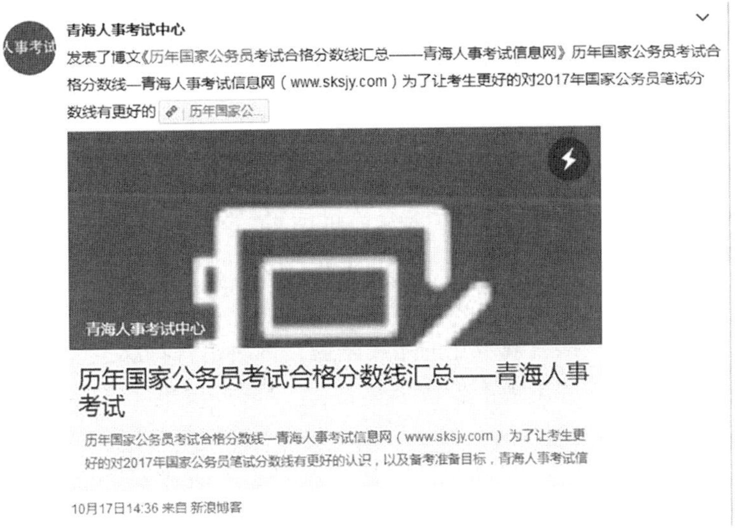

图 2-26　“青海人事考试中心”新浪微博的一篇微博作品

这篇微博作品使用了超文本写作模式，首先用文字提示作者有一篇博文《历年国家公务员考试合格分数线汇总——青海人事考试信息网》，但是按当时的规定，单条微博作品是不允许超过 140 字的，所以这篇博文不能直接放进这则微博中。因此作者并没有把博文直接粘贴在作品中，而是用带有超链接的网址、图片、文字完成作品，读者读完第一句之后，可以自由选择是否点击那些超链接。如果不点击，本次阅读就到此为止了；如果点击了，就将跳转到另一个页面显示出那篇博文，阅览者将获得一则简单的微博作品的更多指涉义。这则微博作品打破了一般写作要求具备标题、提示、正文、结尾的传统模式，而是运用超链接功能进行超文本写作，使得作品不再呈现单一信息，而是建立起一个小小的信息网，将多层意义聚合在一件作品中，由预览者自由选择怎样去阅读体验。

综上，移动新媒体写作在形式构思上，不仅要花心思设计标题，还要融合文字、图片、音频、视频等多种表达方式，还应多采用超文本写作。

第四节　移动新媒体写作语言表达上的方法

移动新媒体写作在语言表达上也有一些基本方法。与传统媒体写作偏向精英化不同，移动新媒体写作偏向大众化，所以在语言表达和风格上，具有明显的追逐大众流行、风格通俗明朗的特征。

一、使用大众流行词句

在没有网络的时代，信息传播的速度和效率都很低，但是在网络时代，信息传播的速度和效率都变得十分高，而又由于大量网民的参与，自发参与传播过程，所以产生了真正意义上的“大众流行词句”。于根元先生主编的《中国网络语言词典》中，对“网络语言”作了如下定义：“网络语言是网民为了提高输入速度，对部分汉语、英语词汇进行改造或加工，把文字、图片、符号等进行随意链接和镶嵌。从语言规范化的角度来讲，网络语言将汉字、英文字母和数字杂糅在一起使用，会出现不少错字、别字甚至病句。但在网络中，这种语言却深受网民的欢迎。”①

本书所定义的“大众流行词句”，就是在现实生活或网络世界中忽然出现的，被网民们在网络上广泛传播与炒作的，流行于网民和现实大众口语和书面的词语、句子。网络时代的大众流行语，很多是在网络世界中首先由网民对普通语言进行加工改造后传播、使用起来的沟通语言，是一段时间内社会政治、经济、文化以及社会心理等多种因素结合的产物。

移动新媒体写作在语言表达上较多使用大众流行词语和句子。

---

① 转引自于根元：《网络语言概说》，中国经济出版社2000年版，第41页。

（一）大众流行词句的特征

伴随着互联网发展起来的大众流行词句，在中国20世纪90年代出现至今已经有20多年的时间了，它们由最初的不为人们理解甚至抵触，到如今逐渐融入网络与现实的日常，为大众所认可和接受，可以说也体现了汉语语言自身发展的需要，不仅折射出中国传统媒体向新媒体的变革与发展，还侧面反映了中国大众社会生活的变迁。大众流行词句具有以下一些特征：

1. 流行性

大众流行词句的首要特点是流行。对流行这种现象的早期研究主要集中在社会心理学的领域，日本社会心理学家南博在20世纪50年代研究流行语时指出，流行语就是“思想的流行”。“流行”这个词在《现代汉语词典》（第6版）中的释义为“广泛传布；盛行”，在《辞海》上的相关释义是“迅速传播或盛行一时”。不管哪种解释，都强调了对其传播范围和传播速度两个方面的考量。大众流行语在网络和现实中都被较广泛的使用，并且一旦出现就会迅速传播，具有流行性的特点。如2016年10月忽然在网络上流行起来的大众流行语“蓝瘦，香菇”，其来源就是一个广西小伙子因失恋而失眠，于是在网上发了一段视频独白称：“难受，想哭。”由于小伙子操着一口浓郁的广西普通话，发音听起来特别像“蓝瘦，香菇”。经过网民的集体传播，这个词迅速蹿红，不仅影响了网络世界也影响了现实生活。2016年10月13日，深圳市蓝瘦香菇实业有限公司在深圳市福田区注册成立。“蓝瘦，香菇”这一流行词组在一个多月的时间里从网络开始延伸到现实，红遍中国大江南北，尽管是当年10月份才出现的一个流行词组，但依然被收录进《咬文嚼字》杂志社2016年12月14日发布的“2016年十大流行语”。

2. 时间性

大众流行词句和普通词句不同，它们的使用是有一定时限的。普通的汉语词句，被写进官方认可的《现代汉语词典》《新华字典》等，是长期有效的。而大众流行词句不是规范的词句用法，它们中只有极少的一部分有可能进入到现代汉语词汇、语法中，绝大部分则会随着流行热度的降低而自然消亡。所以我们几乎不大可能记得20年前的网络流行词语和句子有哪些，更别说使用它们了。当然，不同的大众流行词句，其生命力是不同的，有的流行词句可能几个月后就被人们遗忘，有的可能流行好多年而不衰。

3. 大众性

大众流行词句是一种大众文化现象，具有大众性。大众文化是人类由传统社会进入大众社会所呈现出的文化形式，而大众社会是伴随着工业化和技术革命的大发展而来的。大众流行词句的创造、传播与流行，展示着以网民为代表的大众“生产出属于自己的社会体验的意义所带来的快感，以及逃避权力集团的社会规训所带来的快感”①的过程。所以从某种意义上来说，生产大众流行词句是大众“狂欢化”的过程。一般语言的字、词、句、音都是由少数精英学者制定并自上而下推广的，但是大众流行词句却反其道而行之，它本身来源于大众而不是精英，它刻意打破一般语言的规则，制造规矩之外的语言狂欢。

4. 社会性

大众流行词句并不是简单的语言现象，而是有着鲜明的社会性，反映着大众的社会生活。大众流行词句来源广泛，热门影视剧的台词、网络聊天词等都有可能进入其列，其触发也常常伴随着一些社会新闻事件。如“女汉子”这个词，最早是2013年由明星李艾在新浪微博上发起“女汉子的自我修养”这一话题而引起的。女汉子不是真汉子，是指一般行为和性格向男性靠拢的一类女性。在职场中，女汉子性格大大咧咧，异性缘好，与男生称兄道弟；生活中，女汉子不喜欢化妆，打大型游戏如小菜一碟，具有独立、自强和豪爽的男子气概。女汉子的出现，可以说既与现代社会女性地位的提高不无关系，也反映了现代社会中女性的压力越来越大。又如“你懂的”这句话本出自网络论坛，但其忽然在全社会范围内流行起来，是因为在2014年3月2日，全国政协新闻发言人在回答关于周永康的提问时说：“无论什么人，无论职位有多高，只要触犯党纪国法，就要严厉惩处。我只能回答成这样了，你懂的。”发言人睿智而幽默的回答引发了一阵笑声。于是“你懂的”走出网络，在全社会流行开来。目前这句话已成为大众对所有心照不宣的事情的最佳表达。

5. 使用较固定

大众流行词句在被创造、使用、流传开来后，搭配比较固定，一般不会再做拆分和加工。如“女汉子”“前方高能”“世界那么大，我想去看看”“奇葩”等大众流行语句，使用时都比较固定，不会再随意混搭。

（二）移动新媒体写作对大众流行词句的使用

大众流行词句本来主要在网络环境中以文字形式传播，或者在现实生活中以口头形式传播，但是移动新媒体写作对大众流行词句的使用，却是书面形式的。也就是说移动新媒体写作为了追求大众化、趣味性和接地气，会使用很多并不符合语法规范的大众流行语。如微信公众号“新疆我的家”在2016年1月

① ［美］约翰·费斯克：《理解大众文化》，王晓珏、宋伟杰译，中央编译出版社2006年版，第46页。

16 日发布的《2016 乌鲁木齐市区五大堵点！城南亚历山大！》，作品介绍了乌鲁木齐因市政建设出现交通拥堵现象，其中主要有五大堵点。标题使用的大众流行词“压力山大”，是改用“亚历山大”中音近字不同的“亚历”两字而来，形容压力非常的大，像山一样压得人喘不过气，这里很形象地比喻了交通拥堵的压力很大。这个流行词在使用时，都是固定使用，也不再做二次改造。

另外，在使用大众流行词句的时候，要注意时间性，要尽量选用近几年出现的、尚在流行中的词句。为了方便读者熟悉和查阅大众流行词句，本书编辑整理了最近五年的大众流行词句，详见附录一。

二、化用大众流行语体

从语言学上讲，所谓“语体”，就是人们在各种社会活动领域，针对不同对象、不同环境，使用语言进行交际时所形成的常用词汇、句式结构、修辞手段等一系列语言特点。在实际生活中，根据不同的语言环境来有效地进行语言交流，不仅涉及内容，而且也涉及语言的本身，涉及语言材料及其表达手段、组合方式等的准确选择。本书所指的“大众流行语体”，是在网络流行语体基础上产生的，流行于网民和社会大众之中的一种语体。网络流行语体是在网络聊天、网络论坛、各类 BBS、微博及网络文学中出现的特定风格、格调、情感、气氛的网络语言形式。大众流行语体大部分来源于网络流行语体，但是其流行范围却早已突破网络世界走进现实生活，甚至已逐渐融入大众的日常生活，出现在报纸杂志、大学录取通知书、政府机关招聘启事、公路安全宣传标语上。

(一)大众流行语体的特征

1. 形式上被冠以“×××体”来称呼

近十年间，来源于流行影视文学作品、社会新闻事件、名人微博、社交网站或网络论坛等，先后通过网络开始流行起来，最终成为大众流行语体的多达数十种，如“纺纱体”“蜜糖体”“校内体”“凡客体”“羊羔体”“淘宝体”“蓝精灵体”“元芳体”“甄嬛体”，等等，都具有特定的词汇、句式(格式)或韵律特征，迎合了当代大众的审美意趣，备受追捧、广为流行。

例如“甄嬛体”，来自热门古装电视剧《后宫甄嬛传》中的仿古文艺腔的对话语体。剧中人物对话文艺调十足，语调不急不缓，口气不惊不乍，从容大方，引起网友们的效仿与传播，并将这种语体称为“甄嬛体”。其特征包括：言必称“本宫、臣妾、嫔妾、朕、哀家”；描述事物用双字(如方才、想来、极好、罢了)；句式上常用“若是……想必是极好地，但……倒也不负……”，等等。

2. 具有流行性、时间性、大众性、社会性特征

与大众流行词句一样，大众流行语体也具有流行性、时间性、社会性的特征。大众流行语体是依托网络迅速传播，在网络和现实中短时间内走红的语体，所以它们也具有流行性和时间性。

初期的大众流行语体多出于网络交际，常用恶搞方式进行自我表达和自娱自乐。随着大众公民意识的觉醒，大众对社会热点事件和自身的生存状况产生了热切关注，进而对话语权有了强烈的要求，大众流行语体的社会性特征也越来越显现。大众网络流行语体反映了大众多元共生的社会心理状态，宣扬了草根精神。从这个层面来说，大众流行语体具有社会性特征。

3. 使用较灵活，可以化用改造

大众流行语体是语法、句构、风格、格调、情感、气氛等各要素综合形成的，在使用上是比较灵活的，也可以化用、改造、混用、嫁接，等等。如这个句子："本宝宝不要加班!!!!!!!! 本宝宝不要加班!!!!!!!! 本宝宝不要加班!!!!!!! 重要的事情说三遍!!!!!!!!"就是将"咆哮体""三遍体"和"宝宝体"混搭嫁接而成。

（二）移动新媒体写作中对大众流行词句的使用

大众流行语体一般是迅速走红、大众参与的，所以在移动新媒体写作中会使用大众流行语体，以增强作品的趣味性、亲和力和吸引力，如图 2-27 所示，"外交小灵通"新浪微博于 2011 年 8 月 1 日 11 点 23 分发布的一则招聘启事：

【案例 2-21】

图 2-27　"外交小灵通"新浪微博发布的一篇微博作品

“外交小灵通”是中国外交部的官方微博账号，2011 年 8 月 1 日发布的这条微博是一则招聘启事，与一般我们在传统媒体或官方网站上看到的招聘启事不同，它采用了大众流行语体中的“淘宝体”写成。这条轻松、幽默的“淘宝体”招聘信息在网络中热传，短短三个小时被转发将近 5000 次。在我们的印象中，外交部一向给人严肃、沉稳、不苟言笑的感觉，而新浪微博“外交小灵通”却通过移动新媒体写作的方法，采用大众流行语体进行创作，使得外交部官方微博的形象一下变得十分亲切、人性化，而且很接地气，受到大众的一致好评。

当然，在使用大众流行语体时，也和使用大众流行词句一样，要注意时间性，要尽量选用近几年出现的、尚在流行中的大众流行语体。为了方便读者熟悉和查阅大众流行语体，本书编辑整理了最近五年的大众流行语体，详见附录二。

三、运用多种修辞方法

移动新媒体写作大量运用多种修辞方法，与文学创作有相近之处。可以说移动新媒体写作者必须要善用各种修辞格，如比喻、夸张、双关、拟人、对偶、谐音、戏拟，等等。

比喻是思考的对象同另外的事物有了类似点，就用那另外的事物来比拟这思考的对象，即用某一个事物或情境来比拟另一个事物或情境。夸张是运用丰富的想象力，在客观现实的基础上有目的地放大或缩小事物的形象特征，以增强表达效果的修辞手法，也叫夸饰或铺张。双关是一种常见的修辞方式。在一定的语言环境中，借助语音或语义的联系，使语句同时关涉两种事物，这种言在此而意在彼的修辞方式叫作双关。排比是将意义相关或相近、结构相同或相似和语气相同的词组(主谓/动宾)或句子并排(三句或三句以上)，达到一种加强语势的效果。拟人是把事物当成人一样来写，把本来不具备人的一些动作和感情的事物变成和人一样的。对偶是用字数相等、结构相同、意义对称的一对短语或句子来表达两种相对应或相近意思的修辞方式。谐音就是利用汉字同音或近音的条件，用同音或近音字来代替本字，产生辞趣的修辞格。戏拟是一种滑稽性的模仿，即将既成的、传统的东西打碎加以重新组合，赋予新的内涵。

在所有移动新媒体写作的类型中，“段子”可以说是运用修辞最多的一个类型，如微信公众号“全国空气质量播报”2016 年 12 月 20 日发布了《雾霾又来了！还带来了段子手……肿么办?》。这篇作品针对 2016 年 12 月的一场肆虐京津冀等地区的重度雾霾天气，编写、汇总了 16 条关于雾霾的段子。这些段子在创作上使用了多种多样的修辞方法：第 1 个段子中“有人说介雾给北京，穿了大棉裤”是使用了讽喻的手法去形容雾霾下的北京能见度低，而“赶紧您的，喂人民服雾”则使用了暗喻、谐音、双关的修辞方法；第 4 个段子“话音刚落，蒙面的刽子手上前，扯下了犯人的口罩”是用夸张的修辞手法反映雾霾危害之大；第 12 个段子“食品有毒了……后来水也有毒了……最后空气也有毒了……”是用了排比的修辞方法；第 13 个段子“山外青山楼外楼，旧宫雾霾几时休”则是戏拟宋代诗人林升的《题临安邸》中的名句来感叹雾霾反复来袭令人十分气闷。

四、采用明朗亲和的风格

移动新媒体写作在风格上偏向于明朗亲和。明朗，就是明亮、明显、清晰、爽快，这里指简洁明了、不晦涩难懂的创作风格。亲和，就是亲民、和睦，这里指接近大众、不摆架子的创作风格。所以简单来说，明朗亲和的风格就是要求作品通俗易懂、不晦涩，亲民和蔼、不端着。如图 2-28 所示，“青春绵阳”新浪微博 2016 年 12 月 20 日发布的这条微博：

【案例 2-22】

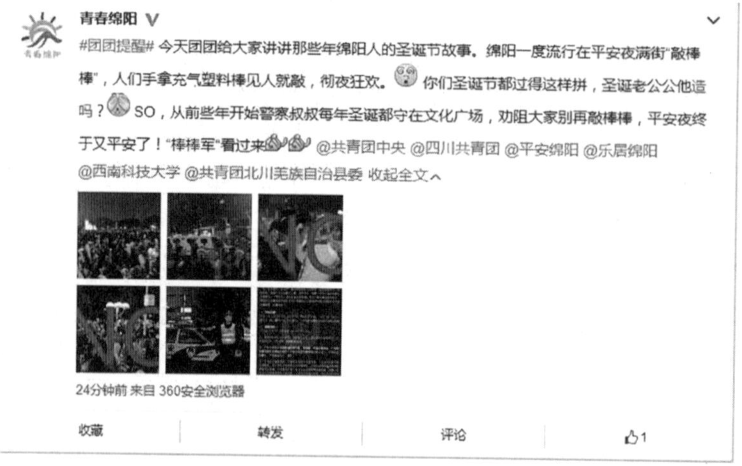

图 2-28　新浪微博“青春绵阳”发布的一篇微博作品

图 2-28 中的这篇作品是中国共产主义青年团绵阳市委员会新浪官方微博“青春绵阳”发布的一则劝诫公告，主要是奉劝那些打算在即将到来的平安夜

“敲棒棒”的人们不要再当“棒棒军”。作品并没有使用硬邦邦的训教风格，而是用表情包、流行语体等构建起亲和劝导的风格氛围，拉近了与大众的距离，有效避免了大众逆反情绪的产生。

本章小结：

本章第一节介绍了移动新媒体写作的创作观，其中第一个也是最为核心的创作观是“创新、创意”；第二个是“发散思维”，它是移动新媒体写作更多强调的创作观；移动新媒体写作的第三个创作观是善于“以图表意”；第四个创作观是注重“交互性”，一方面创作者非常重视与读者的互动，另一方面作品也呈现出更鲜明的互文特点。本章第二节介绍了移动新媒体写作在题材处理上的方法，如改造传统经典、运用名人效应、善用前沿热点。本章第三节介绍了移动新媒体写作形式构思上的方法，如设计吸引人的标题、融合文、图、音频、视频等多种表达形式、多用超文本写作。本章第四节介绍了移动新媒体写作在语言表达上的方法，如使用大众流行词句、化用大众流行语体、运用多种修辞方法、采用明朗亲和的风格。

本章重点：移动新媒体写作的创作观。

本章难点：移动新媒体写作题材处理上的方法；
移动新媒体写作形式构思上的方法；
移动新媒体写作语言表达上的方法。

本章思考题：

1. 请你列举出最近一周以下这些领域的三个热门事件：时政、民生、经济、教育、娱乐、体育、科技、文学、影视剧、网络，然后从中挑选出至少一个，设置目标并进行构思，写出至少一个移动新媒体写作作品的创作思路。

2. 分别就新闻类、营销类、教育类三个类别，写出三个你认为吸引人的标题，每个标题的创作都要求使用至少两种及以上的方法。

3. 请根据本章所介绍的写作方法，选取文化类、健康类、美食类中的任意一个类别，做出一个作品大纲，要求使用本章所讲到的移动新媒体写作方法。

本章推荐阅读：

1. [美]戴维·玻姆：《论创造力》，洪定国译，上海科学技术出版社 2001

年版。

2. [美]简·皮尔托：《创新的特质与灵感：高创意人的早期发现与训练》，陈琦、张素华译，世界知识出版社 2004 年版。

3. 刘彦生：《西方创新思维方式论》，天津大学出版社 2007 年版。

4. 宋君波：《从集约到发散：文明发展的一种新思想》，武汉大学出版社 2014 年版。

5. [美]乔纳森·卡勒：《论解构》，陆扬译，中国社会科学出版社 1998 年版。

6. 王瑾：《互文性》，广西师范大学出版社 2005 年版。

7. [美]詹姆逊著，王逢振主编：《詹姆逊文集第 4 卷：现代性、后现代性和全球化》，中国人民大学出版社 2005 年版。

8. 新榜：《2015 中国微信 500 强年榜》，2016 年 1 月。

9. 斯瓦西里：《超强的微信公众号运营手册》，《销售与市场：渠道版》2015 年第 21 期。

10. 戴国立：《网络流行语与网络热门事件辩证看》，河南大学出版社 2014 年版。

11. 徐朝晖：《当代流行语研究》，暨南大学出版社 2013 年版。

第三章　新闻资讯类移动新媒体写作

【本章导言】

网络时代最大的影响大约就是人们获取信息的方式变得便捷，所谓的信息爆炸时代，就是指我们只要打开手机，就可以了解到世界各地的各种新闻消息资讯。按社会影响及内容特点，本章着重探讨新闻资讯类移动新媒体写作中时政要闻作品、社会新闻作品以及专题报道作品的写作技巧。包括以下几个部分的内容要点：

（1）时政要闻作品要注意凝练标题，合理安排图片以及段落文字，运用好倒金字塔结构；

（2）社会新闻作品要善于发现新奇点，有取舍、有观点，需保有对民生关怀的赤诚心；

（3）专题报道作品主题确定要深入，选取材料须讲究，行文结构要跌宕。

【本章引例】

图 3-1　“人民日报”APP 热点新闻 2016 年 12 月 31 日的界面截图

打开图 3-1 所示的界面后，大家有没有点开哪一则新闻浏览的意愿与冲动呢？这些新闻标题有怎样的特点呢？

第一节　时政要闻作品的移动新媒体写作技巧

相比较而言，时政新闻类作品更多传承传统媒体中的写作特点，关注于国际国内民生大事。图 3-2、图 3-3 是 2016 年 8 月 17 日"封面新闻"APP 新闻板块、"澎湃新闻"APP 时事板块界面截图。

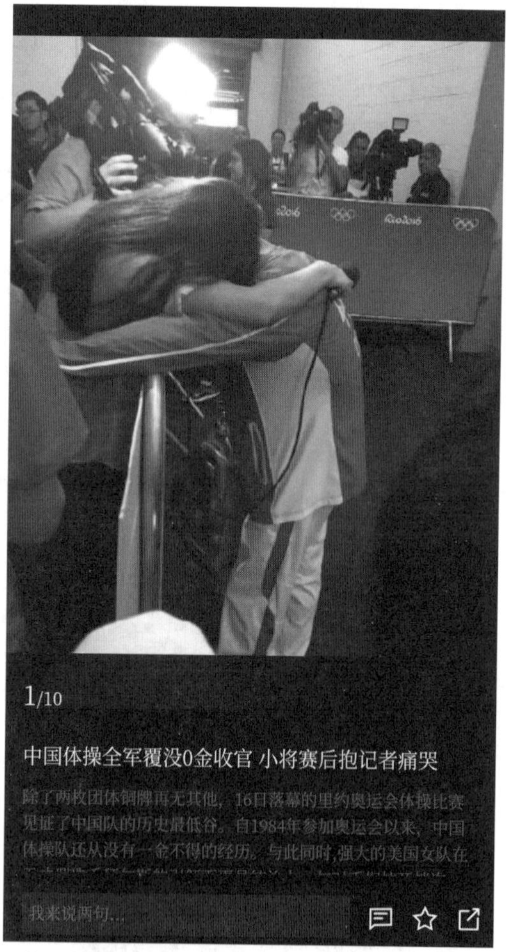

图 3-2　"封面新闻"APP 新闻板块界面截图(2016 年 8 月 17 日)

图 3-3 “澎湃新闻”APP 时事板块页面截图(2016 年 8 月 17 日)

从上面两张截图我们可以看到在时政要闻方面移动新媒体端的更新速度迅速，这是传统纸媒无法比拟的。不过时政要闻作品写作也依然承袭了传统纸媒时代的基本要求——新、准、短。

在移动新媒体时代，时政要闻作品写作要特别注意以下几个方面的问题。

一、标题应凝练且富有吸引力

首先，新闻类作品，标题非常重要。凝练，概括时事重点，突出事件重点，是核心要素。

2016 年 8 月 17 日，“封面新闻”APP 新闻板块发布时事新闻《中国体操全军覆没 0 金收官　小将赛后抱记者痛哭》。这则新闻的标题把人们关注的重点全部体现出来，对于奥运会而言，人们很关注结果，体操队 0 金收官，已经非常清楚地告知了每个读者，这次体操比赛的结果，一目了然。而后一个话题，小将(尤浩)赛后抱记者痛哭，既是新闻热点，又起到以点概面的作用。0 金收官，对整个体操队而言，无疑是沉重的打击，以及难以言说的失败与痛苦，而通过小将的痛哭，代表性地表达了全体体操运动员的伤心痛苦情绪。这则新闻标题重点清晰、事例典型，可以说体现了新闻报道很重要的特点，且具有新媒体时代的特点，即事件重大，却亲民、接地气，文字简练，却并不“高冷”拘束。

那么，归纳起来，要写好标题，首先要把最重要的信息简要地告知读者，这是第一要素。

2016年8月17日“澎湃新闻”发布《中国女排晋级4强！3比2逆转卫冕冠军、东道主巴西》，这则新闻的标题首先讲了最重要的结果，“中国女排晋级四强”是最实际、人们最关心的问题，然后为满足我们这些“标题党”（看标题浏览，选择性代入的人群），进一步说明比赛的过程，3∶2逆转，战胜的是上届冠军兼东道主巴西队，这是多么的不易！这则新闻中重要的因素都以凝练的方式以标题形式写出来了。

第二，标题中还应有更多元素，让标题平衡生动起来。

《中国体操全军覆没0金收官　小将赛后抱记者痛哭》《中国女排晋级4强！3比2逆转卫冕冠军、东道主巴西》这两篇新闻，如果将标题简化，只剩下《中国体操0金收官》《中国女排晋级四强》，虽然依然是重点关注事件结果，甚至标题更简洁，但这样的标题显然逊色了许多，显得干巴巴的，只有结果，没有关怀，没有情绪。所以标题并不是越简单越好，而是要对内容进行凝练，提炼出最有效的、最具感染力的话语。

“人民日报”APP关于女排晋级四强的新闻标题是《太棒了！中国女排3∶2反超巴西女排　挺进四强战荷兰》。这两则关于女排晋级四强的新闻标题显然侧重点有所不同，除了都关注结果之外，也都有明显的情感表达，相比较而言，“人民日报”APP的新闻情感更浓烈，直接抒发骄傲与自豪之情，并怀有对未来的展望。“澎湃新闻”APP的新闻则在严肃新闻的表面下，以事实——“3比2”战胜“卫冕冠军”“东道主”来凸显这次胜利的不易。

二、图片丰富，控制段落及字数

移动新媒体时代，图片的大量使用导致不少人产生很大的危机感，认为这是文明的倒退，人类越来越肤浅化。哲学家海德格尔在20世纪30年代曾预言，未来的世界或许是一个图像超过文字的时代。事实上图像时代并不是时代的退步，而应该说是一种进步。

“无图无真相”，是当下的流行语。以图片事实的展示很多时候可以替代语言文字的赘言，直击事实根本。所以时政要闻作品中，图片是必不可少的内容，且多半配图丰富，文字说明相对而言却大幅减少。移动新媒体中，为了更好的阅读体验，也需要大幅减少文字说明，尽量简明扼要地介绍清楚事件本身，尽量让事实说话。所以图片大行其道。

当然，图片的使用一定要恰当。比如奥运新闻，图片视频能直观地说明问题，所以配有大量图片，读者可以一目了然。然而，也有一些重大时事，是只能用文字说明清楚的，比如《习近平、李克强等出席第五届全国少数民族文艺会演开幕式文艺晚会》(国务院 APP 要闻板块 2016 年 8 月 19 日)，全文有两张配图，分别是演出开始前习近平主席等与演员握手及演出中领导人在观众席观看表演的画面。这则时事新闻是按照新闻的一般写法，以文字来加以说明描述。

三、倒金字塔结构

倒金字塔结构是新闻写作中常用的一种结构方式，讲究言简意赅、由重及轻，以事实的重要性程度或受众关心程度依次递减的顺序，把最重要的写在前面，然后对各个事实按其重要性程度依次写下去，一段只写一个事实，全部陈述事实，犹如倒置的金字塔或倒置的三角形，因而得名。它多用于事件性新闻。这种形式比较客观，且因为新闻要点突出，颇适合当下移动新媒体的阅读习惯，所以是值得大家高度重视的一种新闻写作范式。如案例 3-1 所示，国务院 APP 要闻板块 2016 年 8 月 19 日的一则作品。

【案例 3-1】

李克强同缅甸国务资政昂山素季举行会谈

中国政府网　2016-08-19

国务院总理李克强 18 日下午在人民大会堂同来华进行正式访问的缅甸国务资政昂山素季举行会谈。

李克强表示，中缅山水相连，胞波情谊深厚。你出任缅国务资政后，把中国作为东盟以外的首个出访国家，表明缅政府和你本人高度重视发展对华关系，中方对此表示赞赏。

李克强指出，无论国际形势如何变幻，中缅始终相互尊重，平等相待。中、缅、印共同倡导的和平共处五项原则已成为国际关系的基本准则。中方支持缅甸选择符合本国国情的发展道路，以及为推动民族和解、发展经济、改善民生所作努力。我们愿同缅方巩固政治互信，加强政府、议会、政党、军队、地方、社会团体等交流与合作，推动中缅关系在新时期取得更大发展，共同促进地区和平、稳定与繁荣。

李克强强调，中缅开展务实合作互补性强，着眼点就是为了增进两国人民福祉，实现互利共赢。中方愿同缅方加强发展战略对接，更好规划重点领域合作。妥善推进中缅油气管道、密松水电站等大项目合作，提升基础设施建设和互联互通水平；促进经贸、农林业等领域合作；扩大文化、教育、卫生交流，筑牢两国民心相通的桥梁。

李克强表示，今年适逢中国—东盟建立对话关系25周年，中方重视发展同东盟的关系，支持东盟共同体建设，重视缅甸作为东盟重要成员的作用，愿同包括缅甸在内的东盟各国把握机遇，全面提升合作水平，构建更为紧密的中国—东盟命运共同体。

昂山素季表示，缅中友好交往历史悠久，胞波情谊有深厚民意基础。缅新政府高度重视发展对华关系，感谢中方对缅经济社会发展所给予的帮助。尽管国际形势发生变化，缅方将继续致力于进一步巩固和发展缅中关系，愿同中方保持高层交往势头，增进政治互信，通过加强沟通，推进能源等务实合作，扩大边贸、农业、卫生、教育等领域交流与合作，共同维护边境地区稳定，增进两国人民友谊，实现共同发展。缅方愿以东盟—中国建立对话关系25周年为契机，推动东盟与中国关系持续发展。

双方还就缅北问题交换意见。李克强表示，中方尊重缅甸主权和领土完整，将在缅和平进程中继续发挥劝和促谈的建设性作用，预祝21世纪“彬龙会议”取得成功。昂山素季积极评价缅中在缅和平进程中开展的良好沟通与协作，表示愿继续就此加强协调配合。

会谈前，李克强在人民大会堂北大厅为昂山素季举行欢迎仪式，全国政协副主席刘晓峰等参加。

会谈后，李克强与昂山素季共同见证了有关双边合作文件的签署。

这则新闻属于国家级别的要闻，全文事实清晰，依事实的重要性程度逐层介绍，文字简练，用词讲究。

第二节　社会新闻作品的移动新媒体写作技巧

社会新闻属于新闻的一种，涉及人民群众日常生活的社会事件、社会问题、社会风貌的报道，尤以社会道德伦理为基础反映社会风尚的新闻为主。如图3-4、图3-5所示。

图 3-4　“人民日报”APP 新闻板块界面截图(2016 年 8 月 19 日)

图 3-5　“澎湃新闻”APP 新闻板块界面截图(2016 年 8 月 19 日)

图 3-4、图 3-5 是“人民日报”APP、“澎湃新闻”APP 的新闻板块截图，从截图中的标题可以判断除了中国海军舰队这则新闻属于时事要闻外，余下的几则新闻都属于社会生活类新闻。

现在的社会新闻包罗万象，媒体人为了找到新闻点，往往用尽各种办法，无奇不有，导致各种乱七八糟的资讯满天飞，甚至很多新闻属于不顾事实、胡编乱造，只为哗众取宠、吸引眼球的作品。有情怀、有节操的媒体人、写作人，应该在作品的思想深度上做文章，在文字的表达上下功夫，而不是一味媚俗，更不是无底线、无原则。

在社会新闻中，真正有价值的新闻背后一定有一颗关怀民生疾苦、关心百姓悲喜的心，正是在这种关怀之下，才会发现事件背后的闪光点，才会有不一样的视角与观点。

写作社会新闻除了新闻写作的一些基本原则之外，还有以下三点尤其值得关注：

一、善于发现新奇之处

现在资讯发达，导致信息爆炸，奇闻怪事层出不穷，但真正有价值的新闻其实并不多。很多时候，这些新闻也就只是作为人们茶余饭后的谈资，当然也不是说这些新闻就全无意义，谈资也有谈资的价值，只要不是三观不正、胡编乱造的新闻，总有其存在的意义。

然而，生活其实是平凡、平淡的，故事并不如想象中的那么多。也正是如此，才有诸如王宝强家的私事等成为全民的娱乐话题，之所以这些新闻的点击量那么多，是因为看热闹的背后是人们生活关注点的匮乏，以及平淡日子下暗藏的无聊感、无力感、空虚感。

不为猎奇、不为制造噱头，在平常的日子里找到闪光点、找到新奇处，才是好的社会新闻。2016 年 8 月 21 日“澎湃新闻”APP 上有一则消息《14 岁女孩烈日下为父遮阳　她说是小事但网友点赞破万》，这则新闻获多家媒体转载，影响颇大。事实上，图 3-6 中的这一幕，在路人行色匆匆的脚步里，如果不留心看，或许完全不会引起关注，然而用心看就会发现这一幕是当下社会很难得一见的情景。某位警察路过时觉得这孩子真懂事，于是用手机拍下来，发在微信朋友圈，而后引起了媒体关注。浙江一媒体对此进行了报道，引来过万的点赞，然后“澎湃新闻”APP、“人民日报”APP 等众多媒体也报道了此事。很多时候新闻的新奇点需要去挖掘，需要有一双慧眼，正如罗丹所说，生活中从不缺少美，而是缺少发现美的眼睛。在日常生活里，发现人生的亮色，寻找一些温暖的、向上的力量，是值得每个人去做的，更是媒体人应该去做的。

图 3-6　“澎湃新闻”APP 新闻板块 2016 年 8 月 21 日发布的《14 岁女孩烈日下为父遮阳　她说是小事但网友点赞破万》节选

二、有取舍、有观点

新闻，从表面上看是客观的，力图还原事实真相，而且在新闻写作中，也的确是要避免将作者自己的个人情绪与观点直接表述出来，这样会带有过浓的主观色彩。然而，“一切景语皆情语”，世间事件无数，你单选取这一件来讲，其实就是态度、就是观点，就有个人情绪在其中。只不过，在新闻讲述中，需要把事件客观地讲述清楚，更多的则留给读者自己去思量、去品味。

“人民日报”APP 曾转载一则《成都商报》的新闻稿件《男子拒送女儿上学自己教 11 年　如今女儿难答初中试卷》，这则稿件在很多网络媒体上都有转载。全文先介绍了新闻的背景：泸州市民李某军在 11 年前，因为觉得学校学不到东西，而将女儿李某磁带回家自己教，11 年过去了，孩子现在到底如何呢？文章分了五个部分，就学习、退学、家教、收获、未来五个方面，以父亲、女儿，以及相对客观的外人或者记者或者孩子母亲这些视角来对这五个方面进行描述与总结。记者始终以旁观者的身份，客观公正地讲述事实，然而，观点其实依然存在于文字背后。

有一些新闻，作者则更是比较明确地表达自己的立场与观点。当然新闻稿件中不宜用过多话语来进行评论。然而，有取舍即有观点，媒体人因此也必须意识到自己发出的每一份稿件，都表达着一定的价值判断与观点阐述。如案例3-2所示，“澎湃新闻”APP在2016年8月22日转载的《成都商报》的作品《男子拒送女儿上学自己教11年　如今女儿难答初中试卷》节选部分。

【案例3-2】

父亲：“搞科研”不能过早结婚
女儿：想在25岁前把自己嫁出去

（原标题：男子拒送女儿上学自己教11年，如今女儿难答初中试卷）

这11年来，父女俩靠他(李某军)的退休工资生活。李某军坦言，自己每月有3000多元钱，“但我们只花1500元左右”。在李家，记者发现他们异常简朴，今年夏天这么热，他们也没有添置空调。

曾有人劝李某军给女儿找个事情做，让她适应社会，“你已经74岁了，现在有退休工资，将来你走了，娃娃拿什么谋生?”可李某军对此一点也不担心，表示女儿以后可以靠劳动谋生，“实在不行出去擦皮鞋也能找到一碗饭吃”。

对于女儿的现状，李某磁的母亲李某素十分痛心。一位女邻居介绍，就在当年打官司后不久，李某素曾回到纳溪找女儿，希望能带她一起生活，但未成功，“女儿不听”。

由于李某军和李某素没有扯结婚证，李某磁至今没有上户口。“周围邻居和亲戚都劝他把女儿的户口上了，他坚决不上。”一位邻居说。

说起这个问题，李某军很生气，表示“喊我去上也不会去”。“没有身份证连车票都买不了，难道不担心吗?”面对记者的问题，李某军表示买不了就不出去。接着，他就不愿意再谈这个问题。

但是，回避话题显然阻止不了女儿的成长，也阻止不了现代生活的影响。对于手机和电脑，虽然使用时间不长，李某磁和其他年轻人一样“无师自通”。7月16日泸州出现了火烧云，她也发了四张照片，配文“晚霞如此美好”。

相比之下，她觉得父亲的进步没有她明显。“很多新词语他都不懂，解释半天才明白，很快又忘了什么意思。”李某磁举了“醉了”这个词作为例子，“他总以为是喝酒喝醉了，讲过很多遍他还是不懂”。

李某磁告诉记者，其实再过两个月，她就满21岁了。对于未来，父女俩有些小小的意见不合。李某军认为搞科学研究，没有人会很早结婚，要结婚就只能中止科研。而李某磁则表示，虽然自己目前没有意中人，但她想在25岁之前把自己嫁出去。

三、民生无小事

在社会新闻中，很多内容显然是没法跟国际国内的重要时事新闻相提并论的，因为太家长里短，太微不足道，然而，若真正尊重自己的媒体人身份，了解媒体的责任与意义，那么也就该理解，民生无小事。对于很多个体而言，能发出声音，是一件意义重大的事情。如案例3-3所示，“腾讯新闻”APP在2016年8月22日转载的《楚天快报》作品《机关幼儿园报名30秒被抢光　被指暗箱操作》节选。

【案例3-3】

因是全市唯一一所教育局直属幼儿园，枣阳市直机关幼儿园成了“香饽饽”。21日上午8时30分，该园网络报名开启，短短30秒内，人民路园50个名额就被家长抢完。

为了让孩子能入学，市民陈先生请七大姑八大姨，分坐在5个网吧里，结果还是没报上。

报名是否存暗箱操作？园方回应：报名全由系统完成，公平、公正，但能否报上靠的是运气。

……

网络报名：不用彻夜排队了　但是名额变少了

2013年，该园采取网络报名。

今年8月21日6时32分，该园在官网上公布2016年秋季招新信息：该园继续以网上报名方式进行。网络开通时间为8月21日上午8时30分，额满为止。8月22日上午8时至11时，网上报名登记成功者携带孩子相关证件，来园接受证件审查。审查通过，报名成功。

该园分管招生的副园长肖燕妮介绍，今年该园有150个招生名额，人民路园、小北街园、张湾园各50个名额，全采取网络报名。“除150个名额外，还有没有预留出来的名额？2009年都有200个名额，后来还扩招了。”《楚天快报》记者问。“没有，只招150个人。”肖燕妮答。

全家动员：为拼网速到网吧结果还是没报上

枣阳市民陈先生住在该市人民路附近，孩子到了上幼儿园的年龄。21日上午7时30分，闹钟闹醒了陈先生。他给孩子的七大姑八大姨都打了电话，“登枣阳市市直机关幼儿园官网，给娃报名。不要在家里搞，去网吧，网速快。”

8时30分，坐在网吧的陈先生点开幼儿园官网，可是网页卡住了；刷新，网页依旧打不开；大约过了25秒，网页打开了；陈先生按捺住兴奋，快速地敲着键盘，输入孩子的姓名、性别等7项信息；又过了20秒后，他点击提交，屏幕上弹出了一个对话框：报名名额已满。

陈先生失落地给孩子七大姑八大姨打去电话询问：“报上名没有？”

姑姑说：网页打不开。小姨说：“我到现在，还在刷新。”

网络奇卡无比，和陈先生有同样遭遇的家长纷纷质疑：网络报名，是否存暗箱操作？现场有无公正部门介入？

园方回应：不存在人工干预　只能怪运气不好

针对家长的质疑，负责开发网络报名系统的工程师作了回应。

工程师说，绝不存在人工干预，是公平公正的。8时30分前，系统开始倒计时；家长提交信息后，系统自动录入；录满后，系统自动关闭。后台显示，共有2008个ip地址，登录报名系统。人民路园50个名额30秒被抢完；小北街园1分钟被抢完；偏僻的张湾园10分钟内也被抢完。

工程师解释，能否报上名取决于当时的网络环境。多种因素影响着网络环境。网速慢的报上了，网速快的没报上；登录晚的报上了，登录早的没报上；这都正常。“能否登上报名系统靠运气。”

肖燕妮介绍，网络报名是公平的。有些家长没报上名，只能说运气不好。如果家长有异议，可来园核查报名名单，核查是不是只有150个名额。

这是一则小新闻，说的是某县级市一所幼儿园的报名问题，然而这则新闻引来了很多的关注。因为对于普通人而言，孩子、工资、医疗、养老是他们生活中最重要的内容，孩子的未来倾注着一家几代人的心血与关爱。虽然这只是一个不起眼的小县级市一所幼儿园的报名的事情，但对今年想入学的家长而言却是天大的事；而对于无数的其他家长而言，是同病相怜的事；对于社会而言，是具有代表性与现实性的事。

在选择新闻时，心里有民生，有情怀，也就可以看见民众寻常日子里悲欢离合的琐碎里所包含的深情。社会需要这样的关怀，民生无小事。

第三节　专题报道作品的移动新媒体写作技巧

专题报道是对现实生活中某些具有典型意义和较高新闻价值的新闻人物、事件、问题、社会现象等，进行记录调查分析解释评述等，深入系统而又生动地反映其发生、发展、结果及影响的全过程，揭示主题的深刻意义。

专题报道是新闻写作中很重要的一种体裁，专题报道在传统媒体或新媒体中的写作要求基本是一致的，专题报道要想写好，一定需要具备以下几个要素：

一、主题鲜明、有深度

写一篇有价值的专题报道，主题的选择是关键。高度凝练新闻素材，抓住影响事件的核心因素。面对复杂的新闻背景和事件，可以从各个方面展开，可能都有话要说，有文章可做。但是立意要高人一等，需要全面深入地收集各方面的素材，认真谋划。

事物的本质是多层次的，因此作者的认知也是没有止境的，一定程度上作者平时得做好沉淀与积累，思想的深度决定着报道内容、主题思想的深度。作者要善于学习与思考，不断挖掘、求索、印证，不断挖掘、深化主题，摆脱就事论事，才可能找到更深入的内容。

在主题的确立中，要注意与当前社会及所涉及领域的热点、焦点、难点问题结合起来，挖掘素材的新鲜性和特性，只有主题鲜明、富有特色，才是报道推陈出新的重要方法。

只有选定了好的主题，才能围绕主题选择材料，谋篇布局。

二、材料典型、有细节

写作时对材料是要有取舍的，将那些符合新闻价值、适合报道主题要求、有助于行文的素材、信息加以运用，割舍其他关联不够密切，无助于反映报道主题的素材、信息，从而使报道主题更突出，叙述更简练，事例更充分。

这些材料还需有典型性，权衡素材信息是不是比一般的素材、信息材料更突出，素材、信息有无普遍性。另外材料要有细节，越具体越好。报道中的细节是让读者对新闻事件和任务形成深刻印象的重要因素。这些细节包括场景细节、行为细节、语言细节，等等。以细节来营造场景、展示情节，这样才能更具有吸引力。

三、行文跌宕、有逻辑

专题报道写作需要认真构思，围绕主题来理顺全部事实材料的内在逻辑关系和层次排列。文章段落、层次之间的材料安排要考虑上下文的互异、互补。互异即段落层次之间的思想观点和新闻素材要保持某种不同的侧重点以示区别。互补则是要求各层次段落之间有逻辑上的必然联系，所有的材料不能不相关，更不能相互矛盾，而是要相互联系、相互支撑、层层递进。

另外要善于设置悬念，使文章跌宕起伏。根据受众的阅读心理，在结构的安排上充分注意形式变化，充分利用纵式结构或者横式结构所提供的时空框架，组织出具有美感特征的结构形式。疏密得当，穿插灵活，虚实结合，方能让报道具有更强的可读性。

下面以“网易新闻”APP 在 2016 年 12 月 20 日发布的“外事儿 63701”的专题报道《刺杀俄罗斯大使的枪手大喊“不要忘记阿勒颇”，阿勒颇到底发生了什么?》为例，分析其写作的方法与技巧。如案例 3-4 所示。

【案例 3-4】

刺杀俄罗斯大使的枪手为什么喊“不要忘记阿勒颇”?

（原标题：刺杀俄罗斯大使的枪手大喊“不要忘记阿勒颇”，阿勒颇到底发生了什么?）

当地时间 19 日晚，俄罗斯驻土耳其大使安德烈·卡尔洛夫在土耳其首都安卡拉出席一个展览时，遭一位年轻枪手近距离枪杀，不幸遇刺身亡。

据《洛杉矶时报》报道，枪手在行刺后，高呼：“我们在阿勒颇死亡，你在这里!”随后向天鸣枪。“你们将不会得到安全，直到我们的城市得到安全！不要忘记阿勒颇！不要忘记叙利亚！参与这件事的人都要得到惩罚!”

俄罗斯媒体报道称，袭击者名叫麦夫柳特·迈尔特·阿特林塔斯，出生于1994年，只有22岁，毕业于伊兹梅尔警察学校，现就职于安卡拉警方。现场图片显示，枪击案发生前，这名袭击者以安保人员的身份站在卡尔洛夫大使身后。

这位年轻的土耳其警察为何要行刺俄罗斯大使？这位行凶者为何在被击毙前高喊“不要忘记阿勒颇”？刚刚被叙利亚政府军收复的阿勒颇，现在又是什么状况？

现在的阿勒颇，就像“二战”时的斯大林格勒，阿勒颇是叙利亚北部的交通要道和军事重镇，距离土耳其边境仅50余公里，历来是中东交通和贸易的枢纽。2006年的阿勒颇古城，曾被世界教科文组织评为世界遗产。战前阿勒颇人口约230万，比叙利亚首都大马士革还多；曾是叙利亚第一大城市和经济中心、工贸集散地。但是，自从2012年叙利亚反对派武装经土耳其和叙北部伊德利卜山区渗透进阿勒颇后，这座城市就被“一分为二”：忠于叙利亚总统巴沙尔·阿萨德的政府军控制了西部城区，反对派武装和极端组织则控制着东部城区。

双方在此打打停停，谁都无法完全控制全城。经过五年的反复拉锯和对峙争夺，阿勒颇就像“二战”时候的斯大林格勒，残酷的巷战和炮击，以及反对派使用大量的自杀式爆破卡车，使昔日的繁华都市变成了一片废墟。

叙政府军、反对派武装和极端组织在这座城市冲突不断，安全形势一直不容乐观。当地大量平民在冲突和袭击事件中丧生，反对派和叙当局相互指责对方的军事行动造成人员伤亡，各类不幸事件往往成为“无头案”。

俄罗斯是叙政府军最大盟友，美国则支持反政府武装

俄罗斯是阿萨德政府军最强大的盟友，美国则支持反政府武装。从2015年9月开始，俄罗斯就进行空袭，以支持陷入困境的阿萨德。今年八九月间，美国和俄罗斯达成阿勒颇停火协议。然而，协议刚签署，美国战机就轰炸了叙利亚政府军阵地，并向反政府武装空投大量弹药和装备。

12月11日，在叙利亚北部重镇阿勒颇南部一处营地，亲叙政府民兵武装“沙漠之鹰”向反政府武装控制区发射炮弹。

如今，就在阿勒颇即将被攻陷之时，美国再一次以人道灾难在联合国提出停火提议，被俄罗斯利用其常任理事国否决权阻止，中国也投了反对票。

12 月 5 日，在位于纽约的联合国总部，联合国安理会就叙利亚阿勒颇局势的有关决议草案进行表决。

12 月 7 日，叙利亚政府军宣布收复了位于北部的阿勒颇市老城区。这被认为是俄罗斯在叙利亚取得的决定性胜利。

西方媒体称解放后的阿勒颇“人道状况崩溃”

目前，叙利亚政府军完全控制了阿勒颇，反对派武装被获准向西部市郊撤离。叙利亚国家电视台 12 日晚播出的画面显示，人们以多种方式庆祝即将来临的胜利：士兵鸣枪、向天空发射曳光弹；市民手举叙总统巴沙尔·阿萨德的肖像和叙利亚国旗；街上的汽车鸣笛庆祝。

12 月 12 日，在叙利亚阿勒颇，民众庆祝叙利亚政府军的胜利。不过，与此同时，联合国却称当地“人道状况完全崩溃”。

法新社报道，联合国人权办公室发言人科维尔对记者说，他们接获的报告指出，政府军在曾是反对派武装据点的阿勒颇城东地区，杀害至少 82 名平民，其中包括 11 名女性和 13 名儿童。

12 月 18 日，在叙利亚北部城市阿勒颇市吉卜林临时安置点，从反政府武装控制区撤出的平民生火取暖。联合国儿童基金会则表示，阿勒颇城东一栋建筑物有许多无人陪伴的儿童受困于猛烈炮火，可能超过 100 人，情况令人担心。科维尔还说，“我们也获悉亲政府部队闯入平民家中，杀害屋里的人”，另有些平民则遭拘押。路透社称，一名当地居民指责叙利亚政府军杀害平民。他说，“听说，政府军有反叛武装分子家庭成员的名单，他们在挨家询问家里是否有反叛武装成员，如果有的话可能就会被杀死。”

刺杀俄罗斯大使的凶手是一名土耳其防暴警察，行凶后大喊“不要忘记阿勒颇！不要忘记叙利亚！”有评论分析，根据这两个信息判断，这起谋杀案与俄罗斯卷入叙利亚有一定的关系，而极端分子对土耳其的渗透，连防暴警察这样的组织也未能幸免，这也侧面反映了土耳其面临的反恐压力。

俄罗斯大使遇刺会不会引发第三次世界大战？网友们很担忧俄罗斯驻土耳其大使遇刺事件被英国《快报》比作“刺杀费迪南大公”（第一次世界大战导火索）。在推特(Twitter)上，也有网友表示了对爆发新的世界大战的担忧。“如果俄罗斯想要报复此次驻土耳其大使被刺的事，这将可能引起第三场世界大战。这太可怕了。”“看着这座城市战前的样子吧，外事儿真心希望它能早日恢复平静，重享和平。”

这篇专题报道关注的是最新的热点问题，2016 年 12 月 19 日发生了俄罗斯大使遭枪击事件，20 日“网易新闻”APP 即刊发了这篇涉及背景事件、原因分析等相关问题的报道。在主题上选择了阿勒颇问题，选择的主题是最重大且新鲜的。在素材取舍方面，只关注阿勒颇问题，删掉了多余的信息，将战乱前后的阿勒颇进行对比，重点突出人们的流离失所等人道问题，在逻辑上理清了袭击者为何要枪击俄罗斯大使的问题。最后谈论了此次事件会不会带来更严重的后果，对事件的后续问题予以专注，既是事实的影响反应，也是大众关心的重大问题。全文主题选择与取材都精准清晰。原文中一些图片等行文的细节，则还原了社会背景，让受众更好地了解事情的真相。

本章小结：

本章第一节介绍了时政要闻作品在移动新媒体中的写作技巧，强调了凝练标题的重要性，需要运用技巧，让标题生动起来，同时要注意图文搭配，文字段落要有控制，不宜过长。另外要运用好倒金字塔结构。第二节介绍了社会新闻作品在移动新媒体中的写作技巧，强调在生活中要善于发现新奇处，找到亮点，同时要对材料有取舍、有观点，核心在于要对民生抱以深切的关怀，方可发现、写出好的新闻。第三节介绍了专题报道作品在移动新媒体中的写作技巧，要做到主题鲜明、有深度，材料典型、有细节，行文跌宕、有逻辑。

本章重点：时政要闻作品的写作技巧。

本章难点：社会新闻作品的写作技巧；
　　　　　专题报道作品的写作技巧。

本章思考题：

1. 在你的大学生活中找到一个具有共性的话题，写成一篇新闻作品。

2. 在你阅读的时政要闻中找一篇你觉得优秀的作品，总结其中有哪些值得你学习的地方。

本章推荐阅读：

1. 詹新惠：《网络新闻写作与编辑实务》，中国传媒大学出版社 2011 年版。

2. 张浩：《新编新闻写作技巧与优秀作品赏析》，海潮出版社 2014 年版。

3. 武斌：《新闻写作案例教程——范例、思路与技巧》，南方日报出版社 2014 年版。

4. 周皓：《一本书学会软新闻写作》，人民日报出版社 2014 年版。

5. 杨新敏：《网络新闻评论研究》，苏州大学出版社 2009 年版。

6. [美]伊图尔：《当代媒体新闻写作与报道》(第七版)，贾陆依译，中国人民大学出版社 2015 年版。

7. 曹林：《时评写作十讲》，复旦大学出版社 2011 年版。

第四章　政务公文类移动新媒体写作

【本章导言】

现代科学技术的突飞猛进，网络的迅猛发展，极大地拓宽了信息的传播路径，媒体进入了全新的数字传播时代。政务公文也不再是红头文件的逐级发布，不再是党报头版的刊发公布，从国务院到地方政府，从党政机关到各事业单位，都会以官方微博、微信、政务APP等各种新媒体形式发布最新政务公文。而公文写作有其固定的格式要求，新媒体时代也不例外，因而政务公文类移动新媒体写作在基本形式上沿袭传统政务公文的基本要求，但也有了一些新的形式与特点。因此，本章主要概述政务公文的基本写作要求，强调移动新媒体中政务公文写作的形式与特点。

(1)政务公文概述；

(2)移动新媒体中的政务公文写作形式与特点。

【本章引例】

图4-1　“中国政府网”新浪微博2016年12月23日发布的一条微博

如图 4-1 所示，假如正值元旦春节前夕，这条关于政务公文的微博，你会点开看看么？为什么？

第一节　政务公文概述

一、基本概念

政务公文，是国家机构、社会团体、企事业单位和其他社会组织在公务活动中为行使法定职权所制作的文件，是文件的一个主要门类。

二、公文的功能

公文的功能有以下六种：

第一，公文用于传达贯彻党和国家的方针政策和各项指令，在公务活动中发挥领导与指导的作用，是加强集中领导，维护政令统一，保证工作步伐整齐一致的有效形式。

第二，公文是下级机关请示、报告工作，反映情况，自下而上纵向联系的基本手段。通过公文，使下情上达，为领导机关制定决策提供依据，同时，有利于上级机关对发生的问题及时进行处理。

第三，公文用于发布法规与规章，在国家行政管理与维护社会主义建设秩序方面发挥着规范作用。

第四，公文是沟通机关之间横向联系的纽带，它比其他信息沟通形式具有更强的精确性、权威性与凭证性。通过公文，机关之间能够相互沟通信息、商洽事务，在工作上取得协调与配合。

第五，公文具有较强的政策性、理论性，在各项事业中发挥着阐明事理、启发觉悟和提高认识水平的宣传教育作用，是教育干部和群众的好教材。

第六，公文是社会活动的真实记录，它印证了公文作者的合法身份，记录了各项管理活动的性质、状态，因此，具有重要的凭证作用。

三、公文的主要类别

依据不同的标准，可从多角度对公文进行类别划分，现介绍其中较有实用价值的几类。

根据形成和作用的具体公务活动领域的不同，公文可分为通用公文与专用公文两类。

①通用公文，指党、政、军机关和人民团体、企业、事业单位和其他社会组织在公务活动中普遍形成和使用的公文。

②专用公文，指在一定专业机关或专门的业务活动领域内，因特殊需要而专门形成和使用的公文。

制发公文的机关根据公文传递方向的不同，可将公文分为上行文、下行文、平行文三类。

①上行文，指向所属上级机关发出的公文。

②下行文，指向所属下级机关发出的公文。

③平行文，指向同一组织系统或专业系统中的同级机关以及非同一组织系统和专业系统的不相隶属的任何级别的机关发出的公文。

根据内容性质的差异，可分为规范性公文、领导指导性公文、公布性公文、陈述呈请性公文、商洽性公文、证明性公文六类。

①规范性公文，指以强制力推行的用以规定各种行为规范的法规、规章、制度等。

②领导指导性公文，指由领导指导机关制发的用于颁布法规、规章，指导、布置工作，阐明领导指导原则的公文。

③公布性公文，指内容可直接向国内或国内外公开发布的公文。如通告、公告等。

④陈述呈请性公文，指向所属上级机关陈述情况、汇报工作、提出建议，请求指示或批准的公文。如请示、报告等。

⑤商洽性公文，指无传递方向限制而内容多为平等协商讨论一般事项的函件等。

⑥证明性公文，指以对某组织或个人的身份、使命、资历的介绍和对有关各方面就共同完成一个目标而需要获取和履行的权利、利益、义务、责任的规定，以及对某些事件的证实为内容，可作为专门凭据的公文。如介绍信、证明信等。

根据公文涉及秘密的程度，可分为对外公开的公文、限国内公开的公文、内部使用的公文、秘密公文、机密公文、绝密公文六类。

①对外公开的公文，指不涉及任何秘密、可对国内外公开发布的公文。

②限国内公开的公文，指虽不涉密但不宜或不必向国外公布而只需在国内公开发布的公文。

③内部使用的公文，指虽不涉密，但不宜或不必对社会公开，只限在本机

关、组织系统或专业系统内部使用的公文。

④秘密公文，指含有一般的秘密，泄露会使国家或团体的安全和利益遭受损害的公文。

⑤机密公文，指含有重要的秘密，泄露会使国家或团体的安全和利益遭受严重损害的公文。

⑥绝密公文，指含有极端重要的秘密，泄露会使国家或团体的安全和利益遭受毁灭性严重损害的公文。

有关公文写作的规范要求等，有专业的公文写作教程，本书不作详细介绍。在本书中，主要探讨移动新媒体端政务公文写作的几个特点。

第二节　政务公文写作在移动新媒体中的形式与特点

政务 APP、微信公众号、微博等移动新媒体形式，能更有效地传达信息，已成为重要的交流沟通平台。从国务院到地方各级政府，都非常重视民生民意。各级政府中的相关职能部门及时公布、传达有关民生的政务信息，是新时代环境下的必行之道。

政务公文，在移动新媒体端，主要包括法规、规章、制度等通告、公告等以及与民生相关的重大事件的公示、批复等。

比如在国务院 APP 中，政务公文主要发布在政策与部门中，如 2016 年 8 月 5 日发布的《国务院印发〈关于实施支持农业转移人口市民化若干财政政策的通知〉》、2016 年 8 月 2 日发布的《国务院关于苏州市城市总体规划的批复》。这类公文都是公开公文，主要向民众传达相关信息，让民众更好地了解政府以及相关部门的工作、相关政策法规制度的规定。

一、格式正确、行文规范是政务文书的基本要求

与各类新闻在移动新媒体中有所革新不同，政务公文在移动新媒体或者传统媒体中的基本形式几乎没有差别，都是一如既往的公文模板、简洁明了的行文风格以及极度规范的文字表达。

虽然各类写作形式在新时代下都需要某种新的突破与发展，但政务公文的特殊性要求是正确规范，要以务实为基础，以规范化为准绳，不可逾规。如案例 4-1 所示，国务院 APP 于 2016 年 8 月 3 日发布了《关于下达 2016 年退耕还林还草年度任务的通知》。

【案例 4-1】

关于下达 2016 年退耕还林还草年度任务的通知

发改西部[2016]1138 号

有关省、自治区、直辖市及新疆生产建设兵团发展改革委、财政(务)厅(局)、林业厅(局)、农业厅(委、局)、国土资源厅(局):

按照国务院的部署，今年安排退耕还林还草 1510 万亩。根据各地申报情况，经研究，现将你省(区、市)2016 年退耕还林还草年度任务下达给你们(附表 1)，并就有关要求通知如下:

一、及时分解和安排任务

2016 年退耕还林还草实施范围限定在 25 度以上坡耕地，严重沙化耕地，三峡库区、丹江口库区及上游地区 15~25 度非基本农田坡耕地(详见《新一轮退耕还林还草总体方案》附件 2)。各地可在不突破本省(区、市)各地类退耕控制规模的前提下，统筹安排本年度建设任务。优先安排基础工作扎实、前期任务完成好的地方，争取集中连片，并向贫困地区、革命老区倾斜。

二、修改上报新一轮退耕还林还草省级实施方案

按照《关于扩大新一轮退耕还林还草规模的通知》(财农〔2015〕258 号)要求，有关省(区、市)正陆续上报省级耕地保有量和基本农田保护指标的调整方案。此次调整使各地退耕还林还草规模和范围基数发生变化，请你们在国务院批准调整方案后 2 个月内，根据调整方案内容，结合生态建设和脱贫攻坚工作需要，综合研究各地类耕地退耕还林还草的需求，抓紧修改完善并及时上报新一轮退耕还林还草省级实施方案。

三、抓紧组织实施

各省(区、市)应认真组织实施退耕还林还草建设任务。2015 年度退耕还林还草任务未完成的，应加快实施进度，于 2016 年完成。2016 年度任务应于 6 月底前下达到县级实施单位，年内分解落实到地块并开工建设，2017 年完成。

四、按期报告工作进度

“退耕还林还草 1500 万亩以上”是今年《政府工作报告》明确的量化指标任务，有关部门将对各地任务实施进展情况进行督查考核。根据相关要求，请各省(区、市)发展改革部门于 2016 年 7 月 5 日前填报本地“2016 年退耕还林还草年度任务安排表”(附表 2，在国家发展改革委网站—政务

服务中心—下载专区下载，下同）；林业、农业行政主管部门自7月起调度本地退耕还林、退耕还草工作进度，按月填写“退耕还林还草任务进度表”（附表3），于每月5日前将上月工作进度分别报送至国家林业局和农业部。各地有关部门应及时总结、宣传、借鉴实施过程中好的经验做法，在政府统一领导下及时解决实施过程中出现的问题。对暂时无法解决的问题，及时反馈国务院有关部门。

附表：1. 2016年退耕还林还草任务表

2. 2016年退耕还林还草年度任务安排表

3. 退耕还林还草任务进度表

国家发展改革委

财政部

国家林业局

农业部

国土资源部

2016年5月27日

这份通知遵循了基本格式要求：标题是非常典型的省略式标题，省略了发文单位，只有事由和文种两个部分；标题及发文日期居中；主送单位，由主到次依序排列，开头顶格；正文由缘由、事项、执行要求三个层次组成；落款署名发文单位及日期。

全文除格式正确外，正文缘由、事项、执行要求清晰明了。

所以，对于政务公文，无论是传统媒体时代还是移动新媒体时代，其基本要求都是一致的。这是基本核心原则，不可更改。

二、政务公文在移动新媒体端的新要求

在移动新媒体端，政务公文除了原则要求上不可更改之外，其实还是有一些新变化的。

其一，图文并茂是基本配置。

新媒体时代，图文并茂是很多文体的“标配”特点，而且图片、音乐等多种媒体形式的渗入是对传统文字媒体的重大突破与重要改变。政务公文由于其特殊的文体要求，绝大多数情况下，不可能以花哨的形式来表达这些简明严肃

的主题内容，但为了版面美观，提高阅读的愉悦感，图片的配发也是必需的。例如图 4-2 所示，国务院 APP 中的政策栏目，大量的通知与批复都配有一张和内容密切相关的图片，以实现页面的美观和谐。

【案例 4-2】

图 4-2　国务院 APP 中的政策栏目页面截图(2016 年 8 月 5 日)

不同于其他很多文章的大量图片配用，政务公文的配图只是一个点缀，且一定与主题有相关性，正文部分则依然是纯文字内容，以保证公文的完整性与规范性。

其二，排版要端庄大方。

传统媒体的萎缩衰微，让很多人以为传统的写作模式已经彻底落伍，媒体的发展出路一定是不断创新、不断巧思，运用各种时尚的模式方可寻找到出路。然而，对于写作而言，其核心与本质的东西依然在那里，并不是一味的全盘否定。政务公文，更是必须秉承传统的模式，坚持以体例正确为基本要点，文字严谨简练、逻辑清晰是不可改变的要求。

如果说新媒体时代政务公文还有什么变革要求的话，那就是可以在形式的美观方面下功夫，不仅是图片的搭配，也有排版上的用心，政务公文的排版一定要端庄大方，严谨且不失美感。

【案例 4-3】

国务院办公厅关于同意建立消费者权益保护工作部际联席会议制度的函

| 中国政府网　2016-08-17

国务院办公厅关于同意建立消费者权益保护工作部际联席会议制度的函

国办函〔2016〕73号

工商总局：

你局关于建立消费者权益保护工作部际联席会议制度的请示收悉。经国务院同意，现函复如下：

国务院同意建立由工商总局牵头的消费者权益保护工作部际联席会议制度。联席会议不刻制印章，不正式行文，请按照国务院有关文件精神认真组织开展工作。

附件：消费者权益保护工作部际联席会议制度

图 4-3　“中国政府网”微信公众号 2016 年 8 月 17 日发布的一则公文作品

手机上的阅读页面，不同于传统纸质版页面，也不同于电脑版页面，所以在排版上必须根据手机阅读的特点，设计合理美观的版面，让读者获得轻松愉悦的阅读体验。

本章小结：

本章第一节简要介绍了什么是政务公文，以及公文的功能、主要类别，有关公文写作的基本规则要求，可参看专业书籍的详细介绍，本节不作赘述；第二节主要讲述政务公文在移动新媒体中必须严格遵从的格式及其规范性要求，只是在新媒体时代，需要重视图文并茂，以及排版上的端庄大方。

本章重点：政务公文写作的基本写作要求与规范。

本章难点：政务公文在移动新媒体中的新要求。

本章思考题：

1. 如何在移动新媒体中写好政务公文？
2. 政务公文类写作在移动新媒体环境下会面对什么样的问题？
3. 政务公文类写作在移动新媒体环境下有哪些优势？

本章推荐阅读：

1. 岳海翔：《最新公文写作大全》，中国文史出版社 2013 年版。
2. 张保忠：《公文写作规范指南》，经济科学出版社 2012 年版。
3. 魏建周：《新编党政机关公文写作规范·技巧·范例·评析》，红旗出版社 2012 年版。
4. 徐成华：《GB/T9704—2012〈党政机关公文格式〉国家标准应用指南》，中国质检出版社 2012 年版。
5. 刘梅：《现代公文写作教程》，华南理工大学出版社 2005 年版。

第五章　企业营销类移动新媒体写作

【本章导言】

企业新媒体写作是企业运用微博、微信、企业客户端等新媒体平台快速传播、分享、反馈信息，与消费者实现互动，从而树立企业品牌形象、推广产品服务、进行实时危机公关、间接促进销售、实现营销价值的营销新方式。企业营销类移动新媒体写作是以实现商业目的为任务的信息传播，商业信息是结果，传播是过程，而创作方式是从过程达到结果的手段。企业新媒体作品的最终目的是引发受众的广泛情感共鸣和消费冲动，在商业竞争中赢得话语权和消费者的心。具体包括以下两个部分的内容要点：

(1) 企业形象类移动新媒体写作；

(2) 产品营销类移动新媒体写作。

【本章引例】

图 5-1　“万达集团”微信公众号 2016 年 12 月 29 日发布的《揭秘万达企业文化关键词！来，上 2016 我们凹过的这些造型》节选一

看到这篇微信推文(即具有推广性质的文章)，你认为它和传统写作一样吗？看到作品中的文字、图片以及不一样的排版方式，能引发你想去了解万达企业文化的兴趣吗？

第一节　企业形象类移动新媒体写作

企业的新媒体写作主要是代企业发言，是一种受命写作，因此企业新媒体作品首先要对企业形象进行宣传。从写作内容上看，企业形象类移动新媒体写作又可以分为企业介绍类和企业形象传播类。

当新媒体(特别是微博和微信)强势进入人们生活的时候，相当多的企业敏锐地感知到了新媒体的魅力，很多企业策划者提出企业宣传和企业营销要向新媒体转变，从企业新媒体和传统媒体各占半壁江山到新媒体占主要优势，力图让企业的宣传、营销功能和效果达到最大化。清华大学教授沈阳认为："从企业的战略思维、顶层设计，到产品规划、设计实现，乃至于和用户的互动，都是企业新媒体可探寻的执着点。""在新媒体当中，取新者得天下，得势者获用户。"(《新媒体秘笈·序》，万达集团企业文化中心出品)要写好企业营销类移动新媒体作品，既要对企业的历史、文化信手拈来，又要以敏锐的眼光站在消费者特别是粉丝的角度看问题；要做好企业新媒体账号，不但要能写会编，还要能做图、能设计、能策划、能和"大V"(指在新浪、腾讯、网易等微博平台上获得个人认证，拥有众多粉丝的微博用户)共舞。

一、企业介绍类移动新媒体写作

(一)直接介绍型

即用简明扼要的语句直接介绍企业的性质、营销范围、企业文化等信息，如图5-2所示，万达集团官方微博对万达集团的介绍。

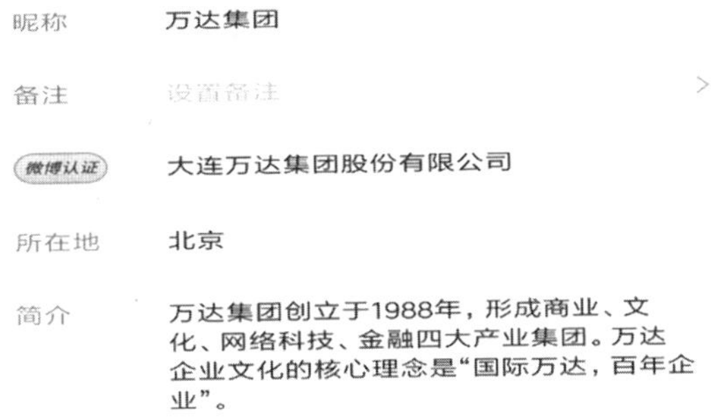

图5-2　"万达集团"官方微博的介绍

（二）煽情介绍型

即用感性的词汇或语句介绍企业性质、特征等，如图5-3所示。

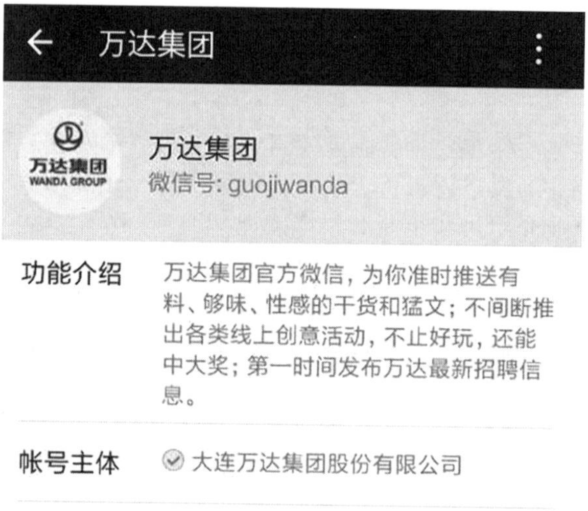

图5-3　“万达集团”微信公众号的介绍

同样是对万达集团的介绍，微信公众号和微博上的描述完全不同，这里用了“有料、够味、性感”等词语，具有煽情效果。

（三）特点介绍型

有些作品对企业的介绍主要抓住企业最有标志性的特点，使受众一看就知道企业主要的服务特色是什么。如图5-4所示，该介绍非常简单，一看就知道“伊的家”是一个提供女性产品和服务的企业。

图5-4　“伊的家”微信公众号的介绍

（四）综合介绍型

【案例 5-1】

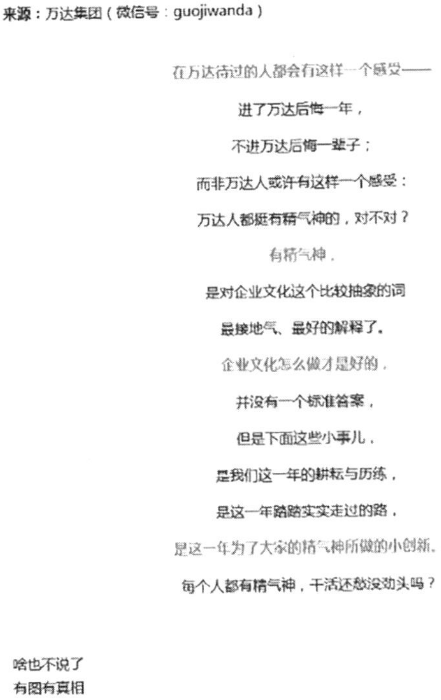
来源：万达集团（微信号：guojiwanda）

在万达待过的人都会有这样一个感受——

进了万达后悔一年，

不进万达后悔一辈子；

而非万达人或许有这样一个感受：

万达人都挺有精气神的，对不对？

有精气神，

是对企业文化这个比较抽象的词

最接地气、最好的解释了。

企业文化怎么做才是好的，

并没有一个标准答案，

但是下面这些小事儿，

是我们这一年的耕耘与历练，

是这一年踏踏实实走过的路，

是这一年为了大家的精气神所做的小创新。

每个人都有精气神，干活还愁没劲头吗？

啥也不说了

有图有真相

图 5-5　“万达集团”微信公众号 2016 年 12 月 29 日发布的《揭秘万达企业文化关键词！来，上 2016 我们凹过的这些造型》节选二

如图 5-5 所示，这篇作品对读者和受众认识万达企业形象很有帮助，并且文字、图片都比较精美贴切，既有对万达集团活动方面的直接介绍，也有渲染性的煽情文字，更将万达“有精气神”的企业文化特点通过总结传达给受众。

二、企业形象传播类移动新媒体写作

（一）跳出企业，抓粉丝的“痛点”

企业通过移动新媒体进行形象宣传时，除了要对本企业作生动形象的介绍外，还要考虑关注对象特别是粉丝的心理，要研究他们在想什么，不能仅仅用发红包等手段吸引粉丝，要善于抓住粉丝的“痛点”（指最能触动粉丝心理的地方，是能让粉丝动心的事物），不然就算发红包发到破产，码字码到手软，最后消费者还是不买账。因此，只有站在消费者特别是粉丝的角度去进行创作，消费者才能够更好地接受所要宣传的企业价值观和企业文化。

以万达集团为例，外界的一般印象是管理严格，甚至带上了冷冰冰、不近人情、军事化等标签。但 2014 年 6 月 30 日，万达官方微信发布了一篇名为《有一个地方，它有 6 点‘牛’过部委食堂》的文章，迅速被众多自媒体“大 V”转发，引爆网络。仅仅就微信一个平台的数据来看，阅读人数就突破了 800 万。随后其又发布了《猪都定期体检！带你走进神秘的“特供”有机农场》，这篇文章讲的是万达为了它的特供食堂，专门在北京延庆花重金买了相当于两个昆明湖那么大的地块用来种植有机农作物，养殖猪、牛、羊、鱼等供员工食用。这两篇文章之所以一出来就将读者的情绪刺激到了极点，就是因为它抓住了上班人士甚至其他人在外就餐难、吃饭不卫生等“痛点”。虽然文章没有直接介绍万达的产品或者服务，但使万达的公众形象变得更加亲切，甚至有很多粉丝在微信后台留言：“连食堂都能做到这样，其他的业务能差吗?”这样的文章对于万达的形象传播起到了虽然没有打广告但胜似打广告的效应。

(二)从痛点入手，深入挖掘企业好的做法

企业在移动新媒体上发布文案进行形象宣传时，不仅要时刻关注粉丝的“痛点”，选题的内容还要有用、有力量，对阅览者有一定的价值，如企业如何高效开会，如何做计划，如何找人用人，都可以通过微信、微博等新媒体文案将企业内部的好东西展示出来，由此更好地塑造企业的公众形象。

【案例 5-2】

图 5-6 “东风汽车有限公司”微信公众号发布的《“互联网+工会”会碰撞出怎样的火花?》首页截图

如图 5-6 所示，这篇新媒体作品是关于宣传报道类的，它将企业工作和“互联网+”发展结合在一起，对企业起到了很好的宣传效果。

挖掘企业细节用作新媒体写作内容也是展示企业形象的重要手段，比如文章内容涉及员工食堂、慈善活动、抗霾措施、厕所布置，从这些细节中挖掘槽点，把握好度，寻找写作内容的突破口和爆发点。那么，如何将企业内部细碎的细节串联起来，写作者在哪些地方应该浓墨重彩，在哪些地方可以一笔带过，哪些地方可以增添引人思考的内容等，不仅和写作者的阅历、经验、对热点的敏感把握度有关，更重要的还在于对消费者或者粉丝心理的把握是否到位。

【案例 5-3】

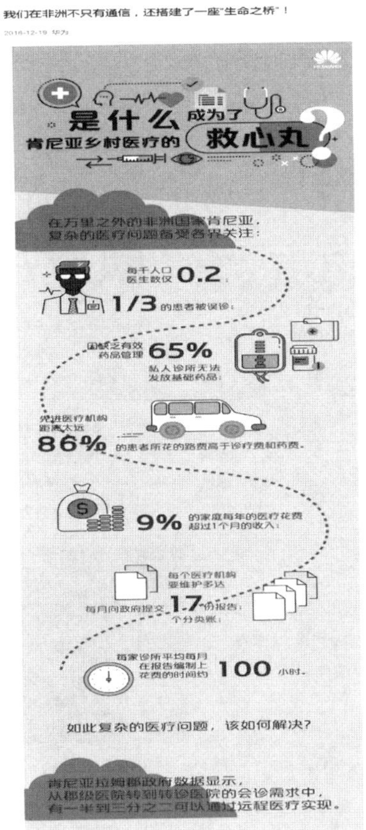

图 5-7　“华为”微信公众号 2016 年 12 月 19 日发布的《我们在非洲不只有通信，还搭建了一座“生命之桥”》节选

如图 5-7 所示，此篇作品先从问题切入，引起读者共鸣，再引入该企业解决此问题的做法，即针对非洲亟待解决的医疗问题，联合其他企业，部署数字医疗和远程医疗方案，并在文中详细阐述了此方案的运作方式。这篇作品为华为的企业形象宣传找到了一个好的切入口和突破口，用图文并茂的方式、简洁明了的语言，传播了华为既做商业又做慈善的有良心的企业形象。

（三）适时抓住企业活动进行写作

企业开展活动的主要目的还是在于营销，企业新媒体写作者可以抓住企业的一切活动机会，为企业进行形象宣传。这种写作过程以及写作内容不能仅仅停留在做广告的阶段，还要调动各种写作要素，生动活泼地呈现企业的内涵和文化，从而更好地抓住受众甚至粉丝的关注点。

【案例 5-4】

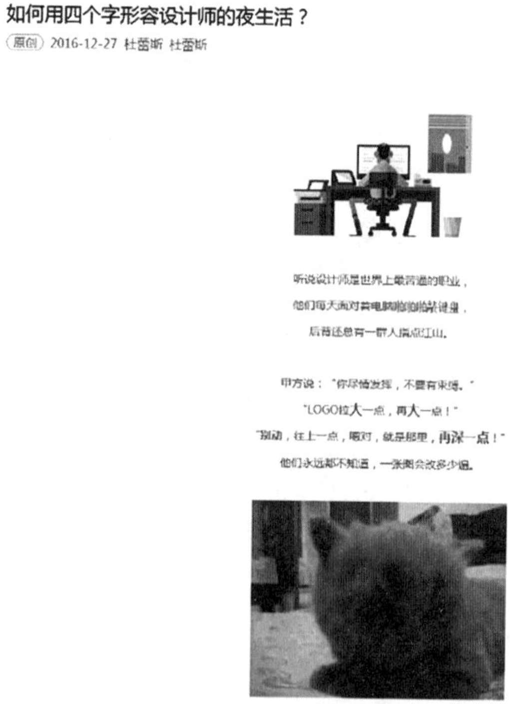

图 5-8　“杜蕾斯”微信公众号 2016 年 12 月 26 日发布的《如何用四个字形容设计师的夜生活》节选

如图 5-8 所示，这篇作品是为了配合 2017 年 1 月 4 日首届设计师节而创作的，以文字为主，图片为辅，配合简洁的排版形式，用生动、诙谐的语言，传达出杜蕾斯公司设计师的敬业和专业，无形增加了目标消费者甚至潜在消费者对该公司产品的信任，间接宣传了公司的形象。

（四）内容要传情达意，避免刻板形象

在企业营销观念越来越复杂化和现代化的当下，企业的内容营销大多依靠新媒体平台来影响消费者，越来越受到企业的重视。企业内容营销的直接目的是获得读者的持续关注，保持企业在消费者心目中的良好形象。在当前信息量超级爆发、读者兴趣点快速转移的现实环境下，要让受众更好地理解企业产品、服务、品牌、文化，对受众形成持续的吸引力，所推出的内容一定要优质，同时要有趣、有利和有用。要善于与受众展开深入对话，避免为公司留下刻板无趣的印象。

【案例 5-5】

图 5-9　“伊的家”微信公众号 2016 年感恩节发布的《感恩，不至于甜言，还有甜蜜福利》节选

图 5-10　“伊的家”微信公众号 2016 年感恩节发布《感恩，不至于甜言，还有甜蜜福利》后的读者留言节选

如图 5-10 所示，这篇作品语言简洁、感性，容易在读者心目中产生强烈的共鸣，后面的读者留言选录充分体现了该作品的传播效果，使公司既重宣传又重情感关注的形象十分明晰。

第二节　产品营销类移动新媒体写作

一、产品营销类移动新媒体写作的特点

2016 年 12 月 27 日，“百色熊公司”微信公众号为配合免费试刷活动而创作的一篇宣传作品《我有漆千年历史，你有墙吗?》如图 5-11、图 5-12 所示，以

下是其开头与结尾部分的截图：

图 5-11　《我有漆千年历史，你有墙吗？》的开头部分截图

图5-12　《我有漆千年历史，你有墙吗?》的结尾部分截图

这篇作品和传统的广告宣传不一样，没有直接宣传产品的特点和优点，而是从油漆涂料历史切入，对各个历史阶段漆墙材料的优缺点作生动简洁的介绍，最后落脚在自己企业的产品具有高品质、环保型等优点上。

企业以产品营销为目的，在新媒体平台进行的写作相对于其他类型的新媒体写作而言，具有不同的特点。

首先，写作者要代其背后的企业发言，企业为了达到一定的营销目的，实现利益的最大化，会对写作客体进行适当的美化和夸大，客观性、准确性在一定程度上有所减弱，因此企业产品营销类新媒体写作会呈现出主观性强于客观性的特点。上述例子中的作者无疑对本公司产品的优势做了适当的美化。

其次，和其他新媒体作品随性而为的特点不同，产品营销类新媒体写作要与企业的整体营销计划相对应，写作主体要随时关注企业的发展营销现状，随时调整自己的写作计划，因此企业产品营销类新媒体写作会呈现出计划性较强的特点。从上面的例子可以看出，企业在某一阶段发布的作品都是有针对性的，有的针对营销活动，有的针对新产品上市，等等。

最后，企业新媒体的写作不仅仅是对企业产品信息的传播，而且也带有一定的企业营销策划性质，利用新媒体平台惊人的社会影响力和号召力，通过作品传播企业的文化、企业的营销思维，在传达产品和服务信息的同时，培养受众对企业的认可度，以及关注者和粉丝的忠诚度，因此企业产品营销类新媒体写作会呈现出强烈的目的性的特点。图 5-12 花了很多的笔墨来介绍油漆文化的相关知识，大有“我们传播的不是产品，而是文化”的导向性。

二、产品营销类移动新媒体写作过程

(一)写作者准备阶段

1. 储备写作素养

和传统写作一样，新媒体平台上的写作行为也是由写作主体来具体实施的。新媒体发展到当下，越来越多的企业已经尝到了这个平台给企业带来的甜头，因此对企业新媒体写作主体的要求也越来越高。企业新媒体作品的写作主体要有比较完备的知识储备，如写作知识、营销知识、传播学知识等，这是写好企业新媒体作品的基础；还要有熟练的语言文字能力，能够熟练且恰当地运用语言文字传达企业产品信息，与受众进行无障碍的交流沟通；还要有敏锐深刻的洞察力，善于从浩如烟海的信息中抽出对企业有利的信息，促进写作的有效性；同时还要有灵活变通的公关能力，当企业出现危机时，能够沉着冷静地用作品将企业的不良影响降到最低，维护企业的信誉。这些都是一位合格的企业新媒体写作者写好作品所必须具备的写作素养。

2. 确定写作目标

企业新媒体写作主体是代企业发言，带有很强的目的性，写作要体现企业的营销目的。写作者的写作意图是根据企业的营销策划来确定的，因此企业新媒体写作的目标要与企业的营销策划相对应。根据产品不同的营销阶段，企业新媒体写作的目标主要有以下四种：

(1)以推广产品服务为目标。

在产品上市的初期和产品参与市场竞争的平稳期，此种写作目标最为明显。如东风汽车公司在 2016 年 12 月 27 日，即推出东风风神 AX7 智驭型新车的次日，其微信公众号就发布了一篇详细介绍的长文章。

(2)以促进销售为目标。

对于新媒体时代而言，新媒体平台形成了强大的销售推动力。新媒体写作活动很多时候会带有广告的性质，这是由销售目标决定的。写作者通过作品刺激消费者，影响消费者的认知、感知或行为。作品或直接展示、宣传、推广产品服务，或通过企业新闻、企业故事、企业活动安排等间接促进销售。

如图 5-13 所示，这条微博是“万达集团”新浪微博于 2016 年 10 月 28 日 18:04 发布的，发布的目的就是为合肥万达城的开盘销售进行推广，写作目标明确。

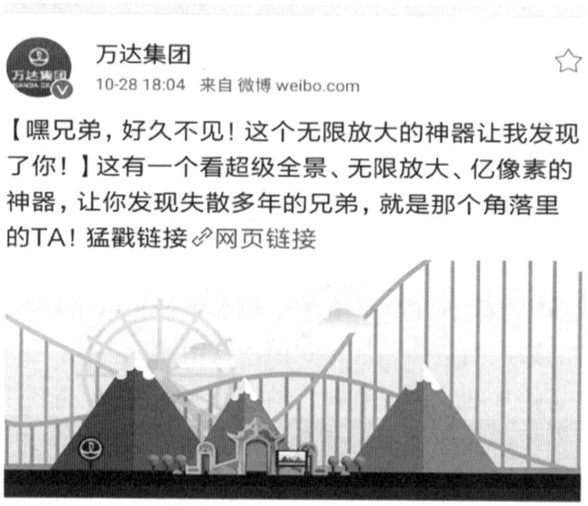

图 5-13　“万达集团”新浪微博的一条微博作品

(3)以危机公关为目标。

当企业遇到危机、遭受挫折时，企业新媒体写作者要有敏锐的洞察力，对企业的负面新闻做出及时回应，将对企业的不良影响尽量降至最低。

例如，2014 年 2 月 21 日，央视证券资讯频道执行总编辑兼首席新闻评论员钮文新发表博文《取缔余额宝》称："余额宝是趴在银行身上的'吸血鬼'，典型的'金融寄生虫'。"针对此条博文对支付宝造成的不良社会影响，支付宝新媒体平台自然要以反驳对方为目标，因此 2014 年 2 月 22 日凌晨，支付宝官方微博发布《记一个难忘的周末》幽默地进行了回应。支付宝表示，余额宝加上增利宝，一年的管理费是 0.3%，托管费是 0.08%，销售服务费是 0.25%，利润只有 0.63%，除此之外再无费用。并对"吸血鬼"一说加以调侃称，"老师您能别逗了吗？我查了下，2013 年上半年，16 家国内上市银行净利润总额达到 6191.7 亿元人民币，全年起码翻一番，12000 亿吧？"

(4)以树立品牌形象为目标。

对企业新媒体写作主体而言，树立企业或产品的品牌形象是长期的写作目标。例如 2016 年 5 月 11 日万达官方微博发布了一篇博文《15 分钟搞定一个不可能完成的任务，万达靠什么》，这篇博文从万达集团的一个工作场景入手，看似简单的事情，却被新媒体写作者作为素材创作出来，形象而又亲民地传达了万达集团员工高效的办事效率，作品的目的无疑是在宣传万达的品牌形象。

3. 确定写作受众

产品营销类新媒体写作的过程是写作主体通过新媒体平台与受众相互沟通的过程，目的是将企业的理念特别是产品信息传递给消费者或者潜在消费者，因此写作主体在写作前，要在充分了解企业和产品的基础上，分析写作受众的特点，进行有针对性的创作，从而达到有的放矢的效果。确定写作受众的因素有很多，从新媒体平台本身的特点出发，有些企业新媒体有特定的受众，如服装企业根据性别或者年龄确定营销受众，那么相对应的新媒体写作者也会根据不同性别和不同年龄的受众，构思不同特点的作品形式及内容。例如，C&A 的微信公众号"CA 中国"在介绍企业功能时就提到："170 多年的时尚传奇来到中国，致力于为中国时尚族群带来国际前沿时尚趋势。"所以"CA 中国"微信公众号的写作者将年轻、时尚、时髦、有个性的人群作为写作受众进行写作。

【案例 5-6】

图 5-14　“CA 中国”微信公众号 2016 年 12 月 1 日发布的宣传产品促销的作品《本周惠选，周周都有新时尚》节选

图 5-15　“CA 中国”微信公众号 2016 年 12 月 1 日发布的《暖衣+甜品，让这个季节的时髦度和幸福感飙升！C&A × HAIBAO》节选

如图 5-14、图 5-15 所示，从此微信公众号同一天推出的两篇作品的写作形式和内容来看，它紧紧抓住了时尚一族爱美、追求生活品质的特点，用图文并茂的方式向企业的目标受众有效地传递了产品信息。

因此，产品营销类移动新媒体作品，从内容和形式的全面构想，从主题的确定、素材的选用、结构的谋划，到叙述的语言和句式，都应当在确定了读者对象也就是写作受体之后进行写作，这样才能达到写作主体和写作受体的心灵相通，使写作活动和营销策略获得最佳的效果。

（二）选题

对于产品营销类新媒体写作来讲，写作客体同样离不开“物”“事”“情”“理”四个方面。在此类新媒体作品中，对“物”的描写指向的是新产品或新服务；对“事”的叙述主要针对一个活动；对“情”的描述偏重于和客户的互动交流；对“理”的描写，主要阐述对某种观点的看法。因此，产品营销类新媒体写作者在确定了写作目标和写作受体之后，要关注题材选取问题，这也是关系到此类作品传播的有效性的关键之一。用什么样的素材或题材反映了写作者对企业产品营销策略的把握。在题材选取方面大体有两种方式：

1. 直接选题

针对企业活动和产品推介等活动，写作者有时会适时、及时地开展写作活动，直接以活动或者产品为写作题材，有一定的报道宣传性质。

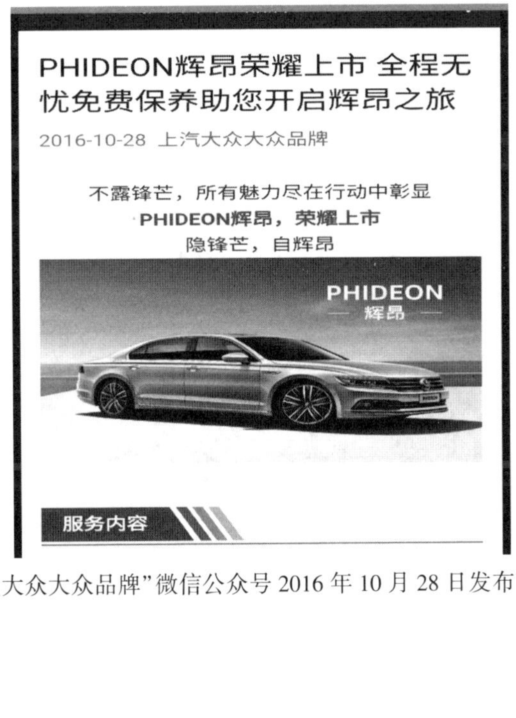

图 5-16　“上汽大众大众品牌”微信公众号 2016 年 10 月 28 日发布的营销作品截图

这则作品是在上汽大众产品辉昂上市后发布的，主要是针对保养服务和该车型性质特点进行写作，属于直接选题。此类文章用词规范、形式正统，一般以文字为主，夹以少量图片。

2. 间接选题

间接选题不直接介绍或者描述具体的企业活动或产品信息，而是从不同的角度选取材料与要营销的产品进行结合。此类选题的关键是要找好合适的结合点，如相关政策、热点痛点事件、假日节庆、名人活动等。如图 5-17 所示，"上汽大众大众品牌"微信公众号 2016 年 12 月 19 日发布的《天使之城星光熠熠，PHIDEON 辉昂见证闪耀时刻》。

【案例 5-7】

天使之城星光熠熠，PHIDEON 辉昂见证闪耀时刻

2016-12-19 上汽大众大众品牌

12月16日，**辉昂之夜第21届华鼎奖发布盛典**在美国洛杉矶落下帷幕。现场云集国际顶尖电影明星，盛况空前，各大奖项亦是名花有主。

看得见的掌声，看不见的努力

此次华鼎奖共颁出近10个奖项，**《火星救援》**荣膺最佳影片，而最佳男女主角分别由**马特·达蒙**及**布莱丝·达拉斯·霍华德**摘得。而这一切荣誉的背后，是对于电影事业一丝不苟的坚持，对于表演艺术矢志不渝的热爱。

图 5-17　"上汽大众大众品牌"微信公众号发布的营销作品首页截图

如图 5-17 所示，这篇作品的目的是为了宣传新上市的产品辉昂，但和直接选题不一样，它借助了其他事件，颁奖盛典传递的是“看得见的掌声，看不见的努力”，这就是两者的结合点。对产品营销来讲，这一类的选题往往体现了理性和感性的融合。

如图 5-18 所示，“宝马中国”新浪微博于 2016 年 12 月 7 日发布的微博作品。

【案例 5-8】

宝马中国
16-12-7 来自 微博 weibo.com
大雪是农历二十四节气中的第二十一个节气，太阳在这一天到达黄经255°，标志着仲冬时节的正式开始。大雪时，北半球各地昼短夜长，我国大部分地区均已披上了冬季的盛装。大雪纷纷，天地皆苍茫，越是残酷的环境，越是彰显非凡本色。何不驾驶着BMW X6，在大雪之时驰骋其中，在白茫茫的天地之中，独揽恢弘。

宝马

图 5-18　“宝马中国”新浪微博发布的一条微博作品

这则博文体现了写作者的匠心，从大寒、小寒、腊八等节气和节日入手，将商品与销售地的传统文化结合起来，用充满感性的语言、软性的文字将硬性的产品营销表达出来，可读性很强，选题独到。

（三）标题写作

从古代作品到现代作品，从传统写作到新媒体写作，标题写作的重要性是毋庸置疑的。虽然先秦早期文章的标题没有特别的讲究，一般取文章的前两个字凑成标题就可以了，有的甚至没有标题，是后人传抄时才加上标题的，但从秦汉时期开始，写作者越来越重视标题的拟定，标题就像人的脸面，好的标题会给文章增色不少。当今新媒体社会是信息爆炸时代，在社会快速发展的浪潮中，人们浮躁甚至有时无所适从，很多人不读书，还有的人虽然读书，但从不进行深度阅读，而是喜欢碎片化阅读，习惯接受快餐文化，因此不少人看文章只看标题，这虽然不是好现象，但也体现了标题在抓住阅览者的过程中的重要性，因此新媒体平台上的作者对标题的写作越来越重视。并且，在网络上充斥着一批“标题党”，他们让人不点开则心痒痒，点开了又烦躁、后悔。

我们不要做“标题党”，通过练习，同样可以写出合适的标题。产品营销类新媒体作品在标题上讲究口语化、通俗易懂，多使用当前热门话题和网络语汇。在句式和标点上长不如短，多使用否定句或疑问句，闭合话题不如开放话题。

1. 开门见山，直叙内容

【案例 5-9】

图 5-19 “沃尔玛”微信公众号的发布页面截图(2016 年 12 月 21 日)

如图 5-19 所示，这组作品是在圣诞节之前为配合节日促销推出的，标题很直接地透露出商品信息，目标人群能很快找到自己需要的内容点开并阅读详细信息。

这类标题大多出现在具体的商品销售时期，如果提供了好的产品或者服务，可以在标题上直接体现出来，主要针对特定需要的人群，并且大多是成熟的消费者。这类标题的写作要求语言精确、平实、清楚，字数有时会多点，多用句号或者感叹号。

2. 设置悬念，激起好奇心

人的欲望往往是由好奇心激起来的，阅读欲望有时也会受好奇心的驱使，我们在拟定标题时设置悬念，就会激起读者的好奇心，激起读者的兴趣，让人很想知道这些标题下面到底讲了什么。

例如下面一组标题：

《今天在武汉发生了两件大事，一个世界第一，一个世界唯一》(2014 年 12 月 20 日，万达集团)

《无处不在的 Master，你敢不想?》(2017 年 1 月 5 日，华为)

《一件事干了近 30 年！万达人为啥如此“死心眼”》(2017 年 1 月 9 日，万达集团)

《祖国的绿萝们，网上说的“防霾十二招”靠谱吗?》(2017 年 1 月 6 日，万达集团)

以上这些标题让人一看就想点开，达到了激起受众阅读欲望的目的，点击量自然就能提升上去，也就达到了产品营销的目的。拟定这类标题时要注意的是绝对不能忽悠人，绝对不能夸大其词。

3. 文字加数字，营造视觉冲击

在产品营销类新媒体作品标题中文字和数字相结合，有时会营造出不一样的视觉冲击。

例如：

《压轴盛惠 | 您的 6500 元感恩礼包已上线，年末倒计时 5 日》(上汽大众大众品牌，2016 年 12 月 15 日)

《连干 20 碗毒鸡汤，竟然还想再来一碗》(2016 年 12 月 28 日，杜蕾斯)

《抱歉，本条推送仅向CET-666级用户开放》(2016年12月27日，杜蕾斯)

《5分钟，教你做一道五星级海鲜》(2016年12月30日，良品铺子)

《港真，4个情景，句句戳心窝》(2016年10月31日，伊的家)

这类标题，强调了数字给受众的视觉效果和心理暗示，是产品营销类新媒体作品中一种有效的设置方式。

(四)内容写作

产品营销类新媒体写作过程同样要遵循“四体”原则，即写作主体(谁来写)、写作客体(写什么)、写作受体(写给谁)和写作载体(怎么写)。从词到句，从句到篇，从篇到章，怎样组织成一篇作品，相对于传统作品和其他类别的新媒体作品而言，产品营销类作品在内容上有自己的特点。

1. 弱化文体

产品营销类新媒体作品，根据其写作内容，文体大致有消息、广告文案、营销策划案等。消息主要针对企业和产品信息，具有时效性强的特点，一般包括“标题+导语+主体”三部分，但也有只用其中一种或者两种构成的方式，如微信作品都有标题，大多有导语，而微博作品特别是短微博，很多不用标题和导语。广告文案是产品营销类作品的常见文体形式，和传统广告文案不同，常用软文的形式。当企业有产品活动的时候，写作者会通过策划案的方式展开写作。

在现代移动新媒体环境下，产品营销类写作的文体特征不断弱化，写作者在构思时，最好以合适的方式进行文体间的交叉写作，使文体边缘模糊化。这样可以更好地起到传递信息、传播产品的作用。

2. 表现形式多样，避免呆板

在文本形式上，产品营销类的写作也是比较灵活的，没有统一的章法。一般来讲，微信作品有标题，而微博作品有的用标题表述此条微博的主张，有的不用标题，比较随意和率性。同样是有标题的微信作品，有的文本形式比较齐全，有标题、导语和主体，比如“万达集团”微信公众号中的文章一般都是这种三段式的；有的文本则不用导语，如“杜蕾斯”微信公众号中的文章有很多是较长的美文，但一般不用导语。

同时，对于文本内部而言，与传统媒体相比，新媒体的写作具有超文本的特点。图片、视频、音乐、表情符号，和文字一样，在产品营销类新媒体作品中同样起到了描述产品及公告活动信息的作用。

3. 描述风格私语化，注重传情达意

新媒体平台上的营销注重的是“内容为王”，也就是说，企业要借助于新媒体平台发布的内容来影响消费者的行为，从而达到营销的目的。因此写作者要以受众为中心，与受众展开深入的对话，呈现在读者面前的应是有温度的传情达意，而不是缺乏人情味的、冷冰冰的产品，要避免给受众留下刻板、无趣的印象。如图 5-20 所示，“宝马中国”新浪微博 2017 年 1 月 5 日 17:45 发布的博文。

【案例 5-10】

图 5-20　“宝马中国”新浪微博的一条微博作品

这则微博简洁明晰，运用疑问句和感叹句，表达了一定的情感，拉近了与受众的距离，完全是站在受众或者消费者的角度进行写作的。

4. 语言风格呈现多样化趋势

如图 5-21 所示，“万达集团”微信公众号 2017 年 1 月 5 日发布的《万达酒店“四美”全新亮相！文案退下，上图》。

【案例 5-11】

万达酒店“四美”全新亮相！文案退下，上图

2017-01-05 万达集团

导读

王健林曾说：“我最大的梦想，就是希望有一个世界公认的高端酒店品牌是出自中国人的。”今天，
旗下四大酒店品牌，这个梦想越来越清晰。

前方高清图集，给你指条明路，下次出行，找它们！

来源：万达集团（微信号：guojiwanda）

近日，万达酒店及度假村重新梳理公司和旗下四大酒店品牌定位，公司旗下拥有四个自营品牌：
万达文华、豪华品牌-万达嘉华，以及精选品牌-万达锦华。

经过全新定位，万达酒店品牌差异化更加明显，品牌特色更加突出，推进万达酒店及度假村向“
华酒店公司”的目标迈进。

你快看！

它是浦江美景上的又一道绚丽景致

图 5-21 《万达酒店“四美”全新亮相！文案退下，上图》作品节选

产品营销类新媒体写作的语言呈现出多样化的发展趋势，同时呈现出书面语、口语和网络语言三者兼具的语言风格。图 5-21 中的这篇微信作品，在陈述产品事实的时候，语言庄重、准确、严谨，配以精美的图片，有时用长短结合的散文式句式，有时用排比句式。而有的作品在介绍产品活动时，则运用口语风格，随意、自由、亲切、俏皮生动。有的作品善于将口语和网络语言相结合，选用个性的网络词汇，如字母词、表情符号、新造词、口语词等，来满足情绪化的表达，并使作品呈现出风趣、幽默、个性化的特点，例如“杜蕾斯”的微信作品和微博作品都具有这种语言特点，能够有效地吸引受众的眼球和阅读热情。

产品营销类新媒体的写作有时会采用在网络语境中产生的网络流行体，也会起到独特的传播效果。如来源于凡客诚品广告创意的“凡客体”：

A 韩寒
爱网络，爱自由，
爱晚起，爱夜间大排档，爱赛车；
也爱 59 块帆布鞋，我不是什么旗手；
不是谁的代言，我是韩寒；
我只代表我自己。
我和你一样，我是凡客。

B 王珞丹
我爱表演，不爱扮演；
我爱奋斗，也爱享受生活；
我爱漂亮衣服，更爱打折标签；
不是米莱，不是钱小样，不是大明星，我是王珞丹；
我没什么特别，我很特别；
我和别人不一样，我和你一样，我是凡客。

另外，现在新媒体的受众层次越来越泛化，针对文化层次较高的粉丝或者潜在消费者，还可以采用更加典雅的表达方式，在这一点上，方太集团开了很好的先例。

【案例 5-12】

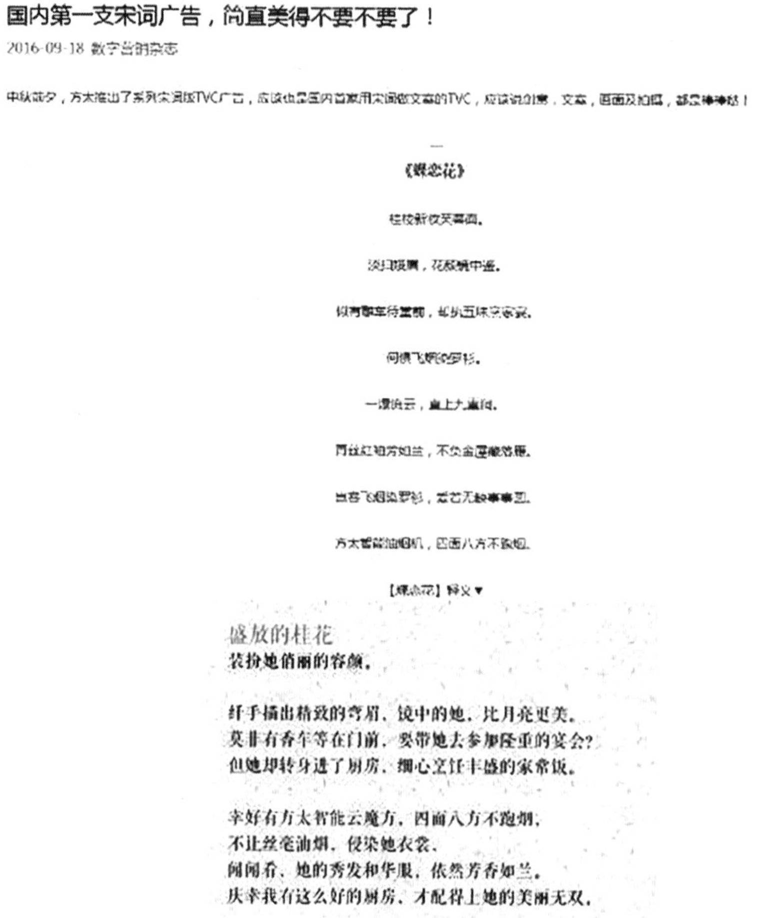
国内第一支宋词广告，简直美得不要不要了！

2016-09-18 数字营销杂志

中秋前夕，方太推出了系列宋词版TVC广告，应该也是国内首家用宋词做文案的TVC，应该说创意，文案，画面及拍摄，都是棒棒哒！

—

《蝶恋花》

桂枝新妆天香面。

淡扫娥眉，花颜镜中盈。

似有香车待堂前，却执五味烹家宴。

何惧飞烟的罗衫。

一缕烟云，直上九重[illegible]。

青丝红袖芳如兰，不负金屋藏娇[illegible]。

岂容飞烟染罗衫，[illegible]。

方太智能油烟机，四面八方不跑烟。

【蝶恋花】释义▼

盛放的桂花

装扮她俏丽的容颜。

纤手描出精致的弯眉，镜中的她，比月亮更美。

莫非有香车等在门前，要带她去参加隆重的宴会？

但她却转身进了厨房，细心烹饪丰盛的家常饭。

幸好有方太智能云魔方，四面八方不跑烟，

不让丝毫油烟，侵染她衣裳。

闻闻看，她的秀发和华服，依然芳香如兰。

庆幸我有这么好的厨房，才配得上她的美丽无双。

图 5-22 “数字营销杂志”微信公众号 2016 年 9 月 18 日发布的《国内第一支宋词广告，简直美得不要不要了！》节选

如图 5-22 所示，这篇作品是方太智能油烟机的广告文，化用宋词，还配以精美的视频，画面精致，言简意丰，给看多了网络语、口语的受众以不一样的感受，因此受众很容易记住其所要营销的产品。

（五）互动写作

新媒体写作是新媒体营销的重要手段，最重要的是要与受众建立关系，产生情感，让受众对企业或产品产生认同和信任。让企业服务和产品深入人心的

一个重要做法是与受众特别是粉丝进行信息的互动交流。因此，在产品营销类新媒体写作过程中不能忽略了互动写作环节。企业新媒体的互动写作主要包括两个方面，一是及时回答受众的问题，二是对受众进行预设性的提问或者设置活动方案。

【案例 5-13】

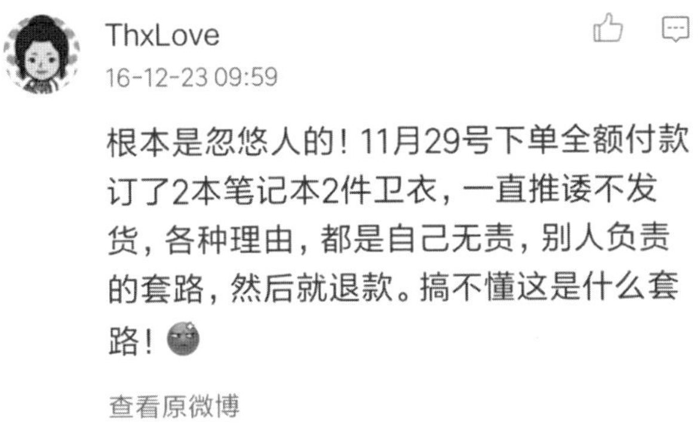

图 5-23　某消费者在微博上对定制电商平台“立定”公司于 2016 年 12 月 23 日至 29 日进行的预售活动的质疑

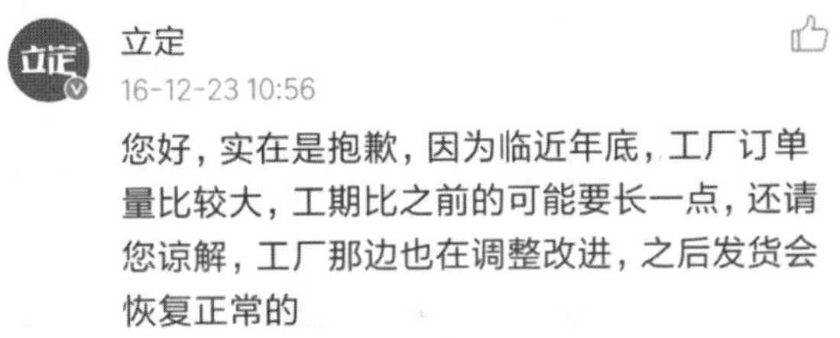

图 5-24　“立定”新浪微博上针对质疑的及时回复

这类及时回答受众问题的互动写作，不要求严格的形式和规范的语言，只要求表述清楚、态度诚恳即可。

与这类互动写作相比，设置话题等互动写作要规范得多。例如，“万达集团”微信公众号有个“福来 Day”栏目，每周设置一个互动话题，吸引受众特别是粉丝的关注，如案例 5-14 所示，2017 年 1 月 6 日其推出的互动话题为“职场上，你做过最令自己骄傲的一件事是什么”。

【案例 5-14】

***B* 上期说啥了?**

上一期话题是

职场上

你做过最令自己骄傲的一件事是什么

有好多童鞋审题不认真，回复的都不是职场的事。咱们说的是职场上骄傲的事，看他们怎么说。

【福来 Day】第 77 期精选

1. @夜雨新辰

看了《万达工作法》，理论联系实际，工作上如鱼得水。

2. @一颗泰国青柠檬

和井队同志一起加班两天两夜完成了抗洪救灾，及时恢复了生产工作。

3. @小吴

我是名军人，在我的岗位职责上最让我骄傲的是，今年魔鬼周训练中获得了魔鬼周勇士勋章。

4. @春昌

我是万达文华酒店的员工。在工作中，我最骄傲的事情是，客人对我们提供的服务非常满意，并且多次光临我们酒店，也是对我们工作的肯定吧。继续努力!

5. @顺其自然

刚入职三个月，就为公司新入项目制定了一套土地增值税的计算表，虽然只是一个测算，但是被领导表扬，说是一个有想法和能力的新人。

6. @刘婷婷_Ciro

终于可以去帮助别人而不是每次都求助于人。

……

上面念到名字的 20 名童鞋，进入投票环节啦(投票截止日期 2017 年 1 月 11 日 15:00)，拉票去!

……

***C* 新话题来啦!**

咳咳，准备好了吗?

下面要公布第41期话题啦~
"跳槽"如果只有一个原因
你的会是什么?

(为了方便及时地收集大家的评论,希望亲们都在页末右下角点"留言",直接写评论噢。电影票已备足,就等你的精彩回答。回复以后,记得留下姓名+电话噢)

我要是你就赶紧回复。

这个案例的互动活动和互动写作方式都设计得非常精妙,单从写作角度来看,其表述非常清楚,用分节的排版方式,将活动的三个阶段清楚明了地呈现在读者面前。语言上避免了传统调查问卷式的一板一眼,多用口语化的表述,容易拉近写作主体和写作受体的距离,实现了以互动写作促进营销的目的。

本章小结:

本章第一节介绍了企业形象类移动新媒体写作技巧。企业介绍类作品和企业形象传播类作品的写作方法各有侧重点,不同营销范围的企业所用的介绍及发表的作品要用不同的写作类型。企业形象传播类新媒体写作要善于抓住受众心理,契合热点、痛点等展开有温度的写作。第二节介绍了产品营销类移动新媒体写作技巧,根据此类新媒体的写作特点,从写作者的准备阶段到目标选定、确定受众,再到标题写作、内容写作、互动写作等,抓住不同阶段的侧重点,才能展开有效的写作活动。

与政务新媒体、自媒体、传统新媒体等作品相比,企业新媒体作品的写作总体要求是:从受众的角度展开写作,把厚重的内容转变为较小的碎片,把庄重的表达形式转变为轻松的表现手法,把严肃的内容转换成轻松的素材,把充满商业气息的信息传播转变为饱含情怀的情感传播,把商业行为转变为虚拟的、具有人格魅力的传播。

本章重点:产品营销类作品的移动新媒体写作技巧。

本章难点:企业新媒体作品的标题要有吸引力,但不能沦为"标题党";
企业新媒体作品语言的多样化趋势要求。

本章思考题:

1. 企业形象传播类作品和产品营销类作品在写作上的异同有哪些?
2. 假如你要为某一产品进行微博写作,在春节期间应该怎样展开写作活动？

本章推荐阅读：

1. [日]饭田久惠：《麦肯锡教我的写作武器：从逻辑思考到文案写作》，北京联合出版公司2013年版。

2. [美]马克·克雷默：《哈佛非虚构写作课：怎样讲好一个故事》，中国文史出版社2015年版。

3. [美]安·汉德利：《众媒时代，我们该如何做内容》，中国人民大学出版社2016年版。

4. “万达集团”微信公众号：guojiwanda。

5. “杜蕾斯”微信公众号：youlovedurex。

第六章 休闲娱乐类移动新媒体写作

【本章导言】

当今社会，手机成为人们日常生活的必需品。手机除了联络通信功能之外，还有一项重要的功能就是日常的休闲娱乐功能，移动新媒体中休闲娱乐类作品也成为大众阅读的重要内容，因此，本章主要探讨休闲娱乐类移动新媒体写作的一些技巧，包括以下三个部分的内容要点：

(1)休闲旅游类移动新媒体写作技巧；

(2)娱乐时尚类移动新媒体写作技巧；

(3)美食家务类移动新媒体写作技巧。

【本章引例】

图 6-1 “堂堂炒栗子”新浪微博 2016 年 12 月 3 日发布的《帕劳旅行》

看到图 6-1 中的这条微博，你会想点开这九张图片吗？你会想了解一下帕劳的风光与风土人情吗？说说你的感受与原因吧。

第一节　休闲旅游类移动新媒体写作技巧

“世界这么大，我想去看看”能一夜走红，成为 2015 年度十大网络用语，是因为这句话道出了大众的心声，所有人心底大约都有一个自由行走的梦想吧？休闲旅游类作品有非常广泛的阅读群体，这类作品在传统纯文学时代，大部分属于游记散文类、笔记小品文之类的题材。游记散文、笔记小品文，以游记或者写景为主，表达闲适恬淡的生活情趣与醉心山水的审美情怀。

移动新媒体时代的休闲旅游作品，在继承传统游记散文、笔记小品文的基础上，有了很大的改变。图文并茂，注重实用性，是最为突出的变化。现代技术的发达，提供给这类文章最便捷的途径，以美图的直观性来阐释景色的吸引力，具有视觉的冲击力。休闲旅游类作品与传统游记散文最大的不同，还在于新媒体休闲旅游类作品的功用性目的大大加强，其写作目的更在于介绍景点风光，推介旅游攻略。故而，移动新媒体时代，休闲旅游类作品应重点注意以下三个方面的问题。

一、选好图是关键

旅游的重要目的是放松身心，去欣赏大好山河、美丽风光，领略不一样的风土人情。图片是最具说服力的方式，图片能直观地将美景风情展示在眼前。

如图 6-2 所示，作品全文文字极少，但是看后令人印象深刻，因为图片带来了极大的视觉冲击力。在这一类作品中，大量有代表性、有表现力的美图是必不可少的制胜法宝。

【案例 6-1】

对不起，我决定留在成都了，不走了！！

2016-10-23 一起去旅行

成都是很悠闲的城市，文化底蕴深厚，生活节奏慢，周边有很多好玩的景点。成都的美食实在是让人流连忘返，最最最推荐的就是吃，宽窄巷子有很多好吃的，走饿了可以吃吃小吃和正宗的川菜。

在成都，有一种气势，叫做都江堰。

这里是南方丝绸之路松茂古道的起点，是盆地与高原文化经济的交汇地，也是都江堰两千年来沧桑变化的见证。

在成都，有一种悠闲，叫做宽窄巷子。

图 6-2　“一起去旅行”微信公众号 2016 年 10 月 23 日发布的《对不起，我决定留在成都了，不走了!!》节选

二、文字简洁有温度

休闲旅游作品虽然要强调图片的选用，但是文字也绝不是可有可无的摆设，简洁的文字，画龙点睛，真实地书写，情愫暗藏，是休闲旅游类作品深入人心的必备要素。下面看看微信公众账号“一起去旅行”2016 年 12 月 15 日推送的原创作品《游走：佛国天界》，如图 6-3 所示。

【案例 6-2】

图 6-3 “一起去旅行”微信公众号 2016 年 12 月 15 日发布的《游走：佛国天界》节选

图 6-3 这篇作品中的图片依然是很有冲击力与表现力的部分，然而，文字也是颇具特色、引人入胜的。文章一部分以极为抒情的文字，书写某种心境禅意，导入各个风景区，也以简练文字对旅行中的重点事项予以介绍，贴心又实用。

这种模式成为休闲旅游类作品的常规范式，不仅仅是图片的选取需精心挑选，文字虽然简短，但其实也是凝练且用心的。既有情怀，也有温度，贴合阅览者的需求。行文虽然不同于传统的游记散文，但其实文字的锤炼也是需要相当功力的。所以新媒体写作只是在形式上有更多创新，对传统书写方式有取舍、有突破，但对文字的基本功要求并不是简单的降低了，而是对综合素质的要求更高了。

三、用心选择，贴近大众需求

新媒体写作中，创新、创意是根本。休闲旅游类作品，因为大量的图片选用，以及常规的攻略贴士，成了套路，也就意味着出新、出彩比较难。在大量同质化的作品中，如何凸显出来，是需要用心去琢磨与挖掘的。

就如同热门旅游点人满为患一样，热门旅游点的图片与文章也泛滥成灾。所以用心寻找不一样的视角，避开常规内容，是写好休闲旅游类文章的关键。

方法之一，开辟新内容、新路径。比如，“面包旅行”微信公众号 2015 年 8 月 27 日推出作品《长假力荐 | 绝美朝圣路，人文美景通杀却只有极少人走的川藏大北线》。

【案例 6-3】

2015年8月27日20:55

长假力荐 | 绝美朝圣路，人文美景通杀却只有极少人走的川藏大北线

2015年的最后一个假期有不一样：中秋与国庆假期只相隔3天！也就是说，只要胆儿再大一点，心再宽一点，请上三天假，就能有一个完美的12天假期！

阅读原文

图 6-4　“面包旅行”微信公众号 2015 年 8 月 27 日发布的《长假力荐 | 绝美朝圣路，人文美景通杀却只有极少人走的川藏大北线》节选

风景美且游人少的景点，是如今人们出行的首选。故而，用心选择鲜为人知且有观赏价值或者游玩价值的景点是第一要素。

方法之二，充分考虑需求，选择合适的内容。旅游是分时令的，很多景点必须在恰当的时节才有观赏的价值。所以文章需要在合适的时间点写出来并推送。比如，秋季将至，人们开始想，哪里可以赏秋？那么作者就需要在这样的时候，选择合适的内容推出。比如，“一起去旅行”微信公众号在 2016 年 11 月 8 号推出文章《一下雪，中国这些地方就美成了人间天堂!》，如图 6-5 所示。

【案例 6-4】

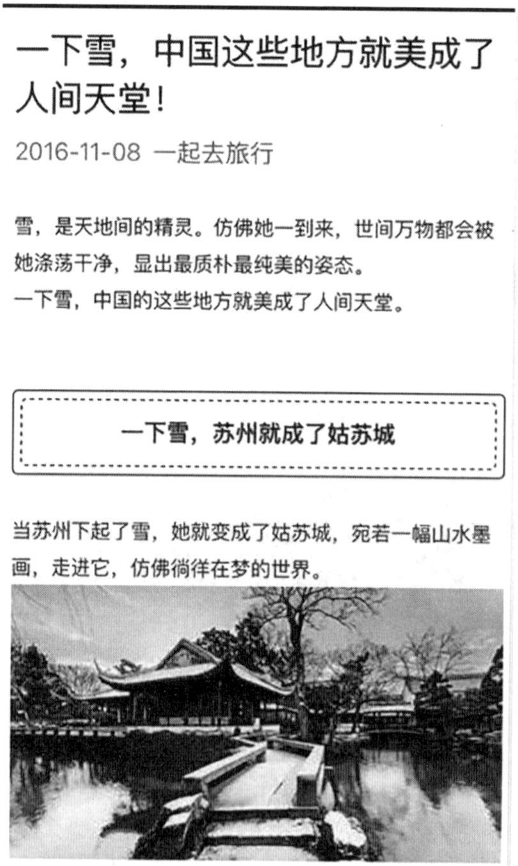

一下雪，中国这些地方就美成了人间天堂!

2016-11-08 一起去旅行

雪，是天地间的精灵。仿佛她一到来，世间万物都会被她涤荡干净，显出最质朴最纯美的姿态。
一下雪，中国的这些地方就美成了人间天堂。

一下雪，苏州就成了姑苏城

当苏州下起了雪，她就变成了姑苏城，宛若一幅山水墨画，走进它，仿佛徜徉在梦的世界。

图 6-5 “一起去旅行”微信公众号在 2016 年 11 月 8 号发布的《一下雪，中国这些地方就美成了人间天堂!》节选

用心在细节处，方可打动人心。新媒体时代的休闲旅游类作品，看似文学性不强，也很少有煽情性文字，但是从选图到内容，以及一些简单的用词，都力求贴近大众生活。有尽心服务大众的意识，才是写好这类文章的根本。

第二节　娱乐时尚类移动新媒体写作技巧

如今是“全民娱乐时代”，茶余饭后，谈论各种娱乐话题、时尚热点，是大众消遣放松的重要方式。有人对此提出严肃的批评，认为这是精神上的萎靡与倒退，对此深感忧虑。其实，大可不必在这些问题上纠缠不清，工作之余，跳出熟悉的生活圈，关注光鲜靓丽的时尚圈，调侃一下娱乐八卦，如同旅行美食一样，也是日子里必要的调味品。

中国全民娱乐时代的到来与现代科技的发展，媒体形式的革新有着密不可分的关联，也可以说正是信息时代的到来，娱乐时尚才走进了民众的日常生活中，成为民众移动阅读的重要内容。

娱乐时尚类作品中，部分作品类同于传统文学时代的娱乐新闻，但整体而言，它是新媒体时代的产物，所以极具新媒体时代的写作特点，其一，要新，内容一定是紧跟热点、新鲜出炉的话题；其二，语言风格上极具时代气息，最新网络用语，语不惊人死不休的浮夸表现，是这个时代网络文字的特点；其三，精神实质上，极具娱乐精神，是对调侃、情绪与观点的直接表达，不再是一本正经的新闻，而是彻底成为茶余饭后的谈资。

一、切忌低俗肤浅

娱乐时尚，虽然是新媒体时代的特色产物，可以无意义、无价值，但绝不是低俗肤浅的代名词。娱乐时尚作品，切忌过于肤浅低俗。

比如微信公众号“娱乐新天地”在2016年10月27日推送的四篇文章：《注意！优酷秋集　一大波大咖明星高颜值照片来袭》《乔任梁经纪人斥谣言：衣服我选的　别传讹》《章子怡：女儿先会叫爸爸　想与张学友斗戏》《刘强东为奶茶妹妹拍照秀恩爱：给直男打分》。仅从标题上看，就知道并无特别意义。高颜值照片点击量100000+，乔任梁新闻点击量18868，章子怡新闻点击量14653。刘强东、奶茶妹妹的这则消息的点击量为8931，这个微信公众号并不算是特别有名的账号，且内容多为转发。仅就章子怡的那则新闻，在网页上搜索，已有新浪娱乐、《联合早报》、爱奇艺、腾讯视频、广州日报大洋网等多家媒体刊发，百度搜索显示相关信息约为 9410 个。从标题到数据，让我们不得不感慨娱乐的力量。

【案例 6-5】

章子怡：女儿先会叫爸爸　想与张学友斗戏

2016-10-27 娱乐新天地

某珠宝新店开幕活动上，Rain 与章子怡一见如故，见面时聊得开心。子怡透露，女儿先学会叫爸爸，自己并不吃醋。

新浪娱乐讯　北京时间 10 月 27 日消息，据香港媒体报导，影后章子怡[微博]去年 12 月诞下女儿醒醒，自从升级为妈妈后，她减少工作，专注照顾女儿。昨天(10 月 26 日)某珠宝品牌新店开幕活动，除了邀请产后首次前往香港公开亮相的章子怡担任主礼嘉宾，亚洲天王 Rain(郑智薰)也前往香港现身支持。现场有超过 200 名市民及“雨迷”，高举偶像名牌大叫 Oppa，挤满广东道 1881 Heritage 场地。Rain 与章子怡一见如故，见面时聊得开心。

Rain 于昨天(10 月 26 日)晚上约 6 时 40 分，乘坐劳斯莱斯豪华房车抵达现场，西装笔挺的他获品牌老板亲自迎接并合照留念，再获品牌赠送总重逾 20 克拉的钻石胸针。Rain 没接受传媒访问，仅以英语表示：“我很开心来到香港，获品牌邀请参与这活动，多谢!”全程 Rain 仅“闪”现 17 分钟。

天王惹粉丝狂叫

压轴到场的章子怡身穿白色长裙，同样乘坐豪华房车到场，加上全套闪爆钻饰气势登场。她获老板赠送一个钻石手镯，女儿醒醒也获得手链。笑容满面的她表示很久没来香港了，心情跟以前不一样，开心与 Rain 同场，还以英语形容多了妈妈身份的生活是“life is wonderful!”

自认称职妈妈

子怡接受访问大方谈女儿：“穿母女装？有啊！现在买东西会先看小

朋友的，好的就会买。我是一个‘称职妈妈’，会给她读书、喂奶、哄睡。女儿正学地上爬行，我爬得快，她跟着快，为引她，所以我会快爬。”约10个月大的小醒醒懂得叫爸、妈、奶奶、Bye Bye，听到躺字会懂得躺。虽然先学会叫爸爸，但她没吃醋。章子怡还表示女儿没去过香港，仍没想到会不会安排在香港读书，也不打算为她搞1岁生日派对，只会与亲朋好友庆祝。提起丈夫汪峰[微博]与前妻所生女儿小苹果，她说：“挑东西会挑姐妹一样的，姐姐很爱妹妹。”

希望与张学友斗戏

早前章子怡陪丈夫欣赏张学友演唱会，她称赞好看又感动。他们到后台探望张学友，形容张学友做得很好以及表现尽职，竟自称有不满的地方，章子怡反在张学友身上学习。她也很期望与张学友拍电影合作，认为张学友在电影与舞台方面一样专业和有光彩。

全文从文字表达上看，只能称得上通顺。从内容上讲，一个明星的一次纯商业活动报道，并没有特别的价值与意义。不过是因涉及明星个人家庭生活内容，以及明星现状，所以引来无数人点击阅读。但这是娱乐新闻的典型代表，无需追问价值意义，一读一看，消磨时光，“八卦”明星的生活，也算是看看我们普通人不曾有的一种生活状态吧，无所谓高尚，亦无所谓低俗，如此而已。

二、具有娱乐精神

通俗来讲，娱乐就是“玩”，就是“游戏”。娱乐能够把不好玩的事情变得好玩，把好玩的事情变得有趣，让大家把紧张的神经放松下来，把可能的怨气通过娱乐的方式消遣一空。然而，娱乐精神不仅仅是“八卦”。娱乐精神，本质上讲是要有自嘲精神，有幽默精神，也要有包容态度。一味的好玩和有趣，并不会带来更多的快乐，因为物极必反，娱乐至死，往往会让娱乐坠入无聊空虚、低俗肤浅的黑洞，反而不再具有轻松快乐的特质。所以娱乐精神里也必须具有反省与节制的态度。

我们以“饭后八卦”微信公众号于2016年12月17日发布的《又是一部吐槽比正片更精彩的景甜作品，它叫〈长城〉》为例来看看娱乐精神的表达形式。

【案例 6-6】

看了这些"血淋淋"的评论，本来已经断绝了去贡献票房的欲望，但看到新闻说TFboys的粉丝包了536场支持王俊凯，心里暗暗吃惊，马达！作为彭于晏的颜控，必须亲自团购一张半价票前去支持肌肉彭！

事实证明，小饭还是太单纯。肌肉小可爱彭于晏出场时间还没有景甜斜着眼睛藐视众生的时间长！内心已然崩溃！终于在电影中体会了一把解放全人类的滋味！对不起，王思聪，不信任何人都可以，就是不应该不信你！

---我是网友们集体吐槽的分割线------

卡司方面，当景甜老师、林更新老师、鹿晗老师、郑凯老师、王俊凯老师先后出场的时候，影院里次都爆发出一阵阵出戏的笑意。不少网友表示对"老师们"的演技有点接受不能。

但陈学冬老师在哪里呢？抱歉，作为全程观影人士我也没发现他的出现。经网友提醒，才知道陈老师只出现了3秒钟，相当于景甜老师脸部大特写里一撮刘海的飘动时间吧。心疼郭敬明。

电影配色方面，有人说张艺谋对是国产电影的色彩大师，的确如此，《满城尽带黄金甲》的一片菊花色限制了国师的发挥，所以他终于在长城中弥补了一把遗憾扳回一城，弄出长城五色战队。

图 6-6　"饭后八卦"微信公众号 2016 年 12 月 17 日发布的《又是一部吐槽比正片更精彩的景甜作品，它叫〈长城〉》节选

紧跟热点，是第一要素，因为《长城》在12月16日上映，相关文章一定要以最快速度出来，否则就失去了刊发的意义。

第二，幽默，调侃。如"事实证明，小饭还是太单纯。肌肉小可爱彭于晏出场时间还没有景甜斜着眼睛藐视众生的时间长！内心已然崩溃！终于在电影中体会了一把解放全人类的滋味！对不起，王思聪，不信任何人都可以，就是不应该不信你""集体场景方面，对于影片中数次出现的广场舞和团体操镜头，聪明的网友也挖出了原因：奥运会过去八年，国师很寂寞，人海战术才是国师导演的精髓"等句体现出，该文中，大量的网络热门用语，以及略带嘲讽的调侃、轻松幽默的方式，是文章获得大量点击的主要因素。

第三，娱乐文化背景下的高度宽容里充分张扬个性。全文对各种文化现象没有特别的抨击，对各路偶像也没有明显的不屑与不满，但同时也旗帜鲜明地表达着自己对彭于晏的大爱。这也是现代娱乐文化的一个重要特点，包容各种不同的声音，却也明确地表现自己的个性喜好。相比于过去主流文化一统天下的情形，如今这种全民娱乐文化，也未必没有其价值与意义。

第四，逻辑清晰，表达清楚，依然是文章的内核。全文思路清晰，从电影名到演员阵容，再到电影色彩场景、剧情、台词，先后做了评说，最后的总结有态度，但并不偏激，有喜好，但并不刻薄。

三、注重视觉审美

如果说娱乐精神是娱乐时尚类作品的思想内核，那视觉审美能力是娱乐时尚类作品的颜值担当，占有非常重要的地位。不仅是因为娱乐时尚作品中的主角往往是明星名流，更主要的是图片画面具有赏心悦目的功用。娱乐时尚类作品，就是让人们在庸常生活之外，阅读一些更具有故事性甚至"狗血"的"八卦"人生以及更具观赏性的"颜值"与服饰、场景。

第三节 美食家务类移动新媒体写作技巧

"吃穿用住"，人类生存的基本要素，是民生的根本话题，故而，美食以及家务类作品，在移动新媒体时代具有广泛的阅读群体。

这类作品在传统媒体时代，属于极为小众的写作题材，归于生活类出版物。不需要太多的文学写作技巧，只需要文从字顺、表述清晰即可，内容才是这些作品的王道。

新媒体时代，这类作品广泛传播。比如一个不算特别的美食类微信公众号

“菜菜的美食日记”，推出的文章通常点击量都有四五万；比如微信公众号“服饰终端交流”推出的一篇生活家务类文章《羽绒服不仅要会搭，还要会洗，自学会比干洗店干净多了》点击量过十万，足以看出这类作品的影响力。

一、美食家务类作品，具体实用是关键

美食家务类作品，既然属于生活类作品，从本质上而言，就是生活技巧说明书、美食制作菜谱，故而，这类作品内容的具体实用是关键。如图 6-7 所示，“人民日报”微信公众号 2017 年 2 月 23 日转发的《【实用】毛巾上放盐，洗衣机里倒醋，这些疯狂的事儿居然都是对的！》。

【案例 6-7】

【实用】毛巾上放盐，洗衣机里倒醋，这些疯狂的事儿居然都是对的！

2017-02-23 人民日报

来源：最爱大北京（ID：beijing-beijing-123）
整理：庄文越　图：俞升昇

如果没有几个生活小技巧傍身
还真不敢说自己懂生活
今天都是生活干货
遇到生活小问题，根本不需要求人

牙刷——头朝上，直立放

口腔有很多细菌，在刷牙的时候，会附着在牙刷头上。而牙刷所处的环境相对温暖、潮湿，很容易让细菌生长。

建议：

1、刷牙后，用清水把牙刷上残留的牙膏、食物碎屑都冲干净，甩干
2、牙刷头朝上直立放置，放置的环境最好干燥、通风
3、家庭成员的牙刷分开放，避免紧挨着
4、牙刷不要使用超过3个月

图 6-7　“人民日报”微信公众号 2017 年 2 月 23 日转发的《【实用】毛巾上放盐，洗衣机里倒醋，这些疯狂的事儿居然都是对的！》(节选)

如图 6-7 所示，这些生活中的实用小事，是老百姓关心的有价值的事，具体明确，简单实用，故而获得十万多的点击量。

二、美食家务类作品，步骤清晰是基础

美食家务类作品，简单说就是各式各样的说明书，告诉老百姓怎么制作美食，怎么收拾家务，要求的是过程实在，需要的是步骤清晰。比如图 6-8 所示，“菜菜美食日记”微信公众号 2017 年 1 月 14 日发布的《你煮的牛肉嚼不动，原因在这》。

【案例 6-8】

水煮牛肉是川菜里的入门菜式，秘诀就是“汤汁麻辣味厚，牛肉滑嫩适口”。

经常有小伙伴后台留言说做的牛肉嚼不动，比橡皮还硬［偷笑］。其实牛肉要想嫩，最重要的就是把握火候，水煮牛肉就是一个标准示例。耐心往下看，我会在后面告诉你怎么把牛肉煮得入口即化。

……………………………………………………

\- 水煮牛肉 -

［食材］

牛肉、黄瓜、豆芽、料酒、油
胡椒粉、生抽、淀粉、花生碎
芝麻、蒜末、辣椒粉、花椒、
八角、郫县豆瓣酱、盐

［做法］

1.牛肉尽你所能切成薄片，加料酒、色拉油、胡椒粉、生抽、水淀粉，腌制十分钟。

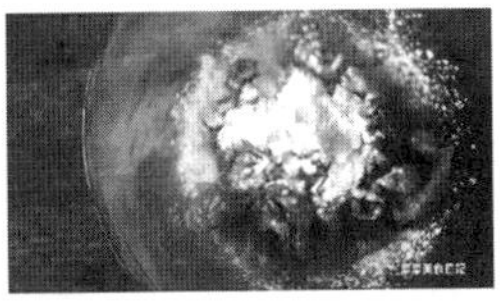

2.豆芽焯熟，铺到大碗底部。有其它喜欢的蔬菜也可以一并焯熟垫底。

图 6-8　“菜菜美食日记”微信公众号 2017 年 1 月 14 日发布的菜菜作品《你煮的牛肉嚼不动，原因在这》节选

如图6-8所示，文章前文引入后，一步一步介绍如何制作菜肴，并在文末加上制作的小贴士、小窍门，清晰明了，一看便懂，令人即按照文章步骤进行实际操作，这才是美食家务类作品的魅力所在。

三、美食家务类作品，用心才会有吸引力

移动新媒体时代，美食家务类作品，并不等同于传统文学时代的生活类书籍作品，那个时代的作品往往实用有余、文采不足。说文采不足，其实是因为它更像公文，公事公办，介绍说明，绝无废话。而移动新媒体时代文学的特征是以贴近大众生活为根基的，在贴近的同时必须有温度，这温度来自于作者用心地体悟民生民情。

标题要有吸引力，来自于对生活的认知。如前文所举例子，《【实用】毛巾上放盐，洗衣机里倒醋，这些疯狂的事儿居然都是对的!》《你煮的牛肉嚼不动，原因在这》，一看标题，便有去了解的欲望，因为这是我们在日常生活中会遇到、想了解的问题。标题的吸引力不是哗众取宠的噱头，而是了解人心的体现。

内容有情感，不再是说教与示范，而是分享、交流。《你煮的牛肉嚼不动，原因在这》一文中，前文的引入，是作者自己生活经历的分享，制作过程是实际操作的分享，文末“从汤汁里翻出来一块牛肉放入嘴，闻起来麻辣霸道，入口却出奇的细嫩爽滑。真是个美好的周末~”仿佛是朋友在你面前分享美食的喜悦。

移动新媒体时代，手指尖上的作品，更需要用心去营造。

四、美食家务类作品，图解很重要

移动新媒体时代，美图是标配。

美食，原本就讲究色香味俱全。味与香没法通过网络传递，但是“色”却是可以直接传达给读者的。而美食家务的具体步骤，也需要通过具体的图片形象地展示给大众，才更容易使人理解与接受。

有图有真相，图解是很好的示范与说明。移动新媒体时代，不仅可以配上一般图片，更可以配上动图、视频、音频等资料，这极大地丰富了作品的可视性，也是移动新媒体作品更受大众欢迎的一个原因，尤其是美食家务类作品。

本章小结：

本章第一节介绍了休闲旅游类移动新媒体写作技巧，选图是关键，文字简

洁、有温度，在内容选择上要用心，贴近大众需求；第二节介绍了娱乐时尚类移动新媒体写作技巧，切忌低俗肤浅，要具有娱乐精神，且注重视觉审美；第三节介绍了美食家务类移动新媒体写作技巧，首先要贴近生活需求，其次要有时令性，再次要图文并茂，最后要有爱心并用心，方能写好这类美食家务类作品。

本章重点：休闲旅游类移动新媒体写作技巧。

本章难点：休闲旅游类作品要简洁、有温度；
娱乐时尚类作品要具有娱乐精神；
美食家务类作品要贴近生活需求。

本章思考题：

1. 请你以自己的一次旅行经历为基础，写一篇旅游类移动新媒体作品。

2. 写一部电影评价或者介绍某位你喜欢的明星，要求注重娱乐精神的同时，更要有思想深度。

3. 写一篇《记忆中的美味》，注意寻找合适的配图，真实图片更佳。

本章推荐阅读：

1. 任孝珍：《旅游应用文写作》，对外经济贸易大学出版社 2010 年版。

2. CCTV 出品的纪录片《舌尖上的中国》。

3. [日]饭田久惠：《懒人实用家庭收纳》，辽宁科学技术出版社 2009 年版。

第七章　文化教育类移动新媒体写作

【本章导言】

以往我们大多是通过报刊、杂志、书籍等阅读到历史文化和教育学习方面的作品，文化教育类移动新媒体写作，并不是简单地把原本的文化知识和教育学习的内容原封不动地搬到移动新媒体平台上，除了都与传统媒体写作一样要求内容准确，其余都有着更鲜明的移动新媒体写作特色。本章主要介绍文化教育类移动新媒体写作的写作技巧，包括以下两个部分的内容要点：

(1) 历史文化类移动新媒体写作技巧；

(2) 教育学习类移动新媒体写作技巧。

【本章引例】

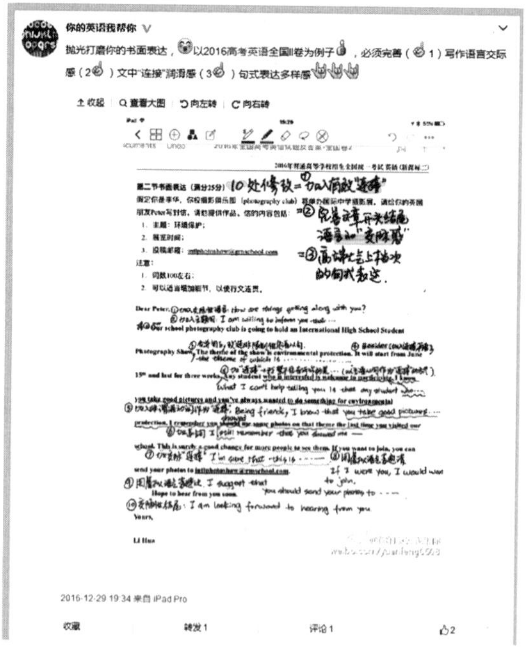

图 7-1 "你的英语我帮你"新浪微博 2016 年 12 月 29 日发布的一条微博

你是否在微博、微信、咨询类 APP 等移动新媒体上看到过文化教育类作品？你有借鉴过作品中教的那些学习技能并从中受益吗？

第一节　历史文化类移动新媒体写作技巧

移动新媒体上的历史文化类作品非常常见，主打文史哲内容的微博号、微信公众号也比较多。如微博号“国史古风”“稗官野记”“近代史”“最美诗画”“中国美术精选”等，微信公众号“中国历史解密”“史鉴”“国家人文历史”“书画文化”等。历史文化类作品在移动新媒体上受到有一定知识积淀的阅览者的欢迎，而一般大众出于对历史文化的好奇，也会对此比较关注。

一、文史知识的准确性

历史文化类作品不管是在传统媒体还是移动新媒体上，首要要求都是确保知识的准确性，如果不经考证就随意使用，不仅会影响作者的信度和声誉，还会对历史文化知识的谬误传播推波助澜从而造成不良影响。如案例 7-1 所示，“君士阁”微信公众号在 2016 年 3 月 29 日发布的《你知道公元零年对应中国什么时候吗》的开头部分：

【案例 7-1】

很多人从小学各种知识，但仍不清楚中国历史的大概发展。不服可以试下，比如中国历经了多少个朝代？每个朝代大概持续了多少年？每个朝代开国皇帝是谁？有些什么大事发生？有哪些著名的人物？公元零年对应的又是中国哪一代，哪个皇帝，等等。这些对自己国家历史问题都不清楚的人，试问能有多少底气在西方文学面前不心虚呢？

作为一个古学爱好者，感觉要让自己变得有底气些，有底蕴些，是可以试试学习古学的。当然也有很多人说古学是已经过时的东西了(君要臣死，臣不得不死；女子三从四德；君子不谈利等确实过时了。但君子当自强不息，劝学、民贵君轻这些也应该没过时吧)。现在社会的快节奏导致人们根本没时间去学，学了也没用。这种观点部分是对的，活在当下的大部分民众都是小民，享受的教育也像流水线生产的货物一样，哪有那么多东西可以学习。加上应试教育的考分，功利主义的金钱能力论。你毕业的时候原本就不比其他人学到更多的东西，各种能力也没被应试教育训练出来(考试和作弊能力除外)。出校门去竞争，和国内同样应试出身的人相比，那纸文凭很重要；但假如有海归，有贵族教育出身的人了，你经历的应试教育还能有优势吗？相信没太多优势了，但古学在“文化大革命”、应试教育等变革后，却像没怎么被开发的大宝藏。学学儒家的修身养德做人，法家的律令行至、时势游说谈判，兵家的妙算策划做事等不也很好吗？

想学习古学，个人浅陋地认为应该要先知道历史，世界四大文明古国，只有我们“天朝”的文明是没有真正断代的。懂了历史，见识到古学大成的前辈令人艳羡的风采后，会对古学有更多的信心和底气。

这篇旨在宣传和推广中国历史知识的移动新媒体写作作品，问题不少。有一些非常明显的外在问题：一是语句不流畅，逻辑层次也不够清晰；二是形式过于单一，仅仅只是把文字堆积在起来而没有进行任何形式上的修饰，这不符合移动新媒体写作的要求；三是错字病句较多，当然这是校对不严造成的问题。而这篇作品最主要的问题是出现了错误的历史文化知识。作品标题和第一段都谈到了“公元零年”，而这一提法是有误的。“公元”是“公历纪元”的简称，是国际通行的一种纪年体系，以传说中耶稣基督的生年为公历元年（相当于中国西汉平帝元年），所以公历里只有“公元元年”，并没有“公元零年”。中国科学院北京天文台的卞毓麟教授就曾专门撰文指出：“公历纪年法中不存在公元零年是一项常识，所以在公元后纪念发生在公元前的历史事件，都需要考虑到这一点。但是人们在实际生活中却常常疏忽这一点……学术界曾有人指出这一误解应予纠正，但未获得足够的重视……重要的还在于，当我们使用公历纪年时，切莫忘记‘公元零年是不存在的’！”①

当然，有时候出现历史文化知识的错误是由于校对不仔细所致的，我们的作者在创作发表此类作品时，应该注意细致地核对知识的真实性，如案例 7-2 所示，为“央视维 C”微信公众号在 2015 年 4 月 5 日发布的《清明节习俗溯源必须要从战国介子推说起》节选。

【案例 7-2】

清明节一到，大伙儿都知道，该扫墓了、该踏青了、该吃寒食了、该插柳枝了……可是为啥清明节会有这些习俗呢？这其中种种呀，还得从一个叫介子推的人说起。

---

① 卞毓麟：《公元零年与天文纪年》，载《百科知识》1995 年第 2 期。

介子推何许人也？

在两千多年以前的春秋时代，晋国公子重耳逃亡在外，生活艰苦，跟随他的介子推不惜从自己的腿上割下一块肉让他充饥。后来，重耳回到晋国，成为晋文公，大肆封赏所有跟随他流亡在外的随从，唯独介子推拒绝接受封赏，带母亲隐居绵山。

清明节为何要吃寒食？

晋文公听说后，羞愧莫及，亲自带人去请介子推，然而绵山山高路险，树木茂密，找寻两个人谈何容易。晋文公无计可施，只好放火烧山，他想，介子推孝顺母亲，一定会带着老母出来。谁知这场大火却把介子推母子烧死了。装殓时，从树洞里发现一封血书，上写道："割肉奉君尽丹心，但愿主公常清明。"为了纪念介子推，晋文公下令每年的这一天，禁止生火，家家户户只能吃生冷的食物，这就是寒食节的来源。

清明节为何要门前插柳？

当年介子推是被烧死在一棵柳树下，在介子推死后的第二年，晋文公率领群臣到绵山致祭，一行人先在山下寒食一日，第二天上山后，晋文公发现那棵柳树已经长出了翠绿的嫩条，心中忽有所感，便走上前去，掐了一丝，编成一个圈儿戴在头上，并将那棵柳树赐名为"清明柳"，把这一天定为清明节。

当然，除了那些与介子推密不可分的习俗之外，最重要的莫过于祭祖了。清明扫墓祭祖习俗大约始自周代，自唐代起被确定为国家礼仪并历代沿袭。作为炎黄子孙，清明节公祭黄帝陵的大型活动便是中华儿女对始祖的感恩以及对中华传统文化崇尚的最好表现。

这篇微信作品主要介绍清明节习俗的起源，一开始就讲述了春秋时期介子推的故事。故事本身没有虚假之处，但是标题却用了"战国介子推"，令人疑惑。我们知道，"春秋"是因鲁国史官的编年史《春秋》而得名，"战国"之名源于当时诸侯连年征战，西汉刘向编辑《战国策》时始称的，一般认为公元前770—前476年为春秋时期，前475—前221年为战国时期。而春秋时期和战国时期的分界标志之一就是韩、赵、魏三家分晋，所以有晋国时应为春秋时期，出现韩、赵、魏三国后则为战国时期。那么晋国的介子推应该是春秋时期的人，不可能是“战国介子推”，当然可以笼统地称之为“春秋战国时期的介子推”。由于这篇作品正文里明确地说了“两千年前的春秋时代”，说明标题上出现了常识错误。

所以，创作历史文化类移动新媒体作品的作者，既需要有一定的知识储备，对历史文化知识有所了解甚至颇有研究，又需要有“求真”的精神，不管是创作还是校对，都需要认真仔细，避免发生知识性错误，这样才能创作出好的历史文化类移动新媒体作品。

二、内容讲述的生动性

移动新媒体写作中的历史文化类作品大多是为了普及历史文化知识的，为了更好的普及效果就不宜有太多深奥难懂的理论，像做学术论文一样。总体上看，移动新媒体中的历史文化作品应该在保证知识准确的前提下，深入浅出地说故事、讲道理、传知识。

通俗易懂的历史故事总能吸引阅览者的目光，如图 7-2 所示，“稗官野记”新浪微博 2016 年 12 月 28 日发布的微博作品。

【案例 7-3】

图 7-2　“稗官野记”新浪微博发布的一条微博作品

这篇微博作品采用了图文并茂的形式，将清朝时剃头店的两张老照片和中国的理发简史结合起来，让阅览者看完能大概了解中国理发行业的发展。作品不仅展示了老照片，还用简洁流畅的文字对“理发业的发展历程”这一冷门的历史知识进行了梳理，说从汉代就有了以理发为职业的工匠，而到了清朝，由于剃头梳辫的规定使得理发业兴旺起来。作品的第二段文字就是对后面两张老照片的简要介绍和说明。整个微博作品用语简洁浅显、容易理解，而且兼具知识性和趣味性，能满足阅览者的历史好奇心。

在创作讲述历史人物逸闻趣事的作品时，也需要采用生动浅近的语言，如“国家人文历史”微信公众号2016年12月31日发布的《民国“铲屎官”故事：钱锺书怕猫吃亏，打了邻居林徽因的猫》。作品取材于民国时期文化名人的爱猫故事，但采用了当下的大众流行词“铲屎官”来代称爱猫人士，用“喵星人”来代称猫咪。“铲屎官”就是指给猫铲屎的人，因为猫咪每次方便完后，只能由人来为其清理粪便，所以爱猫人士常常将自己比作“铲屎官”，这是爱猫人士自娱自乐的一种诙谐幽默的表达。而“喵星人”是将猫咪的叫声“喵喵”与外星人形象结合起来，假想猫咪是从遥远外太空来的、会喵喵叫的外星人，它们因为很萌的外表而获得人类的信任，成为少数能与人类平等交往的动物朋友，这是现代人对猫咪的一种充满喜欢之情的爱称。该作品不仅使用了当下的大众流行词，文字表达也浅白易懂，如描写钱锺书帮自家的猫与林徽因家的猫打架时，语言十分幽默生动、兴趣盎然。

所以移动新媒体写作中的历史文化类作品，不能像学术专著那样深奥难懂，而是要在保证知识准确的情况下，采用深入浅出的方式娓娓道来，使大部分阅览者能在比较轻松的情况下读完作品，而读完后又能真正地丰富了知识、收获了乐趣。

三、表达形式的多样性

不管是什么类型的移动新媒体写作作品，都不能忽略对形式的精心设计，历史文化类作品也是如此，如果只有文字很难吸引移动新媒体用户的关注。历史文化作品需要采用多样的、活泼的形式，但形式要与内容结合，不能为了形式而形式。同时，历史文化类作品在形式上也不应随意恶搞，不然会拉低作品的文化品位和水准，导致媚俗无聊之作泛滥。

在微博上，我们可以充分利用九宫图，使作品形式更加丰富，内容更加充实。如“工作读书旅行”2017年1月6日发布的这则微博作品：

【案例 7-4】

图 7-3　“工作读书旅行”新浪微博的一条微博作品

如图 7-3 所示，这篇微博作品首先有一段不到百字的文字提示，直接说明作品的主题，就是介绍北京那些老城门的历史故事，最后一句则用“快来了解一下吧”提示阅览者点开文字下方的九宫图。微博的九宫图形式在本书第二章第三节已经介绍过，即将九张图文结合的图片以 3×3 的方式罗列成方阵，中间的那张图起到标题性的作用，而周围的八张图则是分别从不同角度诠释主题。所以九宫图的第五张就是标题，把北京“内九外七皇城四”的老城门名字都罗列出来了。其他八张图，每张图都介绍了两个城门，均采用城门图下加其基本信息文字的形式，总共介绍了内九城和外七城共 16 个城门。采用九宫图的好处是显而易见的，首先就是控制了作品的长度，阅览者能在较短时间内看完，配合了大部分微博用户利用零散时间来看微博作品的阅览习惯。同时，九宫图也更能体现创作者的巧思，要在九幅图的范围里把内容说清楚，将九张图设计得更加清楚美观等，都并非易事。

当然，除了使用静态图，也可以通过动态图，或者在原图上进行加工的方式，增强作品的活泼感，也便于让图文更好的结合，这在微信作品上用得会更多一些。如图 7-4 所示，这篇“意外艺术”微信公众号发布的关于喝茶的野史知识的作品。

【案例 7-5】

不过，喝茶最初也是有段**黑历史**的。

在唐朝时期，直接花椒大料葱姜蒜，煮成一大锅...汤一样的东西。

不信你们看这张《宫乐图》：

唐 佚名《宫乐图》

恩...茶具在哪里？

中间这一大锅...就是！

那时候的"吃茶"，真的是吃，里面真有一些配料是"嚼吧嚼吧"可以吞进肚子里去的。

五代

《乞巧图》局部

图 7-4 “意外艺术”微信公众号 2016 年 12 月 20 日发布的《古人喝饮料的黑历史 | 意外》节选

这篇关于中国古人喝茶“黑历史”的作品读来非常引人入胜。作品一开始就用一张改自古画的动图为背景，用毛笔书法注明这篇作品属于“大话聊中国艺术”，既有浓浓的中国风，又融合了动画技术，十分新颖。作品的用图十分富有特色，它以大量不同时期的中国古代的绘画作品作为线索，在许多原画作上进行信手涂鸦，如增加闪光线条等，起到了或提示重点或增强趣味的作用，让人耳目一新。当然作品的文字表达也十分活泼通俗、浅白易懂，例如在谈论卢仝的经典绘画形象时，说“他总是带着俩侍从，一个长胡老大爷不裹头，一个赤脚老大娘没牙齿。这形象太过于经典了，被历朝历代的画家画进了画里。所以你只要看到这两个人，或者其中一个，就知道画的是卢仝”，真是生动形象得很。而在介绍宋朝的“斗茶”时，配图说明也恰到好处，还使用各种比喻以便读者理解，如说分茶时，比喻其是“用茶表面的白沫做出花纹图案，就跟今天的咖啡拉花差不多”，让阅览者一下子就明白了分茶的要领。看完作品，阅览者对于中国古人的喝茶历史就基本清楚了，有了对那些通俗的介绍文字的理解，还有了对丰富的绘画的生动印象。

综上，移动新媒体写作中的历史文化类作品，首先需要保证知识的准确性；其次则是要运用比较浅近的表达方式，不用或少用深奥难懂的术语；最后还要在形式上下功夫，以多样、活泼、美观为设计原则。

第二节　教育学习类移动新媒体写作技巧

移动新媒体上的教育学习类作品也十分常见，主打教育内容的微博号、微信公众号也比较多。如微博号“英语口语控”“考研资料分享君”“课代表胖圆圆”“学生那些小事”“天才课代表”等，微信公众号“学生时代”“教育百师通”“家教智慧”“ABC 微课堂”“中国教育报”等。目前在移动新媒体上比较受欢迎的教育学习类作品，主要包括学校教育类、考级考证培训类和特长学习类。

一、学校教育类作品的写作技巧

中国目前的学校教育主要包括中小学九年义务教育、高中教育和高等教育，中小学九年义务教育的主干课程包括语文、数学、外语、科学、历史与社会等，高中教育的主干课程包括语文、数学、外语、政治、物理、化学、生物、历史、地理等，高等教育则分专业开设不同的专业课。移动新媒体上的学校教育类作品主要是指那些以提高义务教育、高中教育的主干课成绩为目的，以传授语文、数学、外语、政治等主干课的学习方法和应试技巧为内容的作品。我国的教育体制比较偏重应试，尽管有很多专家、公众在呼吁改变应试教育的体制，但目前依然还是以较为公平的考试方式来判断学生的能力。所以大部分的中国家长还是十分关心如何提高孩子的学习成绩、卷面分数的，所以学校教育类作品也会更偏向于介绍提升考试分数的窍门。

要想创作好的学校教育类作品，一方面需要有比较专业的课程教育知识和经验，甚至是一些秘诀，如果由曾任或在职的学校各科教师进行创作，优势是十分明显的；另一方面是要注重形式的多元，文字解说、笔记提示、图表图例等都可以运用在作品中。下面我们通过几个案例来看看学校教育类移动新媒体作品的写作技巧。

【案例 7-6】

图 7-5 “高考快讯”新浪微博发布的一条微博作品

这则作品是用简单的文字配合视频完成的，文中提到了大家耳熟能详的周杰伦的歌《青花瓷》，又提到了化学课，让人不由得好奇，流行歌曲和化学知识会有什么关系。文字最后附上了“秒拍视频”链接，点击后即开始播放周杰伦《青花瓷》的现场版影像，但是视频中的“周杰伦”一张口则完全出乎意料，歌词完全变了样！视频中的歌者按流行歌曲《青花瓷》的旋律，将高中化学的重要知识点融合到歌词里进行演唱。据称这篇歌词是由一位化学老师创作的，歌词中写道：

白色絮状的沉淀跃然试管底
铜离子遇氢氧根　再也不分离
当溶液呈金黄色　因为铁三价
浅绿色二价亚铁把人迷
电石偷偷去游泳　生成乙炔气
点燃后变乙炔焰　高温几千几
逸散那二氧化碳
石灰水点缀白色沉底
苯遇高锰酸钾　变色不容易
甲苯上加硝基　小心 TNT
在苯中的碘分子紫色多美丽
就为萃取埋下了伏笔
电解池电解质　通电阴阳极
化合价有高低　电子来转移
精炼了铜铁锌锰镍铬铝银锡
留下阳极泥
无色酚酞面对碱　羞涩脸绯红
紫色石蕊遇到碱　青蓝慢淡出
酸碱和盐溶入水　离子解离开
酸和氢氧根金属三角恋
氢氧化钠　易腐蚀　潮解味道涩
火碱烧碱苛性钠俗名遍地找
你用途十分广泛
精炼石油制作干燥剂
稀释那浓硫酸　注酸入水里
沿器壁慢慢倒　搅拌手不离
浓酸沾皮肤立即大量水冲洗

涂抹上碳酸氢钠救急
甘油滋润皮肤　光滑细又腻
熟石灰入土地　酸碱度适宜
看酸红碱紫的试纸多么美丽
你眼带笑意

改编流行歌曲的视频很容易吸引年轻学生的注意，阅览者在跟着哼唱的同时，也会对那些枯燥的化学知识留下印象。尽管作品中说“能多考三十分”有些夸张，但通过唱歌记忆化学知识，肯定是有利于化学课的学习的，也会对化学考试成绩的提高起到积极作用。

又如“新高考”微信公众号 2017 年 1 月 9 日发布的《【高考生物】速收，高中生物必须掌握的 35 个重要概念》。这篇作品是总结高中生物的重要知识概念的，既有质朴的文字归纳总结，又加入了动态图、表情包和含有大众流行语的导语，比较有趣、吸引人。作品一开头就用一张红底白字的动态图提示阅览者订阅和分享作品，然后用大众流行语“有木有啊，举个手看看”来表达对做不对的苦恼，为了增强情感还使用了一张表情图，表达“说多了都是泪”。随后引出作品的论点：

多数人认为生物书真的没什么看的，
从来都不重视，
其实这种观点是大错特错的！
很多不易区分的知识点都可以通过概念去区分。
现在就让我们来看看，
需要记住的重要概念有哪些！

这样的开篇既有活泼的语言，又有正经的劝诫，使得阅览者不由得要接着看后面的内容。作品随后列出了 35 个高中生物的重要概念，概括比较准确，排版也很舒服，中间为了不让人觉得太冗长，还穿插了一些和生物相关的小图片，起到分节分段的作用。

【案例 7-7】

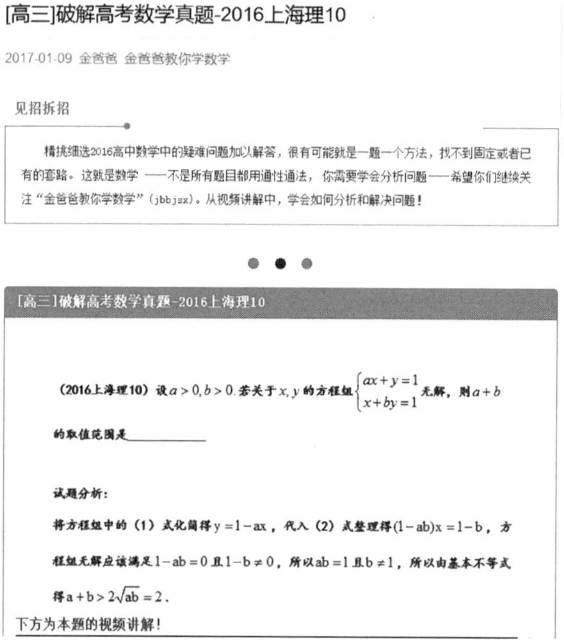
[高三]破解高考数学真题-2016上海理10

2017-01-09 金爸爸 金爸爸教你学数学

见招拆招

精挑细选2016高中数学中的疑难问题加以解答，很有可能就是一题一个方法，找不到固定或者已有的套路。这就是数学——不是所有题目都用通性通法，你需要学会分析问题——希望你们继续关注“金爸爸教你学数学”（jbbjsx）。从视频讲解中，学会如何分析和解决问题！

[高三]破解高考数学真题-2016上海理10

（2016上海理10）设 $a>0,b>0$. 若关于 x,y 的方程组 $\begin{cases}ax+y=1\\x+by=1\end{cases}$ 无解，则 $a+b$ 的取值范围是________

试题分析：

将方程组中的（1）式化简得 $y=1-ax$，代入（2）式整理得 $(1-ab)x=1-b$，方程组无解应该满足 $1-ab=0$ 且 $1-b\neq0$，所以 $ab=1$ 且 $b\neq1$，所以由基本不等式得 $a+b>2\sqrt{ab}=2$.

下方为本题的视频讲解！

图 7-6　“金爸爸教你学数学”微信公众号 2017 年 1 月 9 日发布的《[高三]破解高考数学真题—2016 上海理 10》

如图 7-6 所示，这篇作品是以讲题为主要内容的作品，首先运用文字导语告诉阅览者学习数学不能仅靠套路，需要通过一题一题的讲解，见招拆招，然后附上了上海 2016 年理科数学卷第 10 题的真题，并写出了简单的解题分析，最后则通过超链接附上了讲解题目的视频。整个作品结构层次清晰、语言流畅，又包含文字、视频等多种元素，是一篇比较优秀的作品。

通过以上几个作品案例，我们分析了学校教育类移动新媒体作品的写作技巧，当然，由于其实用性强的特点，所以此类作品的创作关键，是必须保证提供准确而有用的内容。如果内容有差漏或错误，不仅会使作者的专业影响力下降，还会使阅览者跟着出现学习差错，造成不良后果。

二、考级考证类作品的写作技巧

为了更好的就业或职业提升，很多人会选择考取各种证书，一些含金量高的外语等级证书和职业资格证书更是受到人们的热捧。目前在我国比较受考生青睐的有大学英语四、六级成绩证明、全国翻译专业资格(水平)证书、商务英语考试(BEC)等级证书，还有国际认可度高的托福考试、雅思考试、GRE考试、GMAT考试、托业(TOEIC)考试也是考生选择的热门。职业资格证方面，尽管截至2016年国务院已取消301项各类职业资格证，但还是有一些职业资格证十分坚挺，如律师资格证、注册会计师证、特许金融分析师资格证、中国精算资格证、一级建筑师证、一级建造师、执业医师资格证、教师资格证、人力资源师证书等。

因为考级考证市场的火爆，也使得移动新媒体平台上以考级考证为内容的作品受到阅览者的欢迎。创作此类作品首先需要保证内容的真实可靠，如果作者本人已经考过该证书，那么内容的可信度就会提高。其次，作品切入角度可以更加多元，以满足不同考生的需求，如大学四、六级考试要考过和考高分的需求就不一样，那么作品也会相应的不同。最后，当然还是要注意作品的语言风格不要过于深奥，形式也要尽量丰富。下面我们通过一个案例来看看考级考证类移动新媒体作品的写作技巧。如图7-7所示，新浪微博“教师资格证报名考试”2017年1月9日18点11分发布的《教师资格面试，要的是面试必过》：

【案例7-8】

图7-7　“教师资格证报名考试”新浪微博发布的一条微博作品

这则微博作品主要是介绍教师资格证考试的面试方法和技巧，内容偏向实用，形式上则采用文字导语加上九宫图的样式。首先是文字提要“教师资格面试，要的是面试必过”，并用中括号括起来，其作用相当于标题。其次是用文字介绍九宫图的每个图片包含的主要内容，均采用“图×：×××××××××”这样的语句，让人一看能很清楚地知道后面每张图要讲什么，方便按需点开查看。在介绍完每张图的内容后，加上了微博话题名称“#教师资格面试##逢考必过#”，其形式是在两个“#”中间写文字，其作用是将同类题材的作品进行集中标识，方便阅览者搜索和查找，而在新浪微博平台上，如果这个话题有非常多的用户作品标识，就有可能成为新浪热门话题，登上“话题榜”，能有效提高该话题下微博活跃账号的曝光率，起到“涨粉”的效果。文字导语最后“艾特”(@，表示“对他说”)了“微博教育”，那么新浪微博“微博教育”就会收到信息，如果觉得该作品内容好，“微博教育”也会转发推荐，从而扩大作品的传播广度。目前在移动新媒体平台上通过互相推送作品提高传播效率的做法十分普遍，是一种有效的运营手段。作品最后附上了九宫图，每一张图都是不同的主题，有一些还加了水印以防被盗用。九宫图中，四周的八张图都是知识和技巧的总结，既有短图又有长图，而正中的则是一张“逢考必过符”，使得作品在传授教师资格证面试技巧的同时，又不失幽默活泼的风格。

所以移动新媒体上关于考级考证的作品，广受考生们的关注，但只有坚持提供有效的知识内容才是其长期生存之道。当然，如果风格更俏皮一些，文字更易懂一些，作品会更加吸引人。

三、特长学习类作品的写作技巧

随着生活水平的不断提高，除了学校教育和考级考证之外，越来越多的人认识到智力并不是能力的全部，掌握一些特长可以让自己或子女更加全面的发展。目前比较流行的特长学习包括音乐类、舞蹈类、绘画类、中国书法类、体育类、工艺类、曲艺类，等等，主要集中在艺术领域，一般学习前五种特长的人比较多。音乐类主要包括声乐和器乐，声乐是指用人声演唱的音乐形式，包括美声唱法、民族唱法和通俗唱法，2006 年中国又出现了原生态唱法；器乐则指完全使用乐器演奏而不用人声或者人声处于附属地位的音乐，演奏的乐器可以包括所有种类的弦乐器、木管乐器、铜管乐器和打击乐器。舞蹈类主要分为专业舞蹈、国标交谊舞和时尚舞，古典舞、芭蕾舞、民族舞、现代舞、爵士舞等都属于专业舞蹈，拉丁舞、摩登舞等属于国标交谊舞，而迪斯科、街舞等则属于时尚舞。绘画类按工具材料和技法的不同分为中国画、油画、版画、水彩画、水粉画等，按题材的内容可分为人物画、风景画、山水画、花鸟画、动物画、静物画、历史画等。中国书法历史悠久，从古至今书体变化很大，逐渐形成了一门以毛笔为书写工具，篆书、楷书、草书、行书、魏碑等字体的汉字书写艺术。体育运动是人们遵循人体的生长发育规律和身体的活动规律，通过身体锻炼、技术、训练、竞技比赛等方式达到增强体质，提高运动技术水平，以丰富文化生活为目的的社会活动，分为竞技体育、休闲体育、健身体育等。

学习特长可以使自己得到全面的发展，同时拥有别人不具备的一面，有利于开发自身潜能，所以特长学习者也逐年增多，特长学习类移动新媒体作品也受到阅览者的欢迎。创作此类作品首先需要比较真实有效的内容，因此有特长教学经验的教师、培训师、教练等比较适合创作此类作品；其次，需要加强作品的形象性，因为大部分特长是技能，需要形象的表达而不是抽象的文字叙述；最后，语言文字要流畅易懂，形式可以丰富多样。下面我们通过两个案例来看看特长学习类移动新媒体作品的写作技巧。

【案例 7-9】

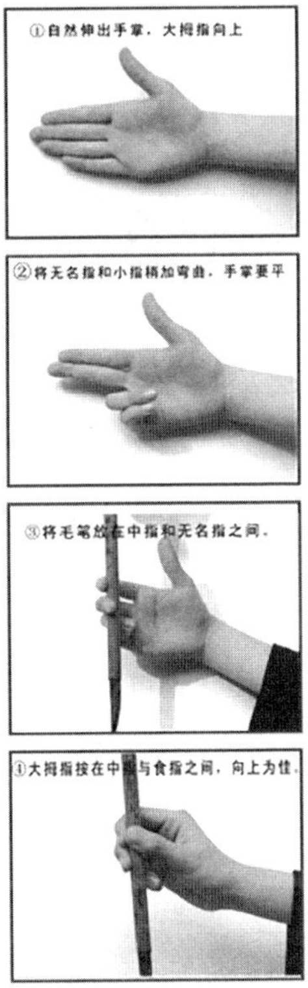

图 7-8　“书法微报”微信公众号 2016 年 12 月 16 日发布的《图解标准的毛笔握笔方法》节选

如图 7-8 所示，这个作品是主要是介绍毛笔书法的握笔方法。如果只用文字讲解如何握笔，就算描述得再怎么清楚，大家也不一定能领悟出究竟要如何握笔。所以作品采用了图文并茂的形式，还分四个步骤进行了展示，第一步先伸出手掌，第二步无名指和小指弯曲，第三步将毛笔放在中指和无名指之间，最后一步是将大拇指按在中指和食指之间，非常形象地展示出毛笔的握笔姿势，让人一看就能明白。

【案例 7-10】

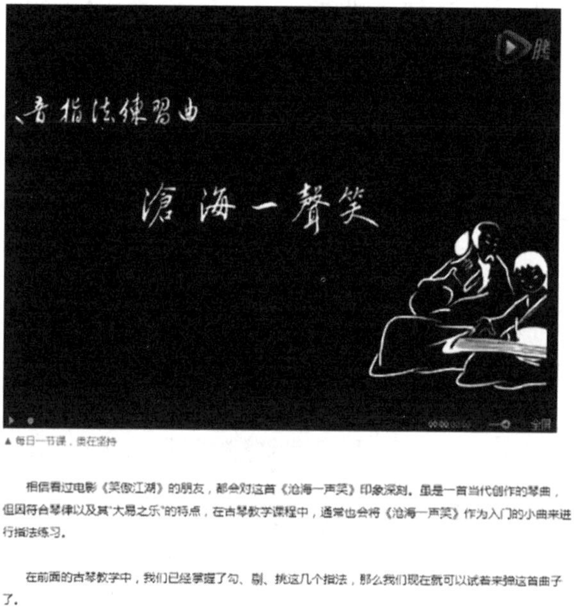

图 7-9　“七弦古琴网”微信公众号 2016 年 10 月 3 日发布的《古琴教学丨琴学入门篇第五课——沧海一声笑》节选

如图 7-9 所示，这篇微信作品是通过一首大家比较熟悉的当代琴曲《沧海一声笑》的主旋律部分，来讲解古琴演奏指法，主要是勾、剔、挑的练习。点开作品首先看到一个教学视频，视频按每一句的顺序，把琴谱、声音旁白讲解、动画文字和弹奏演示结合起来，让阅览者能十分直观地了解如何演奏《沧海一声笑》的主旋律部分。视频后面，还将视频的旁白文字和重要截图附上，方便阅览者有针对性地回看视频，加强印象。

综上，我们选择了三种比较有代表性的教育学习类移动新媒体写作作品进行分析，包括学校教育类、考级考证类和特长学习类。三种类型的创作技巧各有侧重，但共同点都是需要一定的教学经验或知识作为基础，完全外行的人不易从事此类创作。另外，此类作品在形式上应该更形象、更多元、更容易被阅览者理解。

本章小结：

本章第一节分析了历史文化类移动新媒体写作技巧，首先要确保知识的准确性，其次内容要深入浅出，最后还需要活泼的形式。第二节从学校教育类、考级考证类、特长学习类三个方面介绍了教育学习类移动新媒体写作技巧。

本章重点：教育学习类移动新媒体写作技巧。

本章难点：历史文化类移动新媒体写作技巧。

本章思考题：

1. 在你阅读的文化教育类移动新媒体作品中，选出一篇你觉得优秀的作品，总结其具有哪些值得学习的地方，并分享给大家。

2. 请选择一位你最喜欢的中外历史文化名人，查找和研读相关资料后，创作一篇以介绍该历史文化名人为主要内容的移动新媒体写作作品。

本章推荐阅读：

1. 翦伯赞：《中国史纲要》(上下册)，人民出版社 1983 年版。

2. 阴法鲁：《中国古代文化史》，北京大学出版社 1989 年版。

3. [美]斯塔夫里阿诺斯：《全球通史》，吴象婴，等译，北京大学出版社 2006 年版。

4. [英]苏珊·伍德福特：《剑桥艺术史》，罗秀通，等译，中国青年出版社 1994 年版。

5. 微信公众号“国家人文历史”。

第八章　健康母婴类移动新媒体写作

【本章导言】

健康养生以及母婴亲子，大约是现代家庭中最关心的两个话题。这类作品其实需要非常专业的相关知识，方可进行写作。移动新媒体时代，人们的社会需求催生了这一类作品，它非常热门，传播速度甚广，因而也成为新媒体时代写作中的重要题材内容。本章包括以下两个方面的内容：

(1) 健康养生类移动新媒体写作技巧；

(2) 母婴亲子类移动新媒体写作技巧。

【本章引例】

图 8-1　“健康圈”微信公众号 2017 年 1 月 6—7 日的推文标题截图

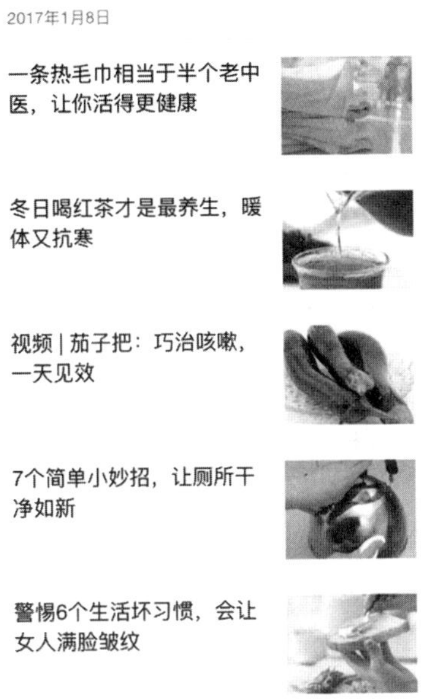

图 8-2　“健康圈”微信公众号 2017 年 1 月 8 日的推文标题截图

看了图 8-1、图 8-2 里的标题，你会对哪些内容感兴趣？试想一下，如果你是一个身体时常感到疲惫的上班族或者是家有幼童的家长，你会对相关内容感兴趣吗？来谈谈你的感受吧。

第一节　健康养生类移动新媒体写作

在快节奏的当今社会，健康问题成为社会性的问题，意外猝死的新闻不时出现在媒体新闻中。而随着社会物质生活水平的提高，人们的健康意识越来越强，健康养生成为大众最为关注的话题之一。

然而，健康养生的相关知识是需要专业人士专门研究的，普通大众对于这类常识只有口口相传的经验体会，并无系统的知识理论。

以上这些原因，促使移动新媒体中的健康养生类作品受到了极大的关注，人们急需了解相关的问题，但这类作品同时也存在着很多隐患，因为它们鱼龙混杂，有很多并无科学依据的所谓健康养生方式扩散，成为谣言的发源地。

因而，健康养生类作品的移动新媒体写作应该注意以下几个方面的问题：

一、内容要经得起考验，要有科学依据

“专业知识，科学依据”大概是健康养生类作品最核心、最本质的问题，所以这类作品其实原创的并不多，大部分是从各个渠道截取摘抄，或者转载来的。而原创作品，大约只有相关医学专家学者才具备创作的能力。

那么运营一个健康养生类的公众号或者一个健康养生类产品的 APP，需要做到以下几点：

(1)找可信的、有依据的内容材料，而不是不负责任地随意转载与摘抄。

怎么获取更科学的知识呢？首先，可以阅读正规出版社出版的书籍，尤其是相关学者专家的专著，注意别看什么挂名的养生专家、营养专家的作品。其次，可以从学术网站上找相关的有理论支撑的材料作为写作内容。

(2)资料需要认真核实勘对，不可随意转载发布。

【案例 8-1】

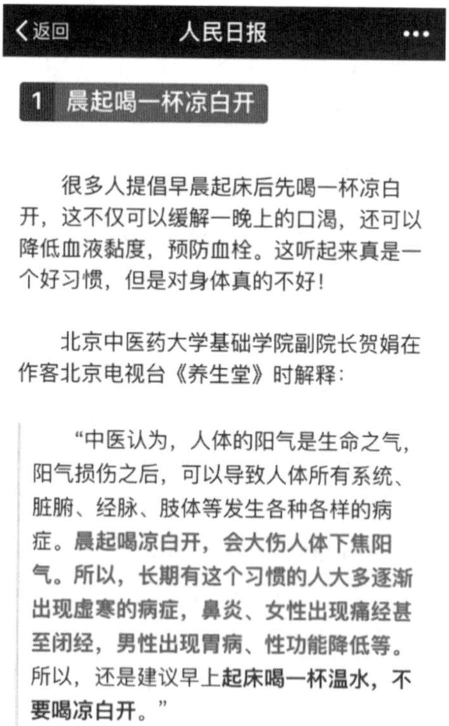
返回　人民日报

1　晨起喝一杯凉白开

很多人提倡早晨起床后先喝一杯凉白开，这不仅可以缓解一晚上的口渴，还可以降低血液黏度，预防血栓。这听起来真是一个好习惯，但是对身体真的不好！

北京中医药大学基础学院副院长贺娟在作客北京电视台《养生堂》时解释：

“中医认为，人体的阳气是生命之气，阳气损伤之后，可以导致人体所有系统、脏腑、经脉、肢体等发生各种各样的病症。**晨起喝凉白开，会大伤人体下焦阳气。所以，长期有这个习惯的人大多逐渐出现虚寒的病症，鼻炎、女性出现痛经甚至闭经，男性出现胃病、性功能降低等。**所以，还是建议早上**起床喝一杯温水，不要喝凉白开。**”

图 8-2　“人民日报”微信公众号 2017 年 1 月 4 日推送的一篇健康类文章节选

如图 8-2 所示，这篇文章中指出了很多我们误以为正确的养生习惯，比如晨起喝一杯凉白开，是很多人在生活中甚至网络中常听到、看到的养生好习惯，然而，文章援引北京中医药大学基础学院副院长贺娟在作客北京电视台《养生堂》时的解释："中医认为，人体的阳气是生命之气，阳气损伤之后，可以导致人体所有系统、脏腑、经脉、肢体等发生各种各样的病症。晨起喝凉白开，会大伤人体下焦阳气。所以，长期有这个习惯的人大多逐渐出现虚寒的病症，鼻炎、女性出现痛经甚至闭经，男性出现胃病、性功能降低等。所以，还是建议早上起床喝一杯温水，不要喝凉白开。"

本着对人对己负责的态度，对于健康养身类作品的内容一定要仔细认真地勘对、核实，不可人云亦云或随意转载推送发布。

二、逻辑严密，文字简洁

健康养生类作品，不需要过于煽情，也不需要加入太多主观情绪与判断评价，只需要逻辑严密地把相关问题说清楚即可。

(1) 太多煽情的表述会让人怀疑文章的动机意图。

事实上，健康养生类文章更像科普文章，所以不需要加入过多的情绪表达、主观的评判，因为科学更注重的是事实与依据。煽情的文字会让人怀疑文章的可信度，以及文章的动机意图。

(2) 文字简洁、干脆，更容易获得信任度。

科普文章一定要给人以权威性的感觉，所以在文字的表达上，干净利索、直截了当是非常重要的，这样更容易让人觉得文章所讲述的内容是客观真实的。我们来看看"健康圈"微信公众号 2017 年 1 月 6 日推送的文章《国际公布 10 种最健康食物，常吃会比同龄人更长寿》(节选)。

【案例 8-2】

国际公布 10 种最健康食物，常吃会比同龄人更长寿

2017-01-06　健康圈

在各种补品给追捧的今天，人们常忽略身边常见食物的营养价值，它们富含维生素、矿物质，抗癌物质等，其并不亚于"补品"。

美国《线体》《时代》杂志近日列出 10 种超级健康食物，它们可以抗疾病、增体能。快来看看都是哪 10 种食物吧！

一、牛油果

1. 预防心脏病

牛油果现在不是什么稀有水果，大部分超市都有卖的，其中富含维生素 A、E、C、硒等多种抗氧化物质，富含动植物油、纤维素以及叶酸，有助于降低胆固醇，降低患心脏病的可能性。

2. 改善血脂

美国宾夕法尼亚州立大学的一项研究表明，食用牛油果和橄榄油、杏仁一样，有清除血液中坏胆固醇的作用。

三个月后，能减少体内大约 12% 的低密度脂蛋白胆固醇(坏胆固醇)。同时，还可以提高好胆固醇的含量，帮助改善血脂健康状况。

二、大蒜

1. 消炎

大蒜是抵御疾病的有力武器。它可以大大抑制大肠杆菌等细菌增长，能够起到消炎作用。

2. 降胆固醇、降血压、降血糖

大蒜含有蒜氨酸和蒜酶等物质，碾碎后会互相接触，从而形成有保健作用的大蒜素。因此大蒜最好捣碎成泥，且要放 10~15 分钟后再吃，这样有利于大蒜素的生成。

加热中，起抗菌作用的有机硫化物含量会逐渐下降，所以大蒜生食的杀菌效果好。

3. 治疗关节炎

大蒜，还可以巧治风寒湿气引起的关节炎。

先找块干净的棉布，在膝盖上缠两层，然后取 3~4 颗大蒜，捣成泥敷在布上，再用塑料薄膜包扎起来，敷两小时。药取下后，用干净棉布把双膝裹起来，能除风湿，破冷气。

如案例 8-2 所示，这篇文章的逻辑非常清楚，介绍 10 种有利于身体健康的食品分别是哪些，这些食品有哪些功用，并援引某些权威机构的资料来证明自己内容的可信任度，以清晰的逻辑、明确的数据、客观简洁的陈述来使读者相信文章的可靠性，所以这样的文章就在这个小小的公众平台上获得了 8 万多的阅读量。

第二节　母婴亲子类移动新媒体写作技巧

中国人重传承，家庭观念很强，而且在计划生育、独生子女政策的影响下，亲子类的各种产品都是市场上的热点，极为畅销。虽然如今二胎政策开放了，但父母对孩子的关爱是永恒的话题。因此，母婴亲子类作品，也是移动新媒体中的热点内容。

母婴亲子类作品，主要是指关于孩子的教育成长以及亲子关系的培养等相关话题的作品。这类作品不属于文学性作品，也不属于科普性文章，是生活小常识、人生感悟、科学教育、心理学等各个领域的大杂烩，毕竟把一个孩子健康的养大，涉及非常复杂的内容。

故而，母婴亲子类作品的移动新媒体写作技巧，主要注意以下三个方面的问题。

一、情感关怀是母婴亲子类作品的起点

虽然这类作品也需要一些专业知识，但是母婴亲子类话题是紧紧围绕着孩子的成长、亲子关系、父母修养等问题展开的，一切的问题都是人的活动与情感问题，虽然涉及一些专业知识与技能技巧，可情感才是解决这些问题的关键因素。如案例 8-3 所示，“成长树”于 2017 年 1 月 2 日推送的《给孩子说了 100 遍都没用？这样做，说一遍就够了！》节选。

【案例 8-3】

给孩子说了 100 遍都没用？这样做，说一遍就够了！

2017-01-02　成长树

文 | 小小老师　成长树原创，转载请在后台输入“授权”

很奇怪，做了父母，人就会变得越来越唠叨。或许是因为每个孩子都是家长的心肝宝贝，父母潜意识里总是有着牵挂和担心。

女儿过马路时我总是会叮咛她要左看右看，看看有没有车；女儿爬高上低时我总是叮嘱她要注意安全、小心点；女儿跑着玩的时候我总是在后边喊慢点，别摔倒；女儿写作业时，我总是提醒头抬起来，坐端正……

一天，我 10 岁的小侄女给我抱怨道：姑姑，你不知道，每天在爸爸妈妈的唠叨下，我真的很崩溃，我觉得他们说的话都是重复来重复去，我

一句都不想听。我忽然意识到，大多数时候，自己跟女儿说的话也一样，就像背景噪音，其实并没什么用。

心理学上有个“超限效应”：如果外来刺激过多、过强或作用时间过久，就会使人感觉不耐烦，甚至产生心理逆反。

当家长对相同问题不断重复时，就是一种反复、单调的刺激，孩子慢慢就会关闭自己的耳朵，很多话就成为有听无进、充耳不闻。

意识到这点，我开始慢慢地调整方法，闭上嘴巴，行动起来，结果我很快发现女儿听得认真多了，并且我可以将唠叨、提醒和解释的时间节省下来，和孩子谈谈有趣的话题或者做一些有意义的事情。

(1)在话要说出口之前让自己停顿一下。

太多的叮咛和嘱咐其实是大人对孩子的不信任，而一直在不信任的氛围下长大的孩子更容易没有安全感和不自信。人只有生活在被信任的环境下，才能养成自动自发的习惯。

在话要说出口之前让自己停顿一下，就可以将不必要的话忍住不说出口。

拿过马路这件事来说，之前和孩子讲解过多次过马路的要领，并牵着她的手做过多次。所以，当看她过马路有点担心又想叮嘱时，就先让自己停顿一下，把要说出的话咽下去，紧跟上她的脚步，如果有任何危险可以伸手拉住她来代替一遍遍的叮咛唠叨。

女儿从小喜欢爬上爬下，但我知道她是个小心的孩子，在她登高时，我也会停顿一下，咽下了以前“要小心，要扶好”这样一遍遍的叮咛，而是站在她的下面，放心地看着她，必要时再伸出手扶一把。

逐渐我发现，咽下不必要的话，给予孩子动作上的帮助比言语的嘱咐更有正向支持力。不唠叨，孩子的自信心和责任感反而更强，能更有成就感、更自在地完成自己的事情。

(2)做好引导，给孩子点时间改正。

有时孩子的一些问题确实会让人很头痛，例如吃饭慢、不收玩具、做事拖拉等，不管怎么说，孩子就是不改，说教也很快变成了一种唠叨，而孩子把大人的话都当成“耳边风”，依然我行我素。

女儿写字时，有一段时间坐姿老是不端正，我对她说教多次甚至有时发火，依然改不了。

有一次就这个问题跟她恳谈后，她对我说：“妈妈，我知道要坐直，但有时候会忘记，我会慢慢改，你要等我。”

她的话提醒了我，饭要一口一口地吃，孩子纠正错误也需要时间，指望孩子一天之内改掉一个甚至几个坏习惯是绝无可能的，家长要做的是找到有效的办法，引导她改正错误，而不是一遍遍无用的唠叨。

于是我在她面前的台灯上贴了张纸条“坐端正又漂亮又不会近视”。

慢慢地我发现，虽然她偶尔还是会忘记，但不需要我再喋喋不休，只要她看到这个纸条就会很清楚地知道要坐直。

当一件事说了几遍起不了作用时，就要学会闭上嘴巴，观察孩子行为，改善自己的引领方式，剩下的就是给孩子改正的时间。

文章内容虽然涉及一些心理学等专业知识，但文章的起点与内核是情感，是家长反省自己的内心，观照自己的言行，从而正确引导孩子成长的问题。因而，作者需要有同理心，一般而言，需要有育儿的经验，重点是需要有对孩子成长的真正关心，只有如此，才能发现问题，才能反省并去面对问题，通过学习去解决问题。

二、问题具体明确，解决方式具体清晰

关注母婴亲子类作品的读者多是抱着来学习解决与孩子相处中的种种问题的心态来的，因此读者需要知道这些问题意味着什么，该如何去解决。而作者需要让问题具体而明确，读者一看就知道是不是自己需要阅读的内容，是不是可能可以解决自己的困惑，而内容上一定要给予明确的、具体的方法，让读者知道如何做，而不是空洞的教育理论、心理学理论。

我们来看看 2017 年 1 月 7 日“成长树”微信公众号的文章《常说这些话，最容易滋养出高情商孩子》节选。

【案例 8-4】

常说这些话，最容易滋养出高情商孩子

2017-01-06　成长树

我们说的情商是能够理解自己和他人的感受，可以容易地与人相处。一个人的情商与他的幸福感密切相关。

情商较高的儿童可能更善于交际与合作，乐观，能够解决问题。他们往往有更好的行为习惯，较少冲突，成绩方面的表现也会更好。他们是快乐的，有很多的朋友，并更容易在生活中取得成功。

如果我们希望培养一个高情商的孩子，那么我们就需要帮助他们认清自己的各种感受，并通过这些语言表达方式，来引导和帮助孩子的情商发育。

接纳孩子的情绪和情感反应

"那你一定很沮丧。"
"嗯，你现在跟我说说，你到底有多么生气？"
"太好了，我知道你是那么兴奋！"
"你看起来很不开心，一定是发生了什么。"

帮他们认清自己的情绪

"你听上去很难过。"
"你看起来很失落。"
"我猜你现在特别的伤心。"
"你看起来有点担心。"
"我猜你一定觉得……"
"那太伤人了！"

鼓励孩子谈论他们的感受

"嗨，你看起来真是受够了，你想谈谈吗？"
"（对于某件事或某个人）你觉得怎么样？"

帮助他们找到线索，去理解别人的感受

"你认为他会怎么想？"
"如果这件事发生在你身上，你会是什么感觉？"

帮助孩子意识到压力

"你觉得紧张吗？"
"好像突然间发生了很多事情——你会觉得有压力吗？"
"下巴绷得这么紧，你是在生气吗？"

教他们如何让自己冷静下来

"如果给你点时间，你觉得你可以让自己平静下来吗？"
"深呼吸对你有帮助吗？"

"下次发生这样的事时，你可以试着对自己说'我可以保持冷静'。"
"每个人都会犯错"或"这只是个意外"。
"等你没那么生气了后，我们可以坐下来，聊聊刚才那件事吗？"

教孩子用正确的方式表达不良情绪

"你可以用语言来解释你的感受，而不是攻击吗？"
"你能换一种方法让他知道你有多生气吗？"
"我不喜欢你态度，如果你想要什么，请换一种语气跟我说。"
"你能把你的感受告诉你朋友吗？"
"下次你有这种感觉时，你会怎么做？"

教他如何解决问题

"让我们把所有你能想到的办法都列出来，然后从你最想尝试的那一个开始。"
"想想看，如果这样做，会发生什么？"
"你认为他对此会有什么反应？"
……

如何把孩子培养成高情商的人，这是每一位父母都关心的问题，从问题入手，讲述的方法都是具体而实际的，每个方面，都是直接给出的实例，即具体的语言案例来告诉家长该如何说。这样的文章是广受大众欢迎的"干货"。

三、处理好文章的节奏

所谓文章的节奏，也就是阅读的视觉感受、段落、画面效果。纸媒的阅读以大量的文字内容为主，兼以少量插图，而且也有大段大段的文字叙述，并不影响阅读的感受，但是移动新媒体时代大多在手机上阅读，眼睛是比较累的，而且从心理上讲，手机阅读族大部分的阅读心理都是希望可以轻松愉快地阅读，所以文章画面的视觉感受是非常影响阅读效果的。

那么如何处理好文章的节奏呢？

(1)以黑体或者色彩来突出文章重点观点。

(2)避免过长段落，尽量把文章的段落长短控制在一页之内，避免翻页。

(3)适当配图，以缓解阅读的疲劳感，也增添趣味感。

我们上文中引用的例子，文章将培养情商的方法分为13个小点，每1个小点以黑体居中、空格的模式凸显出来。每一个段落都有一定的空行，在几个小点之后，配以儿童纯美图片以增加画面效果，缓解阅读疲劳感。

本章小结：

本章第一节介绍了健康养生类移动新媒体写作技巧，强调内容要经得起考验，要有科学依据，找可信的、有依据的内容材料，而不是不负责任地随意转载与摘抄；资料需要认真核实勘对，不可随意转载发布。另外要注意逻辑严密、文字简洁，太多煽情的表述会让人怀疑文章的动机意图，而文字简洁、干脆，更容易获得信任。第二节介绍了母婴亲子类移动新媒体写作技巧，首先要明确情感关怀是母婴亲子作品的起点，关注作品的感情需求是重点。其次要让问题具体明确，解决方式具体清晰。最后要处理好文章的节奏，以黑体或者色彩来突出文章重点观点；避免过长段落，尽量把文章的段落长短控制在一页之内，避免翻页；适当配图，以缓解阅读的疲劳感，增添趣味感。

本章重点：健康养生类移动新媒体写作技巧。

本章难点：健康养生类作品内容要有科学依据；
母婴亲子类作品问题要具体明确，解决方式要具体清晰；
母婴亲子类作品要处理好文章的节奏。

本章思考题：

1. 结合自己的身体需求，阅读相关的科学论文或者文献，写一篇健康养生方面的新媒体作品。

2. 以身边的事例或者自己成长中的问题为切入点，写一篇关于母婴亲子类问题的文章。

3. 找一篇自己的文章，将文章的观点逐一提炼，然后自我评价文章观点的逻辑性问题、段落的安排设置问题，进行修改后配上合适的插图。

本章推荐阅读：

1. [美]阿黛尔·法伯、伊莱恩·玛兹丽施：《如何说孩子才会听　怎么听孩子才肯说》，中央编译出版社 2007 年版。

2. [澳]佩罗：《故事知道怎么办：如何让孩子有令人惊喜的改变》，天津教育出版社 2011 年版。

第九章　微创作类移动新媒体写作

【本章导言】

移动新媒体时代，虽然被很多专家学者批评为“阅读碎片化”的时代，但从一个侧面来讲，也是阅读更为广泛的时代。写作与阅读都变得更为丰富与广泛，同时也更为精简与肤浅。无论如何，存在即合理，移动新媒体时代，微创作也变得多样而兴盛。

人人都是“段子手”，人人都可以“煲鸡汤”。微创作类移动新媒体写作，既包括QQ上的一句自创签名，微博上的几句感悟慨叹，也包括微信等平台上的各种励志情感类作品，都是这个时代极具代表性的表达形式。这类作品既有传统写作共有的一些写作要求范式，也有其独特性。因此，本章主要分析微创作类移动新媒体写作，主要包括以下两个方面：

（1）励志情感类移动新媒体写作技巧；

（2）幽默讽刺类移动新媒体写作技巧。

【本章引例】

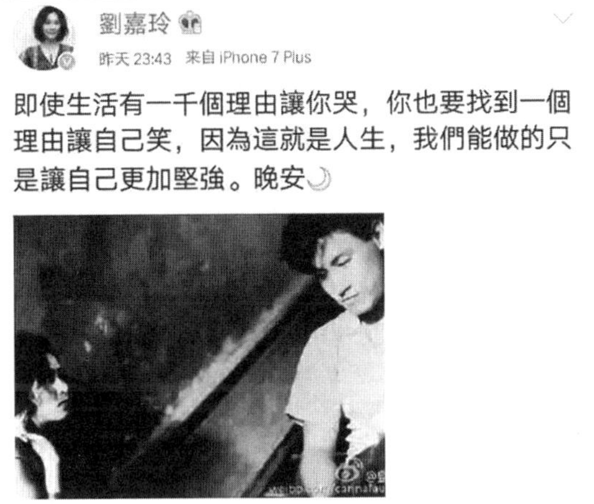

图9-1　“刘嘉玲”新浪微博2016年12月15日发布的一条微博

漫漫人生，不如意的事情总会发生，那么，面对逆境，你会如何选择呢？会坚强地走下去还是止步于此、放弃自我。任何事情都不该成为放弃的理由，让我们笑对人生。当你看到如图 9-1 所示的微博，会有什么感受呢？你是否愿意继续关注博主呢？

第一节　励志情感类移动新媒体写作技巧

一、主旨思想明确

励志情感类作品，可以说是移动新媒体时代影响力最广的一种文学形式。其既具有碎片化的特点，又因人们处于生活压力巨大与内心焦虑茫然的时代，需要这种或温暖或犀利、直击人心的方式，来舒缓情绪、化解烦忧。严格来讲，励志情感类又分为两类，一类是励志型，慰藉心灵、鼓舞斗志，俗称“鸡汤文”；另一类则是情感话题。不过情感话题中也往往带有“鸡汤”性质，所以基本都属于“鸡汤文”范畴。

一篇文章一种主题思想，这是移动新媒体时代文章碎片化的一个表现。碎片化意味着不能将问题的方方面面展开，形成非常系统全面的认知。但仅就一个问题而言，仍需要有相应的深度与框架体系的完整性。所以在一篇文章里需要有观点，以及逐层讲述清楚的逻辑体系。

我们来看看微信公众号“灵魂有香气的女子”2016 年 10 月 19 日发布的李筱懿作品《比笨更可怕的是自以为聪明》的节选。

【案例 9-1】

……

秘书是我的第一份工作，也是特别适合初入职场的文科女生的工作，如果不介意端茶倒水、打字复印之类琐碎的活——说实话，这又有什么好介意呢，大事新人也做不了啊——秘书职位有独特优点：

第一，离老大最近，最能偷师到老大的本事；

第二，协调性事务多，培养了良好的沟通能力。

缺点也很明显，在老大身边并不意味着你就是老大，比如，皇上身边通常是公公，皇后旁边一般是宫女，能把心态一直摆正、姿态总是端正，也是技术活。

我曾经技术有点烂。

……

我走了“拿着鸡毛当令箭”的捷径，并且自以为聪明，屡试不爽，虽然确实快速推进了不少工作，但是，很快到了翻船的时刻。

那天，我照例用“老板说”的方式请销售总监配合，提供销售部的数据分析报告，并且要求按照我给出的模板格式全部整理好，坦率地说，资料整合是我的职责，销售部只需要提供原材料，我负责整理成老板习惯的阅读模式，但我想偷个懒。

销售总监是个老江湖，他看了我一眼，没接话，笑眯眯地拿起内线电话，拨给老板：×总，我正在安排整理你要的资料，小李文字功底更好，你看这个整合的工作能不能请她来做，毕竟销售部的主业是拉升业绩。

销售总监放下电话，继续笑眯眯地回复我：姑娘，这活儿还是你自己来，我们销售部只做好分内事。

我的心“咯噔”了一下，尴尬地答应了。在返回办公室的路上，心里七上八下，不知道老板会对我说什么……

老板居然没对我发火。老板居然也还笑嘻嘻。我回到办公室后特别不安，老板反而笑着摇摇头，对我说：李筱懿，我以前一直困惑，为什么女人比男人爱走捷径——你别生气，我没有半点贬低女性的意思，后来，我越来越理解，因为女人力气小，很容易累，捷径毕竟要短和轻松一些，这很正常。但是，人不怕笨，最怕的是没有自己想象中那么聪明，所以，千万不能自作聪明，再光明的前景，该走的路都一点也不会少。

未成年人最常见的失误是一眼看出别人傻，却无法证明自己牛。而成年人，在耍了多次小聪明却没有办成事的教训下，越来越谦虚谨慎，反而成了“老实人”。

也是从那时起，我成了一个“老实人”。

如案例9-1所示，这是一篇比较典型的“鸡汤文”。观点明确：比笨更可怕的是自以为聪明。作者分三个小论点来支撑自己的观点，其一，绝大多数小聪明都会被揭穿；其二，高手不是笨，只是善于装傻；其三，成年人最终都会变成“老实人”。

虽然这样的文章并不是论文，不需要论证严密到以逻辑学的形式来要求，但基本思路清晰、合理地阐述论点一定是必不可少的。为何比笨更可怕的是自以为聪明？因为自以为聪明的小聪明其实并不能长久。为何？因为这种小聪明瞒不过高手，瞒不过真正聪明的人，就算有时候能得逞，或者别人没有讲出来，也只是对方在装傻而已，而真正的高手，是不显山不露水地装傻，不是真的笨。每一个人在成长中慢慢会发现，只有老老实实、脚踏实地，才能走得更顺更远。

二、讲好故事

空洞的说理往往是吸引不了读者的，“鸡汤文”常有的模式就是在一个故事里去渗透一点人生的哲思、一些道理。这样既有事实上的说服力，也有阅读上的趣味性。

要讲好故事，其实是传统写作的基本功。移动新媒体时代的写作，固然有新媒体时代的很多新的特点，但写作的核心问题还是没变的。

要讲好故事，首先得确定这个故事有意思，也就是或者好玩有趣，或者有能让人回味的点。自己首先要了解清楚想要讲的故事有没有这样的趣味点。比如案例 9-1 中，作者讲自己拿鸡毛当令箭的故事，有值得反思反省的地方，这就有了趣味点，是值得一写的题材。反之，若自己也觉得索然无味，无论用怎样的技巧，也难以避免乏味的命运。

要讲好故事，还要有叙事的技巧。叙事，不是按照时间顺序，一五一十地把事件的始末讲出来，而是要有取舍，有的事可以一笔带过，有的则要非常具体，描写得极其细致。比如案例 9-1 讲作者之前的秘书经历，“我走了‘拿着鸡毛当令箭’的捷径，并且自以为聪明，屡试不爽，虽然确实快速推进了不少工作”，这期间是有很多事发生的，作者一笔带过，直接进入“翻船”的环节，这就是对事件的取舍，不涉及话题中心主旨的内容尽量简洁，不是一定要交代的话题说一句都嫌多。但是在有些地方，则一定要细腻，细节描写要充分。比如：“他看了我一眼，没接话，笑眯眯地拿起内线电话，拨给老板：×总，我正在安排整理你要的资料，小李文字功底更好，你看这个整合的工作能不能请她来做，毕竟销售部的主业是拉升业绩。”“销售总监放下电话，继续笑眯眯地回复我：姑娘，这活儿还是你自己来，我们销售部只做好分内事。”这里销售经理“笑眯眯”的样子是刻意描写出来的，用来加强事件的冲击力，令人反省。

要讲好故事，也要有好的叙事语言。新媒体时代非常重视互动性，故而在语言风格上，一方面要承袭传统叙事要求的简洁明快风格，另一方面要有时代特点，虽然不可滥用，但适度地引入最新的网络热词以刻意增强表现力与幽默感，能拉近与读者的距离。

要讲好故事，还要有网络亲和力。亲和力的表现，一是语言上生动活泼、自然晓畅；其二是故事内容上亲民，讲自己或者身边的故事，或者让人信服的名人故事。

二、文字犀利不偏颇

现代人更崇尚个性张扬，文字表达上也更具个性。明朗、有深度的文字总是让人喜爱且印象深刻的。不过文字的深度，可以是温和的、温暖的，也可以是直接的、犀利的，但绝不能偏颇。偏颇激烈的文字容易引起人的反感，而犀利的文字可以引人深思。

咪蒙是移动新媒体时代的当红写手，“圈粉”数百万。她的文字犀利但不偏颇，能给人们带来美的思考、美的体验，例如以下这篇“咪蒙”微信公众号2015年12月12日发布的《致贱人：我凭什么要帮你?》的节选。

【案例9-2】

……

本来我一直以为，以前微博上的一个人，已经是全世界最奇葩的了。

她给我发私信说：“咪蒙，我不想花钱买你的书。所以，你直接传整本书稿的word文档给我吧。要知道，一般作家的书连word文档我都懒得看的。你该感谢我喜欢你。”我感谢你啊。我感谢你大爷。

最近又遇到很多“活久见”的例子。

有人找我约稿。她说：我觉得你文章写得不错。给我们杂志投稿吧！

我说：不好意思，我没空写别的稿子。我平常写微信公号、写剧本已经很忙了。抱歉啊。

她就说：哦，我懂了。我看过你那篇《所谓情商，就是好好说话》，你用的就是第29条嘛，“拒绝别人，可以先自责”……

我只好说：这都被你看出来了，哈哈哈……不过不好意思，我是真的忙不过来。

她立马就翻脸了：你不是说情商高就是心中有他人吗？你就不能考虑一下我的感受？时间挤一挤不就有了？

我擦。

我觉得我应该在“情商高”那篇文章里面加一条：

别不好意思拒绝别人，反正那些好意思为难你的人，也不是什么好人。

……

我一个朋友在欧洲留学，总有些莫名其妙的人找她帮忙买各种名牌包、名牌化妆品。有些“极品”还直接开一张单子，包括各种色号的口红、某种鞋码的鞋子……你知道买这些东西有多麻烦吗？还要跑各个商场，去挑去选，缺码了、断货了还得再去好几次。关键是回家过海关还容易超重。

完了买回来，搞不好对方还各种嫌弃。嫌比国内便宜不了多少啊，嫌色号不对、码数不合适啊。这个时候应该扇他们几个嘴巴子。

你找人帮忙就该心怀感恩。

麻烦了别人还各种挑剔，你说你是不是贱。

……

总有人说，让你写个稿子，让个位置，买个东西，借点钱，这点忙你都不能帮？不就是举手之劳吗？知乎上有人说得特别好：“举手之劳明明应该是我帮完你，你感谢我的时候，我自谦和你客气客气时说的，还好啦，不过是举手之劳嘛。你上来就说我是举手之劳，拜托你会不会唠嗑。”看到没。

“举手之劳”是我的谦辞。

不是你用来道德绑架的说辞。

我可以，但不代表我应该。

明说了吧，我可以帮人，但我不想帮你。

因为你不值得。

……

这篇文词犀利泼辣、文风大胆直白的文章，阅读量过百万，获得疯狂转发。知乎网站上有评论：《致贱人：我凭什么要帮你？》和咪蒙的另一系列文章，引起了全民的强烈共鸣，有不少人为此文配上“简直心声啊”之类的字眼，让它们持续刷爆朋友圈。霎时间，仿佛大家都一秒化身为高高在上的强者，站在冰冷的高处藐视并谩骂着那些爱道德绑架的“弱者”，好一个大快人心。通过无数个亦真亦假的生活小故事，将身边的“朋友”挨个抹黑了一遍，将人性的丑陋无限放大，把所有看不惯的人和事都定义成“贱、弱、low”，用略带诙谐幽默的粗口精准地怒斥批判之，以显示“如此高级的我啊，即使冷漠自私也分分钟甩他们几条街”的优越感，从而带领无数读者一起享受高潮迭起的精神快感。此类“爆文”的作者、自媒体人、编剧咪蒙女士，是如此的聪明，她瞄准了现代人冷漠暴躁、待发泄的市场，狠狠掐中了读者的痛点，成功地煽动了读者的情绪。

文章中亦真亦假地刻意放大的丑陋无理的现象，我们不去探讨，文章的偏颇之处在于大多只是一面之词，且没有宽容与善意的态度。社会中有很多事值得批判，但是不要动不动就给人加上“贱”“low”这样的标签，这显示出来的只会是自己的无理与狭隘。

偏激的文字往往会吸引更多的眼球，但这是有违文学的本质要求的。文学的核心一定要是向着真善美的。

第二节　幽默讽刺类移动新媒体写作技巧

幽默讽刺类作品(一般也称“段子”)，是典型的时代产物，也是移动新媒体时代最具个性的文学形式，以颠覆传统、幽默讽刺的文字来释放情绪、表达好恶，引人发笑，也发人深省。

好的段子至少要渗透着作者的智慧或机智，蕴含着健康的至少是无害的趣味，往往能使人会心一笑，有一些意味，甚至意味深长。段子的戏谑性、幽默性大多靠广泛的修辞格来达成。为此，善用修辞可以说是新媒体语言的拿手好戏。众多修辞格在新媒体语言中的运用令人眼花缭乱，新媒体语言可以说是中国语言文学修辞手法的集大成者，包括比喻、重复、夸张、双关、反语、排比、顶真、回环、拟人、对偶、仿拟等各种手法。

一、幽默搞笑类作品的三种基本范式

(一)谐音误解

谐音段子的制作方法不难，主要就是利用不同词汇和语句的相似之处来制造笑点，这种段子容易理解，属于大众化的搞笑段子，谐音段子创造的笑点一般就是谐音本身，谐音段子也可以通过谐音来制造一些误会或者尴尬的场景，这就需要作者在写段子的时候更好的编排和思考。

随着社会发展、科技进步，电子产品越来越普及，人们更多地选择了网上购物而不是逛商店，那么你在“淘宝”“蘑菇街”“唯品会”“聚美优品”等网站与客服沟通时是否会遇到谐音误解呢？让我们看看“张家口咨询网”微信公众号2014 年 1 月 1 日发布的《淘宝上让人乐死的打字错误》。

【案例 9-3】

1

—有大妈吗？(大码)

—亲，最大的 27 岁。

—你能活到付款吗？(货到付款)

—亲，我尽量。

2

—你们有尸体店吗？(实体店)

—亲，淘宝不让卖那个……

3

—你什么时候发火啊？(发货)

—给差评的时候！

4

—一口气买了五件，能幽会吗？(优惠)

—亲，吃个饭应该还是可以的。

5

—马子不合适咋办？(码子)

—额亲，小的只卖袜子，不谈感情。

6

—亲，给我保佑吧！(包邮)

—啊！我不是菩萨。

7

—你们能发神童吗？(申通快递公司)

—亲，我们做正经生意，不贩卖儿童。

8

—我有个问题要吻你一下。(问你)

—啊，这样不好吧。

如案例 9-3 所示，文中的这些段子广为流传，就是采用了典型的谐音误解的方式，通过拼音打字的输入错误，造成文字理解上的千差万别，产生让人忍俊不禁的效果。从古到今，民歌中的双关语运用就非常广泛，这也是利用谐音来巧妙表达的智慧体现。段子的双关语、谐音误解也是最为常见的写作技巧之一。

(二)预期违背

预期违背是比谐音误解更高级的创作手法，讲者先为听者设定一个情景，让听者想当然地代入自己的惯性思考，讲者最后抖出包袱，让听者有种被戏耍的体验，乐趣由此而来。用这个方法讲笑话最有成就感，能给讲者带来极大的智力优越感。

例如有几则在移动新媒体端广为流传的段子："小明过河，不小心把他的山寨机掉到了河里，正着急呢，河神冒了出来，先后拿出一台 Galaxy S4、一台 iPhone 5 问是不是他掉的，小明很诚实地拒绝了，最后河神把三台手机都给了他。小李听了很羡慕，第二天把自己的诺基亚扔到了河里，不一会儿，河神的尸体冒了出来"；"班上有个女生，总是隔三差五地向我借东西，明眼人都看得出来是她故意的。今天她又向我借作业纸时，我鼓起勇气：'其实，你的意思我明白……'她脸红了：'啊，你……你都知道了啊''你不就是贪小便宜嘛，这一整本作业本给你，别再烦我了！'"

这些段子都是利用了预期违背的模式，首先进行铺垫，给读者一种惯常的思维暗示，然后以合理的方式打破读者的思路，产生出其不意的效果。

(三)同文异读

同文异读，就是用逻辑、故事背景、知识背景、多义词甚至同音字造歧义，让听者产生别有洞天的体验。梗埋得较深，需要读者有相同的知识背景或生活体验，包袱才能抖得响。但一旦抖响，读者能得到很棒的智力优越感。

例如在各大视频网站、众多笑话段子类微博、公众号上流传甚广的经典小品《警察与小偷》，堪称同文异读的经典教材，节选如下：

【案例 9-4】

朱：同志，哪个派出所的？

陈：我？我？噢！刚进去的时候，是在派出所。

朱：后来？

陈：后来不是……(往上指)

朱：噢！调分局了。

陈：就是！在分局住了不长日子，又……

朱：又调哪儿了？

陈：法院！

朱：在法院工作。

陈：不！去了几趟，我就又……

朱：又调哪儿了？

陈：进了第四监狱。

朱：噢！调劳改局工作了。

二、幽默讽刺类作品写作的关键

（一）从生活中寻找灵感

好的作品、段子都需要源自生活，需要从生活中去发现，而不是凭空的发明。最上乘的幽默，是表示心灵的光辉与智慧的丰富，幽默最富于感情。

如微博上的这则段子："晚上和爹妈开视频，我妈从房间出去倒水，我和我爸之间隔着屏幕陷入了谜の沉默，不知道该跟对方说啥。我没话找话：'今天晚上我和同事去吃饭了，好撑。'我爸也有一种虽然不想说话但必须要尬聊以打破沉默的责任感，接话道：'噢噢噢，跟同事吃饭。同事跟你一个单位吗？'我：'……'"

这是生活中的真事，却也是能让人哈哈大笑，同时引人思考的段子。中国很多父亲沉默寡言、不善言辞的形象在这个段子里尽显出来，没话找话、智商"下线"的尴尬，得到了很多人的共鸣。

（二）跳出常态思维

好段子其实也是智力的游戏，往往是在前文的铺叙后，让人有了心理的预设，且在常规的思维逻辑预设下有出人意料的翻转，产生幽默讽刺等效果。出人意料的模式才有意外的惊喜，如下面这则微博段子：

【案例 9-5】

A：今天遇到一个乞丐，他说：可怜可怜我吧，我已经记不起来上一次是什么时候吃的饭了。

B：那挺可怜的，你是怎么做的？

A：我也觉得。我安慰他说：别着急，慢慢想。

如案例 9-5 所示，这个例子就是非常典型的跳出了常态思维，乞丐说自己可怜，已经想不起来上次吃饭是什么时候了。大家都能懂他的意思是很久没有吃饭了，想讨饭吃。但是作者却故意理解为他记性不好，不记得事情了，觉得可怜，于是安慰他不着急，慢慢想。

以上这番对话，就是智力游戏。这也是段子常用的模式，让人跳出常态思维。

（三）转益多师，锤炼文字

段子一般文辞简洁，虽然偏于口语化方式，以贴近民众生活为基础，但是文字的锤炼其实也是非常重要的技巧。

例如以打油诗形式居多的幽默讽刺类段子从中国传统的乐府诗、民歌中吸取了很多的养分。在整齐的句式下，能产生一些奇妙的效果。如“安吉人民广播电台”2012 年 5 月 21 日发布的一条微博：

【案例 9-6】

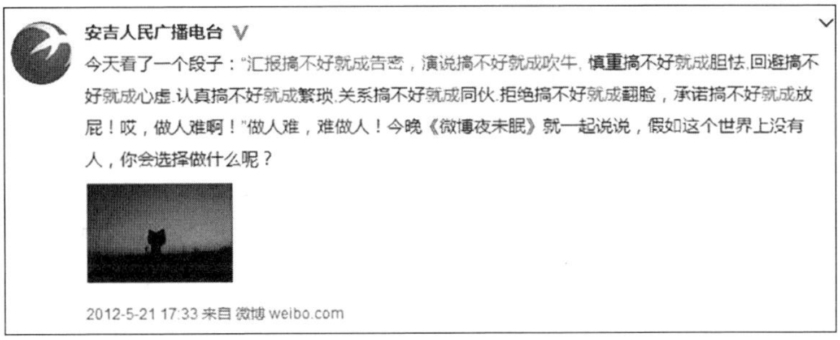

图 9-2 “安吉人民广播电台”新浪微博的一条微博

如图 9-2 所示，全文采用排比模式是该讽刺段子获得好评的重要原因。

好的段子，必定需要从生活中去寻找、发现，要贴近生活，要有跳出常规的幽默意识，勤于思考，善于学习，方能写出好的段子，才能让自己的生活更有趣、有睿智。

本章小结：

本章主要讲的是微创作类移动新媒体写作的不同类型。本章第一节介绍了励志情感类移动新媒体写作技巧，主要有三个要点：①主旨思想明确；②讲好故事；③文字犀利、不偏颇。本章第二节介绍了幽默讽刺类移动新媒体写作技巧。它符合时代的发展变化，与我们的生活息息相关，常用的创作技巧有谐音误解、预期违背，还有用逻辑、故事背景、知识背景、多义词甚至同音字造歧义的同音异读，给人新颖感等。

本章重点：励志情感类移动新媒体写作技巧。

本章难点：文章主旨思想明确；

幽默讽刺类移动新媒体写作技巧。

本章思考题：

1. 以你人生中一次重要的经历为基础，写一篇理智情感类的微信作品。

2. 寻找身边的趣事，写一篇小段子。

本章推荐阅读：

1. [美]加里·维纳查克：《新媒体营销圣经：引诱，引诱，引诱》，张树燕，译，北京联合出版社 2016 年版。

2. [美]丹·格斯基：《微电影创作：从构思到制作》，刘思，译，文汇出版社 2012 年版。

3. 谭天：《新媒体新论》，暨南大学出版社 2013 年版。

4. 王易：《微信营销与运营》，机械工业出版社 2013 年版。

5. 黎万强：《参与感》，中信出版社 2014 年版。

6. [美]凯文·凯利：《失控：全人类的最终命运和结局》，东西文库，译，新星出版社 2010 年版。

第十章　移动新媒体写作存在的问题研究

【本章导言】

移动新媒体写作诞生后，发展速度之快、势头之猛，令人咋舌。但正如跑得太快会导致重心不稳一样，移动新媒体写作也出现了诸多问题，值得我们高度重视。本章主要对移动新媒体写作存在的问题进行研究，包括以下三个部分的内容要点：

(1)移动新媒体写作的语言问题；

(2)移动新媒体写作的道德问题；

(3)移动新媒体写作的法律问题。

【本章引例】

《朋友圈“标题党”挖的九大陷阱，你中招几回?》

……

接下来，罗列“标题党”常用的九大类关键词，如果以马斯洛需求层次理论来看，这九大类关键词洞悉人性弱点，直击人们的“需求”痛点，所以说即使全部中招，这也不是你的错！

1.“太”夸张类

关键词：太现实了、太牛了、太有才了、太搞笑了、太可怕了、太无耻了、太恶心了、太丢人了、太爽了、太诡异了、太神了、太大胆了、太不是人了、太经典了、太难得了、太对了、太绝了、太火爆了……

中招指数：★★★★

解读：坑爹呀！每次只要一打开朋友圈，相信这些字眼总会碰到。为什么，因为“太”字，太好用了！比如，“经典”这个词，如果前面再加个“太”字，规格是不是马上又提升了一级?

2. 道德绑架类

关键词：不转不是中国人、是个男人就应该转、有点良知的请转、请一定转给你身边的女生、不转你就对不起大家、朋友圈正常疯传……

中招指数：★★★★

解读：这类标题显然是“道德绑架”，好像不看不转发就不是好人一样。所以，其暗示最容易戳中人的心理。比如之前和颐酒店女生遇袭事件，一大波带有“请一定转给你身边的女生”字眼的文章涌现。这类标题对于中老年人及热心的网友，最容易受到误导。

3. 防骗提醒类

关键词：别再被忽悠了、天呐、醒醒吧、家里有小孩(父母)的必看、出大事了、有身份证的都赶紧看吧……

中招指数：★★★★★

解读：生活中，骗局太多，这类更是朋友圈的热文。相比于其他“标题党”，此类标题多少还有点接地气。

4. 吊胃口类

关键词：一定要看、没流量也要看、为了你爱的人请一定要看、不管“奔几”都要看、中国人必看、不看后悔五百年、罕见、世间绝无仅有、难得一见、太震撼了、震惊所有人、轰动全国、惊动中央、吓到人类、胆小的莫看、你还不知道吗、你肯定不知道、99%的人都会看、原来我们一直错了……

中招指数：★★★★★★★

解读：往往越夸张的标题，水分也就越多。这个不多解释了，这种吊人胃口的标题一般人简直控制不住呀，不点开看吧好像自己损失了什么一样，点开看完后又真心想爆打“标题党”一顿：这个陷阱挖得好深呀！

5. 绝版偷拍类

关键词：罕见、又现“照片门”、绝密、冒死偷拍、不小心拍到、绝版、快看吧过会就要删了、内部视频、酒后自拍、不小心流露出来的……

中招指数：★★★★★★

解读：猎奇是人的本能，不过，偷拍本身就是违法的，猎奇心理还是收敛点好呀！

6. 感情渲染类

关键词：愤怒了、火大了、气死人了、逆天了、是不是中国人呀、还有王法吗、禽兽不如、看完后沉默了、看完流泪了、哭晕了……

中招指数：★★★★★★★

解读：标题好煽情呀，真心忍不住要点开看，但事实上名不符实。

7. 传教速成类

关键词：教你几招、一分钟学会、几分钟看懂、秒懂、最全的、最权威的、珍藏版、对照版、不外传、据说很灵、最有效方法、很神奇的……

中招指数：★★★★★

解读：如果一分钟学会这个，一分钟又学会哪个，是不是一周时间就可以变成无所不知、无所不能的“神人”？不管你信不信，反正小编自己都不信！

8. 色情引诱类

关键词：太漂亮了、绝色少女、少妇、颜值爆表、看了受不了、女人勿入、成人勿看、未成年不宜看、漂亮媳妇、小姐、小三、小护士、原配、偷情、调情、床上……

中招指数：★★★★★★★★

解读：传播淫秽色情图片是要面临被封号的危险的，所以，这类标题你最好不要点哦，别怪我没提醒过你哦！

9. 最新播报类

关键词：出事了、紧急通知、迅速扩散、最新报道、刚刚发生、最新骗局、昨晚九点消息、央视刚刚曝光、国务院最新消息、中央下达最新指令、公园里刚刚发生的一幕……

中招指数：★★★★★★

解读：有些消息明明是明日黄花，非说是刚刚发生，含此类字眼的标题因要“抢时效”，所以一般没有可供深度阅读的内容。当然，时效类新闻报道除外。

（节选自“广东共青团”微信公众号2016年6月20日发布的《朋友圈“标题党”挖的九大陷阱，你中招几回？》）

你是否看过移动新媒体上那些“无节操”的标题？你会点开那些文章阅览其具体内容吗？你对“标题党”的态度如何？

第一节　移动新媒体写作的语言问题

我们在前面章节讲过移动新媒体写作善于运用各种语言符号进行创作，这正是它的一种特色写作方法。移动新媒体写作所使用的语言因其大众性、流行性、幽默快捷、富有创意等特点丰富了我们的语言生活，为现代汉语发展输送了营养、注入了活力，体现了一种移动新媒体时代的时代特征。但是我们也必须看到，移动新媒体写作发展还处于不成熟期，其对语言符号的使用还存在不少问题和不良现象，本节主要针对移动新媒体写作中最重要的三种语言问题进行分析。

一、用语低俗问题

由于移动新媒体写作广泛使用大众流行语、网络语言等进行创作，而大众流行语、网络语言中存在着低俗、污秽的粗话、脏话，有些作者为了吸引眼球而特意去选用那些低俗的语言，使得移动新媒体写作出现了一些用语低俗的现象。用语低俗并不仅仅只存在于移动新媒体写作中，但由于移动新媒体媒介的特殊性，这些低俗用语一旦出现，就会迅速传播到网络的各个终端中，造成的影响极大。所以我们要专门提出移动新媒体写作中的用语低俗问题，以引发各方的关注。

（一）移动新媒体写作用语低俗的表现

移动新媒体写作中的低俗用语并不鲜见，尽管花样繁多、层出不穷，大致可以分为三类：骂人的脏话、自骂的粗话、涉黄的污言秽语。

移动新媒体写作中最大的一类低俗用语就是骂人的脏话，使用它们或为调侃，或为宣泄，或为出风头，有时甚至是不为什么，只是跟风使用脏话而已。移动新媒体写作中使用的骂人的脏话，并非直接取用，而是进行了谐音处理，就是用同音不同字来替代常用的脏话写法，如“蛇精病”等，其实就是“神经病”等意思。尽管进行了修饰，但脏话还是脏话，这些骂人的脏话尽管用了谐音加以处理，但依然充满低俗气息。我们可以看下实例，下面是“光影杂货铺”新浪微博的一条微博作品：

【案例 10-1】

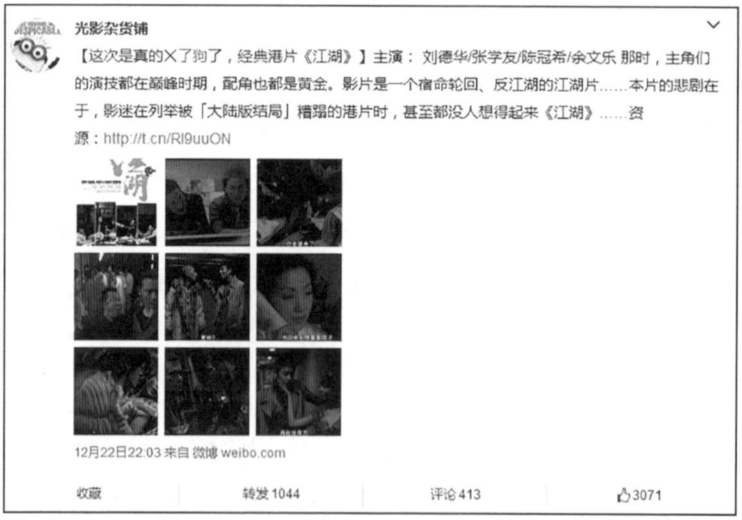

图 10-1　“光影杂货铺”新浪微博的一条微博作品

这则作品主要是介绍香港电影《江湖》的，在标题中就用了骂人的脏话“×了狗了”。本来是一篇不错的电影知识普及文，但因为作品一开始就使用了脏话，使得整体的品位和格调一下子降低了不少，令人遗憾。

移动新媒体写作中还有一类低俗用语，就是自骂的粗话。使用自骂的粗话表现了使用者不正确的“三观”，使用者不追求真善美，而以假恶丑为荣，甚至乐于使用到自己身上，以自骂为美、以自骂为乐，是一种奇葩用语现象。一些微博博主、微信公众号就偏爱使用自骂的粗话，如“疯狗我怕谁”之类。

移动新媒体写作中最后一类常见低俗用语就是涉黄的污秽语言。一些移动新媒体写作的创作者故意滥用涉黄的污言秽语，下流低俗，甚至十分不堪，此处就不做举例分析了。

通过以上的简单描述，大家可以看到，移动新媒体写作中使用那些人身攻击、人格污辱、自骂自嘲、黄色下流的语言并不是极个别现象。这些语言粗俗浅薄、格调不高、下流污秽，十分令人生厌，若任其在移动新媒体写作中不加约束地泛滥使用，非但不可能创作出好的作品，还会损坏移动新媒体写作本身的创作品格，极大地危害我们民族语言的审美情趣，是一种不管在现实中还是网络上，不管在传统媒体里还是移动新媒体中都公认的不文明行为。如果放任自流，移动新媒体写作恐怕会被越来越多的人认为是“垃圾写作”“垃圾文化”，所以必须要进行应对。

（二）应对的措施

为了防止移动新媒体写作中的用语低俗现象出现，除了实名制等普适性的管理措施外，还可以有以下一些应对策略：

第一，从教育和引导的角度，对移动新媒体写作的作者和阅览者进行语言文明上的规范。一方面要教育和引导移动新媒体写作者们不要在作品中使用低俗语言，要提升作品的品位，不流于低俗；另一方面，也要教育和引导移动新媒体写作的阅览者们自尊、自爱、讲文明，不跟风使用那么低俗的用语。可以由政府或移动新媒体平台方出面，支持创作和表彰一些优秀的移动新媒体作品，为其他人做出表率。

第二，从制度和管理的角度，对移动新媒体写作的作者和阅览者进行监督管理。国家相关部门和各个移动新媒体平台都应制订相应的管理措施，规范引导移动新媒体写作语言的健康发展，对一些粗俗的、不文明的语言现象要进行制止。

第三，研究开发语言监控软件，通过技术过滤目标，使监控软件达到能够及时发现移动新媒体写作中粗俗、淫秽的语言的程度，并能够清理、屏蔽。

二、修辞过度问题

在前面的章节我们讲过，移动新媒体写作需要用到多种修辞手法，以获得生动有趣的效果，但是一些作者为了写出博眼球的东西，滥用修辞，导致了修辞过度的现象。同样的，由于传播媒介的特性，移动新媒体写作中的修辞过度造成的负面影响也比较大。

(一)移动新媒体写作修辞过度的表现

为了能在众多移动新媒体写作作品中脱颖而出，一些作者受各种功利心理的驱使，在创作时过度修辞，主要包括夸大制奇、言不符实、诱导性暗示等。

1. 夸大制奇

夸张是常用的修辞手法，但夸大制奇已经超过了正常的修辞范围，属于一种修辞过度，带有一定语言欺骗性，如“这是一幅神奇的图，看过的人无不转发”“看完转走 2017 年必发财”“看到过这个的人都是前世修来的福气”“此文不看，下秒后悔”，等等。夸大制奇经常被“标题党”所使用，后文还会有详细分析。

2. 言不符实

言不符实大量出现在营销类的移动新媒体写作作品中，如被《人民日报》点评批评的“微传销”乱象，就是利用移动新媒体平台进行传销，进行“微传销”者常常在移动新媒体平台上发布五花八门的“产品秀”，紧接着发布各种订单总额、买家好评、明星加盟的截图，再间或“晒”高收入、吹嘘奢侈生活，最后辅以“打鸡血”式的煽动性文字无底线地造势、套路化宣传。这些言不符实的移动新媒体作品，轻则让人感觉受到愚弄，重则就会让人损失金钱。2015 年 3 月，“国内首例微信传销案在南京宣判，靠一张嘴到处忽悠‘月入百万微信营销商业模式’的‘亚洲催眠大师’陈志华一审被判有期徒刑八年，罚金人民币十万元。……玄武区法院认为，陈志华以推销微信服务为名，要求参与者缴纳一定的费用成为其微信代理商，并按照一定顺序组织层级，以直接发展人员的数量作为计酬依据，引诱参与者继续发展他人，骗取财物，扰乱经济社会秩序，情节严重，已构成组织、领导传销活动罪。”①

3. 诱导性暗示

诱导性暗示是正常的隐喻被过度使用后的现象。如某移动新媒体写作作品

---

① 《“催眠大师”陈志华获刑八年》，http：//js. xhby. net/system/2015/03/18/024003293. shtml，2015-03-18。

标题为“黄色图片，再不看就要被删了”，这个“黄色图片”充满了诱导性的暗示，让阅览者以为是淫秽色情图片。如果阅览者出于好奇点进去看一看，就会发现作品其实是一张金光闪闪的千手观音菩萨的图片，图片整体确实是黄色的。另外图片底下还加了一段文字：“你转发了没……看到一定要转发，菩萨保佑你事事顺心，财源广进，身体健康，万事如意，家庭更幸福，事业更成功!!”这段文字又是诱导性暗示，暗示阅览者如果想要“事事顺心，财源广进，身体健康，万事如意，家庭更幸福，事业更成功”就要转发这篇作品，令人厌烦。又如某个微信作品的标题是“刚发生的，赶紧看”，微信标题图隐约看到的是两个躺着的裸体女人。这也是诱导性暗示，让阅览者以为作品要给人看的肯定跟标题图中的裸体女人有关系。当阅览者打开作品后，发现是一则新闻警示而已。这种具有诱导性暗示的修辞过度，常常跟性爱、敏感人物、敏感事件等有关，具有欺骗性。

(二)应对的措施

修辞过度看起来只是违反了语言规范而已，但是一旦被有图谋的人利用，很可能造成现实损失，如上文提到的“微传销”案例。所以，我们鼓励移动新媒体写作者们多使用各种修辞手法，但不主张在作品中过度修辞。

修辞过度的应对策略与用语低俗的应对策略有相似之处，一方面，依然要积极引导和教育移动新媒体写作者和阅览者重视语言问题，以避免修辞过度的语言现象；另一方面，需要国家相关部门和各个移动新媒体平台出台管理规定，以引导移动新媒体写作中的适当修辞。

三、“标题党”问题

“标题党”是指在网络 PC(Personal Computer，个人计算机)端和移动新媒体中故意使用较为耸人听闻的文章标题以吸引阅览者点击观看文章内容的行为或人群，其实际标题与内容完全无关或联系不大。传统媒体时代已经出现了故意编制耸人听闻的标题的现象，主要目的是制造“语不惊人死不休”的标题来吸引读者的阅读，但真正意义上的“标题党”主要还是在网络时代出现的。由于网络时代“标题党”问题影响面大、危害面广，特别是移动新媒体出现后问题更加复杂化，所以最初脱胎于语言游戏的“标题党”，已经不再仅仅是简单的语言问题了，而涉及道德、法律、行业等方方面面，成为移动新媒体写作中的一个突出问题。

(一)移动新媒体写作中“标题党”的表现

移动新媒体写作中的“标题党”主要有两种表现，一种是在转发别人的作品时加上一个自创的、惊悚诱人的标题，其实这个标题并不能反映所转发的作品内容，只是为了吸引眼球而已；另一种是在自己创作移动新媒体写作作品时用非常惊悚诱人的语言写标题，而内容跟这个标题可能并没有什么关联。

第一种“标题党”主要是在转发新闻时出现。例如2015年10月，《上海证券报》发表了一篇题为“央企‘新巨头’加速出水合并重组逻辑有新意”的新闻报道，一些网络PC端和移动新媒体平台在转载这篇文章时，将原标题改为“央企新巨头加快出水：传国航南航正酝酿合并”，看到了这些转载文章的、当时在股海里苦苦挣扎的股民们，以为南航和国航真的要合并了，于是纷纷抢占先机去买航空板块的股票，使得航空板块当日股价市值增值300亿元，而南航和国航其实并没有短期内合并重组的打算。转发后的标题就是看准了股民们急于寻找买点的心态，将态度暧昧的“传”字与名称明确的“国航南航”搭配在一起，让股民浮想联翩、信以为真。又如2016年2月，《新京报》曾发表了新闻报道《卫计委解决育龄夫妇想生不敢生的问题》，但在网络转载时标题竟改为“全国政协副主席：药价虚高到了让人咋舌的地步”，其实全国政协副主席韩启德所说的“药价虚高到了让人咋舌的地步”仅仅只是《卫计委解决育龄夫妇想生不敢生的问题》中的一个部分而已，这个“标题党”就是故意写了个以偏概全的标题来吸引读者眼球。再如2016年4月，新华网曾刊发新闻报道《多地整治网约车探索“规范路径”各方期待“顶层设计”明确发展方向》，这篇报道的标题在网络转载时被改为“官方：网约车属高端服务不应每人打得起”，让人误以为“网约车”要涨价，从而引导公众的负面情绪。

第二种“标题党”则在各类型的移动新媒体写作中层出不穷，主要是指作品有着夸张的或者具有性诱惑倾向的标题，但实际内容却与标题关联不大。例如《明星都想知道的6大真相》，让人感觉文章会揭露什么劲爆的消息，结果是一篇介绍手机游戏的软文，教人怎么下载游戏、如何打通关的，和明星压根没有关系；《高潮来临前一群兴奋的男女(慎入)》，让人以为是什么“涉黄”的内容，结果点开是钱塘江大潮巨浪拍岸、观潮者四散逃跑的照片；《那对情侣在阳台做了什么？全程被房东偷拍》，标题真是令人浮想联翩，但作品内容其实是一对鸟儿在居民楼阳台上筑巢生子，被居民看到后拍下了照片。又如“ZC健康管理中心”微信公众号2015年10月9日发布的《受不住了，隔壁寡妇如此风骚放荡，看过的人无不转发》，标题充满了性诱惑，但作品内容其实只是一组漫画笑话构成的软文。这种肆意进行性暗示、语言很“污”的“标题党”不是一般的“标题党”，用网络流行语来说，这是无底线、无节操的“标题党”。

(二)应对的措施

"标题党"问题目前已经引起了政府相关部门的重视，一些管理条例也陆续出台。但想要在移动新媒体平台上彻底治理"标题党"，还需要"软硬兼施"，从教育引导、法制建设、技术手段三方面入手。

1. 加强教育引导

加强对移动新媒体写作行业的从业者的教育和引导是一个任重道远的工作。

首先，在移动新媒体写作者们进入这个行业之初，就要有人告诉他们，一个好的作品既要有一个好标题，但又绝不能当"标题党"，靠玩语言游戏和诱惑读者而获得的高点击率是维持不了多久的，作品的口碑和好评度靠的是创新、创意，而不是歪门邪道。

其次，要降低"标题党"移动新媒体平台的公信力和影响力。靖鸣教授认为："'公众号'拥有的公信力是其无形的财产，直接影响到信息传播的效果。"①将那些"标题党"、产生恶劣影响的移动新媒体平台予以示众，让它们丧失公信力和影响力，最终其会因失去粉丝而走向衰败，从而引导其他平台收敛、收手。

最后，树立正确的学习榜样，将那些坚持不做"标题党"的好的移动新媒体运营号找出来加以宣传。如健康养生类的移动新媒体平台号"丁香医生"就一直坚持传播正确的医学知识，不依靠做"标题党"涨粉。据统计，"丁香医生"微信公众号运营两年来，每天推送两次，目前几乎篇篇都是 10 万以上的阅读数，截至 2016 年 12 月 19 日，其在"新榜"上的统计数据：周总阅读数 357 万以上，周头条阅读数 139 万以上，周总点赞数 25364，周新榜指数高达 968. 2。"丁香医生"的移动新媒体系列矩阵(微博、微信、官方 APP、知乎机构号等)总粉丝突破 2000 万，是移动新媒体写作中医疗健康类排名最前的。"丁香医生"移动新媒体系列矩阵具备医学专业能力，其成功的秘诀在于它把可靠的健康内容和健康知识用接地气的方式传达给大众，它不做"标题党"而愿意做大家的朋友般的家庭医生，这样怎么会不成功呢?

2. 加强法制建设

治理网络时代的"标题党"问题，仅仅依靠教育引导是远远不够的，政府相关部门也在制定和出台法规去进行规范。2015 年 10 月 9 日，国家互联网信息办公室(网信办)发表了《"标题党""图片党"该收手了》一文，抨击部分媒体从业者忽视甚至无视标题与内容的贴切关系、骗取点击率、文不对题的乱象。

---

① 靖鸣、钟倩：《微信空间里的"标题党"现象》，载《新闻与写作》2016 年第 5 期。

2016年1月11日，国家互联网信息办公室发布了关于《互联网新闻信息服务管理规定》(修订征求意见稿)公开征求意见的通知，该规定从发布到此次修订已过去十年。该征求意见稿将各类新媒体都纳入管理范畴，强调总编辑负责制，明确规定转载新闻信息时，应当完整、准确，不得歪曲、篡改标题原意和新闻信息内容，在显著位置注明来源、原作者、原标题、编辑的真实姓名，并保证新闻信息来源可追溯。同时，《互联网新闻信息服务管理规定》第二十八条规定，转载来源不合法的新闻信息、登载自行采编的新闻信息或者歪曲原新闻信息内容的，可处5000元以上3万元以下罚款。这样对"标题党"的处理就有法可依了，法律之剑会对"标题党"们起到震慑和警示作用。2016年12月，北京市网信办指导首都互联网协会新闻评议专业委员会针对近期网上"标题党"乱象开展行业评议，并向新浪、搜狐、网易、凤凰、焦点五家网站下达了行政执法检查通知书。评议会结合典型案例通报了"标题党"六大乱象：正题歪做违反正确导向；侮辱调侃突破道德底线；无中生有违背新闻真实；断章取义歪曲报道原意；夸大事实引发社会恐慌；格调低俗败坏社会风俗。

当然，移动新媒体平台的自我规范也十分重要。2016年4月，微信团队发布了《微信外部链接内容管理规范》，该规范对非由微信公众平台产生(即域名地址不归属于微信公众平台)且在微信内传播的外部链接内容做出了相应的规范管理，官方表示，违反该规范的内容，将面临停止在朋友圈继续传播链接内容、停止对相关域名或IP地址进行访问、屏蔽相关链接等处罚。该规范指出，在微信上发布题文不符的信息，故意拟制耸人听闻的标题，或以明显倾向性、误导性、煽动性的标题吸引他人点击的，即俗称的"标题党"；一经发现，立即停止在朋友圈继续传播链接内容、停止对相关域名或IP地址进行的访问；对于情节恶劣的情况，永久封禁账号、域名、IP地址。

3. 加强技术手段

除了法律法规建设，移动新媒体平台也应该加强技术手段以打击"标题党"。2016年8月，著名社交平台Facebook宣布将打击消息流中"骗点击"的行为。目前Facebook每天都能收到数千次关于"标题党""骗点击"的投诉，这些标题要么蓄意隐藏信息，要么误导用户。为了打击这种行为，Facebook开发了一套系统，识别及对此类标题分类，随后确认哪些页面或域名的"标题党"最多，并下调其在消息流中的排序。Facebook会定期更新消息流算法，这将促使发行商减少"标题党"的内容。Facebook公司在其博客中表示，这一系统能识别"标题党"类型的标题中常见的短语，类似于对垃圾邮件的过滤方式。而我们国家的微博、微信和一些新闻资讯客户端，也正在加强监管技术的升级。

通过以上分析我们可以看到，移动新媒体写作中确实存在不少语言问题，但也不能将新兴的语言一棒子打死。教育部“新词新语规范基本原则”第一负责人、《中国网络语言词典》的主编于根元教授认为，语汇系统如果只有基本词，永远稳稳当当，语言就没有生命力可言。语言在发展，语言也需要规范，但规范是为了推动发展，限制了发展的不是规范。所以总体上，移动新媒体写作要遵循灵活适度的用语原则，既要认真辨识在移动新媒体写作中可以采用哪些有趣生动的新言新语，如几年前的网络新词“给力”，现在早已作为规范语言被广泛应用，而且还走向了世界；同时又要明白不能用哪些字词句、修辞去做标题、写内容。

第二节　移动新媒体写作的道德问题

道德是人们共同生活及其行为的准则与规范，往往代表着社会的正面价值取向，起到判断行为正当与否的作用，尽管不同时代的道德观念不同，但从一般人性的角度来说，道德即对事物负责，不伤害他人的一种准则。在当前的移动新媒体写作中，道德失范问题也比较突出，主要表现在网络暴力、舆论失真、违反文化禁忌问题等方面。

一、网络暴力问题

网络暴力是随着网络时代的来临而出现的一种现象，指网友对某些事件发表的网络言论超越正常理性，由此完成了虚拟空间中对当事人的道德审判。网络暴力其实可以看作是现实暴力的网络版，而移动新媒体的出现更是给了网络暴力者一个更加便捷的平台，从而成为网络暴力滋生的温床。

（一）移动新媒体中的网络暴力表现

移动新媒体中的网络暴力事件层出不穷，综合分析，其主要表现为“骂战”“起哄”和“围观”三种。

1.“骂战”

在所有移动新媒体中，“微博”因其草根化、迅捷化而成为大众发声的重要平台。在这样一个移动新媒体上，大众发言更加容易和自由，各种观点也更容易得到交流和碰撞，这种特性使得大家对一件事情进行是非对错的争论也方便了很多，持不同观点的个体在这里可以唇枪舌剑地辩论，有时候就会因为观点的强烈冲突演变为“骂战”。微博中的“骂战”可以说随时都在发生，有时候是因为琐碎小事而斗嘴，有时候是因为意见相左而争吵，有时候是因为自己支持或喜欢的人受攻击而自发反击……微博中的“骂战”，往往是依托在图文表达上的，也就是说和移动新媒体写作息息相关。

在现实中，吵架对骂都不是什么光彩的事，但在微博上，不管是草根还是“大 V”，都好像控制不好自己的情绪，容易一点就燃。而由于“大 V”们大多是演艺明星、体育明星、知名企业家、知名团体，等等，他们的微博往往有着数量巨大的粉丝，所以“大 V”之间一旦出现骂战，很容易被传得沸沸扬扬。如 2011 年，在华表奖红地毯上以一袭透视装亮相的袁莉因被同行揶揄，在微博上发飙，连发 11 条微博，暗讽、痛骂某女明星假正经、脸皮厚、无耻炒作、英语有乡音、装国际范儿、瞧不起电视圈、改证件装嫩“七宗罪”。微博发布之后，网友瞬间疯狂，追问该女星身份，袁莉接着表示：“著名女演员！那是相当著名，老著名了！”随后一位名叫“虚竹-先生”的微博用户针对袁莉的炮轰，回骂其行为出位，甩出不负责任的言论。袁莉随即回应：“不知哪位明星的英语老师急了”，并在微博上与其理论。

2.“起哄”

移动新媒体平台出现的网络暴力往往跟网络上的“起哄”行为有关。网络上之所以会有“起哄”，从心理学上说是人的从众心理在作祟。从中引发的“跟风”往往会影响人们对某一事情的客观判断，特别是一些网络传媒公司还专门雇佣“网络水军”(指新媒体背景下网络公司雇佣的专职或兼职人员，他们在网络新媒体和移动新媒体上通过发帖、回帖等手段对某一现象或问题造势)去进行营销或公关，让“网络水军”通过造势诱发大众跟风起哄，从而形成网络上的“起哄”现象。近些年来，由于移动新媒体的兴起，“网络水军”由传统的论坛、贴吧转战微博、微信，诱使大众对某一现象或问题进行“跟风”，从而引起“起哄”，触发网络暴力。

2012 年 3 月，甄子丹与赵文卓在电影《特殊身份》剧组中出现矛盾，赵文卓被指耍大牌罢工后，二人便各自在微博中发表影射对方的言论，随即引来双方粉丝在微博中展开激烈骂战。之后战火引燃到百度贴吧，甄子丹百度贴吧连续六七天不分昼夜地被“爆吧”(一种网络暴力活动，主要指在贴吧内不停地发无实质内容的废帖、水帖、垃圾帖等，扰乱贴吧秩序)，几乎全是声讨甄子丹“戏霸”、打压与其合作的明星、家暴怀孕的前妻导致其流产等内容。“甄子丹吧被爆”也被喻为史上最大“爆吧”事件。而在这场声势浩大的网络暴力事件中最受伤害的，不是有矛盾的两位主角，而是女明星舒淇。因为舒淇在微博中公开发表了支持甄子丹的言论，赞其“敬业认真”而不幸遭到微博网友们的围攻和起哄，并将其未成名前所拍的裸照等爆出，舒淇不堪重压，不得不将自己的该条微博删去，最后还直接关闭了微博账号。

3.“围观”

“围观”不仅仅是看，而是用默然的眼神达到“千夫所指”甚至“杀人于无形”的结果，其实是一种表明态度的方式。在前网络时代，大众的“围观”行为受到交通、通讯、媒体覆盖等方面的限制，速度与规模都上不去，但依然会有重大事情“看热闹”的现象。网络时代到来，特别是移动新媒体出现后，时空限制被彻底打破，不管阶层如何、身在何处，都可以利用手机、平板等智能移动终端，登陆微博、贴吧、论坛等发布和转发评论，迅速完成对人和事件的围观。网络围观可以起到舆论监督的作用，可以惩恶扬善，但是当围观的人自己都分不清是非善恶之时，就会出现围观暴力。

2014 年 11 月，四川泸州一个 19 岁少年曾鹏宇在微博上直播自己的“自杀”，他将一盆即将点燃的钢碳照片发到微博上，留下一句“对不起大家，我真的要死了”，引来了数万条转发和评论。人群在微博上迅速聚集，围观这场自杀，而不少围观网友并不是想方设法地救助或开导当事人，而是点赞、嘲讽小男孩，在其直播自杀的微博下，非常多的留言是“你怎么还不去死啊”“死了半天还没死”之类的冷嘲热讽，而类似“忍不住哈哈哈”“老板，加 20 串肉串”的讥讽居然出自一些微博“大 V”之口。曾鹏宇在网络上一次次的预告和记录自己的自杀行为，现实中却没有留下一句话。四川泸州警方随后发布微博，宣告曾鹏宇因抢救无效而死亡。

(二)应对的措施

移动新媒体中的网络暴力不仅破坏了网络环境的健康发展，还对现实社会造成了不良的影响。为了维护网络环境，消除移动新媒体中的这种不和谐因素，不仅需要政府和移动新媒体平台采取措施，更需要全社会尤其是移动新媒体写作者们一起努力。法国社会心理学家勒庞在《乌合之众》中说：“群体可以比个人表现得更好或更差，这取决于影响如何。一切取决于群体所接收的暗示具有什么性质。”①也就是说，如果我们的道德环境是积极的、进步的，那么群体也就会表现得积极、进步而有益，所以每一个移动新媒体从业者都应该坚守住道德底线，用自己的正直和善良去引导网民大众，言论自由当然是一种权利，但我们需要善用这种权利。

① ［法］古斯塔夫·勒庞：《乌合之众——大众心理研究》，玛克利，译，广西师范大学出版社 2007 年版，第 53 页。

二、舆论失真问题

舆论失真主要涉及违反新闻职业道德的问题。《中国新闻工作者职业道德准则》明确指出："坚持新闻真实性原则。要把真实作为新闻的生命，坚持深入调查研究，报道做到真实、准确、全面、客观。"而舆论失真的主要表现形式是假新闻，假新闻在传统媒体中也有，并不是移动新媒体写作中的特产，但是移动新媒体的传播特性使得假新闻更容易被广泛传播，也更具欺骗性，造成的危害也更大。

（一）移动新媒体上的"假新闻"防不胜防

新闻作品是移动新媒体写作中最重要的一个类型，而时不时出现的假新闻，造成了移动新媒体的舆论失真现象。由中国社会科学院新闻与传播研究所和社会科学文献出版社共同发布的《中国新媒体发展报告 No. 6（2015）》中收录了《新媒体时代的"假新闻"现象与治理对策研究》研究报告。该研究报告对 2014 年传播较广、比较典型的 92 条"假新闻"进行了多维度分析，发现有 59%的虚假新闻首发于微博，主要因为微博平台开放性强，像一个公开的信息交流广场，人人都可以在上面发布信息，因而成为众多新媒体假新闻的信息源；而微信首发的假新闻数量不多，但因其封闭式传播环境，自我纠错能力弱，辟谣难度大。

如 2010 年，拥有 30 余万名粉丝的"中国新闻周刊"新浪微博于 12 月 6 日晚发布了"金庸去世"假新闻，称"金庸，1924 年 3 月 22 日出生，因中脑炎合并胼胝体积水于 2010 年 12 月 6 日 19 点 07 分，在香港尖沙咀圣玛利亚医院去世"。这条消息通过微博、互动社区等途径在网络上疯狂传播，引发无数网民的惊呼和哀悼。半小时后，香港记者闾丘露薇发表微博称这是假新闻。当晚 21 时许，凤凰网也正式辟谣："第一时间联系香港某电视台记者求证，对方证实此为假消息，称香港并无'圣玛利亚医院'。"随后，"人民日报文化版"、金庸好友老榕等也纷纷辟谣。网友也发现原始消息中的一处"破绽"：金庸出生于 1924 年 3 月 10 日，而非 1924 年 3 月 22 日。21 时 22 分，"中国新闻周刊"新浪微博发布了第一条致歉声明，引发了网友的声讨。12 月 7 日上午，刘新宇提出辞去《中国新闻周刊》副总编辑、新媒体总编辑职务，当天下午获批。同时，负有责任的编辑邓丽虹被解聘，新媒体内容总监汤涌则被罚款、降职。他们成为中国新闻史上因新媒体传播不慎而被严厉处罚的第一批人。在这一假新闻事件中，"中国新闻周刊"新浪微博并不是唯一转发该虚假消息的移动新媒体，其他媒体及名人也或多或少地起到了推波助澜的作用。又如 2015 年 1 月 13 日，《南方都市报》所办南都网、新闻客户端及其法人微博刊发《南京众

人围观裸女跳河　救助者被遗忘　没人帮忙拉一把》称：昨日，南京一女子赤身裸体地跳河，一男子跳下救人，待人群散去悲剧发生了。有网友发布图文微博爆料，“大家都去围观裸女了，那个救人的哥们，大冷天的，也没人拉他一把。”现场图片显示，一黑衣男子确系正在攀爬两米多高的垂直河岸，岸边无人上前拉他一把。事后救人男子的朋友在微博上为其打抱不平，称救人男子如今正在读大四，并在南京实习。1 月 14 日，《扬子晚报》刊发质疑报道《裸女跳河被围观，救人者被无视？》称，记者经过采访发现事件的真相是：11 日南京一女孩跳河获救，最初的新闻未提到救人者被漠视，而救人小伙被冷落则是 12 日发生在湖北黄冈的一件事，这两件事被人“拼接”在一起。2015 年 9 月 28 日，国家新闻出版广电总局公开通报：2015 年 1 月 13 日，《南方都市报》所办南都网、新闻客户端及其法人微博发布的《裸女跳河，救人者遭冷遇》新闻，经核实，这是一起将不同时间发生在两地的两起事件拼接而成的虚假新闻。对此，新闻出版广电行政部门依法分别对发布和转发的媒体作出警告、罚款等行政处罚，并责令《南方都市报》报社将相关采编人员调离采编岗位。

可以看到，微博中的舆论失真一旦出现，其传播速度很快，但同时辟谣也比较及时。而微信中的舆论失真虽然传播速度不如微博，但辟谣速度却慢很多。2013 年出现的某小女孩被拐走的一条假新闻，在微信朋友圈里传了一年多还在被不断转发，可见微信的自我纠错能力确实比较弱。

(二)应对的措施

新闻是移动新媒体写作中最重要的类型，假新闻引发的舆论失真对行业危害很大。对移动新媒体的舆论失真可以从宏观、中观和微观三方面入手：宏观上，相关部门要继续完善相关法律法规，要求移动新媒体从业人员具有良好的职业道德和专业素养，遵守法律法规，确保发布的内容是经过审核的，不能一味地追求新闻的时效性而忽视新闻的真实性。完善的法律法规一方面要监督移动新媒体及其从业者，另一方面还要监管普通网民的言行。中观上，移动自媒体平台自身应该要有严格的审核机制，要做好舆论把关人，及时澄清与核实。微观上，移动新媒体行业从业者要加强道德自律，而广大网民也应该不断提高鉴别真伪的能力，尽量保持客观冷静的态度。

三、违反文化禁忌问题

文化禁忌是指在某个民族或宗教传统文化里禁忌的一些事物、行动或言语，古时人们对凶恶、祸乱、灾难、宗教等都带有或恐惧或膜拜的感觉，不愿轻易提及与之相关的事物，形成一种避戒心理，并在行动或者语言上产生禁忌，这对后来人们的言行造成影响。世界各国都有自己的文化禁忌，一般来说我们应该在书面表达时尽量遵守各国、各民族的文化禁忌，但是在移动新媒体中，由于种种原因却出现了无意甚至刻意违反文化禁忌的现象。

（一）移动新媒体写作中违反文化禁忌的表现

当代著名语言学家邢福义先生说："语言是文化的符号，文化是语言的管轨。"①禁忌语是文化禁忌中的重要组成，同时也是移动新媒体写作中主要违反的文化禁忌之一。在我国古代，禁忌语早就有，如秦始皇叫"政"，"政"与"正"同音，为避讳就把"正月"改为"元月"，或者把"正月"的"正"读成阴平声调；汉代史学家司马迁的父亲名"谈"，为避讳他就在《史记》中把"赵谈"改为"赵同"，把"李谈"改为"李同"，可见禁忌语历史悠久。随着时代的发展，这些名字的禁忌习俗已经消失，但是有些禁忌语依然存在，例如在我们这样一个多民族国家，用少数民族的名称去指代坏人坏事就是禁忌的。但是下面这则案例却违反了这一文化禁忌。

【案例 10-2】

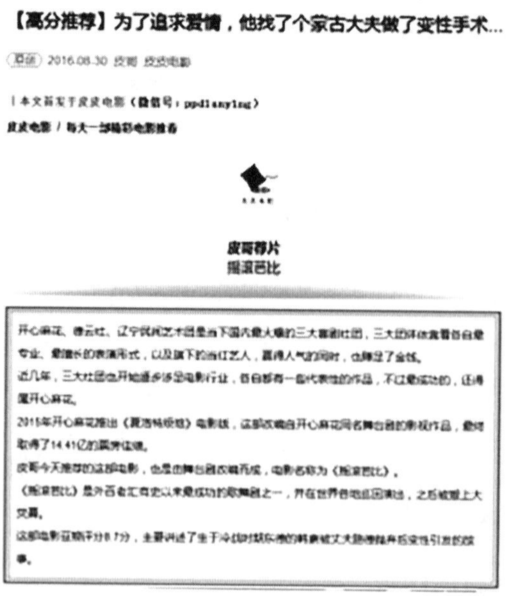
【高分推荐】为了追求爱情，他找了个蒙古大夫做了变性手术...

原创 2016.08.30 皮哥 皮皮电影

| 本文首发于皮皮电影（微信号：ppdianying）

皮皮电影 / 每天一部精彩电影推荐

皮哥荐片

摇滚芭比

开心麻花、德云社、辽宁民间艺术团是当下国内最火爆的三大喜剧社团，三大团体依靠着各自的专业、擅长的表演形式，以及旗下的当红艺人，赢得人气的同时，也赚足了金钱。

近几年，三大社团也开始逐步涉足电影行业，各自都有一些代表性的作品，不过最成功的，还得属开心麻花。

2015年开心麻花推出《夏洛特烦恼》电影版，这部改编自开心麻花同名舞台剧的影视作品，最终取得了14.41亿的票房佳绩。

皮哥今天推荐的这部电影，也是由舞台剧改编而成，电影名称为《摇滚芭比》。

《摇滚芭比》是外百老汇有史以来最成功的歌舞剧之一，并在世界各地巡回演出，之后被搬上大荧幕。

这部电影豆瓣评分8.7分，主要讲述了生于冷战时期东德的[illegible]被丈夫[illegible]变性引发的故事。

图 10-2　"皮皮电影"微信公众号发布的作品《【高分推荐】为了追求爱情，他找了个蒙古大夫做了变性手术》节选

---

① 邢福义：《文化语言学》，湖北教育出版社 1990 年版，第 249 页。

如图 10-2 所示，这则微信作品的主旨是推荐一部叫《摇滚芭比》的电影。这部在 2001 年上映的电影由约翰·卡梅隆·米切尔自导自演，电影主人公 Hansel 出生于冷战时期的东德，梦想去美国成为一名摇滚乐手。一名美国黑人士兵 Luther 对他表示爱慕之情，但要求 Hansel 必须同他结婚才能和他一起去美国。无奈之下 Hansel 做了一次非常糟糕的变性手术，改名 Hedwig 前往美国。到达美国后 Luther 移情别恋，Hedwig 振作起来，以女性的身份生活，并组建了一支女子乐团在酒吧献唱。该电影获得过美国国家评论协会最佳新人导演奖、旧金山电影节最佳故事片奖等，确实值得推荐。但这篇作品标题却使用了“蒙古大夫”代称“庸医”，这违反了文化禁忌，含有不尊重少数民族之意，应该予以改正。

其他国家和民族当然也有自己的禁忌语，如“管叔说”微信公众号 2016 年 7 月 29 日发布的《青春，Bloody Hell!》，是一篇广告软文，借曼联足球队来做汽车的宣传。标题里使用了英文“bloody”。“bloody hell”是英国俚语，意思差不多就是“真他妈的”“糟了”的意思。《牛津词典》在讲到该词的用法时写道，“blood”一直在英国口语中广泛使用，而今仍然不时出现在最下层社会的百姓之口，但有身份的人却把它看作是“可怕的词”。早在 20 世纪初，英国著名剧作家萧伯纳的戏剧《皮格梅隆》在伦敦上演，剧中女主人公的一句台词中使用了“bloody”一词，引发全场观众甚至整个伦敦的震惊。“bloody”在以前的英国是个分量很重的禁忌语，多少带有一些宗教色彩，是英国人的禁忌词，尽管其他国家并不会把“bloody”当成禁忌词，但是在涉及英国人或事的时候，还是应该避免使用。

（二）应对的措施

违反文化禁忌看起来不是什么非常严重的事，但移动新媒体写作并不是真正的日常口语、百无禁忌，它会一直在移动新媒体平台上广泛传播，所以那些违反文化禁忌的作品出现并传播开来，就会使熟悉该禁忌的阅览者产生惊讶感、被侮辱感等负面情绪。2013 年出现“恶搞佛祖禅师”事件后，恶搞佛教形象的作品就在网络媒体和移动新媒体上屡屡出现。2014 年 2 月，中国佛教协会作出公开回应，呼吁娱乐界和大众传媒坚守职业道德，尊重宗教信仰，尊重传统文化，不要单纯为了娱乐和经济利益过度消费佛教、肆意恶搞佛教，为传承弘扬优秀传统文化、净化社会风气发挥积极作用。2014 年 10 月，中共中央时隔 72 年再次召开文艺工作座谈会，习近平在座谈会上称，文艺不能当市场的奴隶，不要沾满了铜臭气。“据六小龄童讲述，在座谈会上，习总书记提到了玄奘大师和《西游记》的故事，习总书记说，多年来，我一直希望以戏曲为代表的国粹艺术立足中国、走向世界，尤其是《西游记》。我们的剧很受人们欢迎，但是同时有一些公开的戏说、恶搞《西游记》的作品同样大行其道，令人气愤。”①

所以我们主张所有移动新媒体写作的从业者都应该了解一下中外各国常见的文化禁忌，只有对文化心怀敬畏才能走得更远。

第三节　移动新媒体写作的法律问题

由于移动新媒体平台具有开放性的特点，而且消息传播速度特别快，导致难以监管，所以移动新媒体写作中也存在违反法律或游走于法律边缘的问题，其中侵犯知识产权、名誉权、姓名权等侵权、制谣传谣等法律问题最为突出。

一、侵犯知识产权问题

（一）移动新媒体写作中侵犯知识产权的表现

知识产权是指“权利人对其所创作的智力劳动成果所享有的专有权利”，一般只在有限时间期内有效。各种智力创造比如发明、文学和艺术作品，以及在商业中使用的标志、名称、图像以及外观设计，都可被认为是某一个人或组织所拥有的知识产权。主要包括专利权、商标权、著作权（版权）等。移动新媒体写作中频频出现的侵犯知识产权，特别是侵犯著作权的事件是不争的事实，基于移动新媒体写作中著作权利生成的即时性，零成本的数字化作品的复制也相对便捷，所以受侵犯概率极高，而侵犯著作权也成为移动新媒体写作中侵犯知识产权最主要的表现形式。

移动新媒体写作作品能否享有著作权，关键在于其内容的独创性，对于过分引用、常识性知识、体裁内涵无特别之处，以及不能体现出新颖性和独创性的作品，法律是不予保护的，也不能称之为作品。移动新媒体写作作品的著作权主要包括发表权、署名权、复制权以及传播权，其具体的侵犯著作权的形式有：

第一，作品发布者侵犯著作权。总体上，移动新媒体写作作品的发布者，不管是组织还是个人，无论是否认证，若其发布的作品涉嫌抄袭其他传统媒体、新媒体用户的作品，即为侵犯著作权。

① 马俊茂：《哪些事情让习近平愤怒?》，http：//www. bjnews. com. cn/news/2015/08/28/375929. html，2015-08-28。

第二，作品转发者侵犯著作权。主要是不合法的引用行为，包括未征得著作权人同意，擅自将非数字化传统形式表现的作品，在未署原作者姓名的情况下就载到移动新媒体上；对他人原创的移动新媒体写作作品抹去来源、水印，蓄意篡改著作权权属进行转发，等等。

第三，发布作品的移动新媒体平台侵犯著作权。一些新闻咨询类客户端，如“今日头条”APP 等知名度很高的移动新媒体平台，它们对用户的作品进行原版发布，供该平台的阅览者自由浏览、搜索观看，是合法的。但如果平台将用户的作品进行篡改或抹去署名再进行发布，则侵犯了原作者的著作权。

目前，关于侵犯移动新媒体写作作品的著作权案件也越来越多。如 2013 年，宁波某化妆品公司在未经许可的情况下，使用了华盖创意(北京)图像技术有限公司的摄影作品(作品上均有华盖公司的水印署名，且标注了图片信息和版权申明)，并发布在其微博上，被华盖公司告上法庭，被判侵权并赔偿 15000 元，同时停止侵权行为。法院审理后认为，被告未经许可，在公司的新浪微博中使用了涉案摄影作品进行商业宣传，将涉案摄影作品置于公开的信息网络中，系作品提供行为，侵害了原告享有的作品复制权和信息网络传播权。又如 2014 年 6 月，广东省中山市第一人民法院开庭审理了一起微信公众号知识产权侵权案。案件原告中山商房网科技公司是微信公众号“中山商房网”的所有人，被告中山暴风科技公司则是微信公众号“最潮中山”的运营方。2014 年 1—3 月间，微信公众号“中山商房网”推送的三篇文章都写明了“本文为商房微信搜集资料和撰写的文章，欢迎读者分享或转发到朋友圈。任何公众号未经许可不得私自转载或抄袭”。但依然被微信公众号“最潮中山”稍加改动后发布。原告商房网公司在诉状中称，被告擅自将原告注明不得转载的原创作品稍加修改后发布在微信公众号上，且被告通过该微信公众号向微信用户推送客户定制的广告，被告按照在线人数或粉丝数收取客户微信推广费进行营利，要求对方赔礼道歉并赔偿 1 元。2014 年 9 月 3 日，广东省中山市第一人民法院对广东首例微信侵权纠纷案作出一审宣判，法院认定被告中山暴风科技公司微信公众号的擅自转载行为侵犯了原告中山商房网科技公司的著作权，判令被告赔礼道歉，并赔偿经济损失。

(二)应对的措施

移动新媒体写作的健康发展，需要原创作品的支撑，需要法律进行规范和监督，当然也需要我们的移动新媒体写作者们熟悉并遵守相关法律规范。

2006 年 5 月 18 日，《信息网络传播权保护条例》由中华人民共和国国务院令第 468 号公布。该条例根据 2013 年 1 月 30 日中华人民共和国国务院令第

634号《国务院关于修改〈信息网络传播权保护条例〉的决定》，又进行了修订，自2013年3月1日起施行，共27条。2017年5月，国家互联网信息办公室也公布了《互联网新闻信息服务管理规定》，自2017年6月1日起施行，共29条。为了方便读者查阅，本书将这两个条例收录在附录三、附录四中。

如何做到既不侵犯移动新媒体写作中著作权人的合法利益，又能使平台用户最大限度地利用好平台传播信息，找到两者之间的平衡点，就显得非常重要。从《信息网络传播权保护条例》中我们可以看到，我国规定的合理使用与法定许可制度是基于这种利益平衡的考量，包括对移动新媒体如微博、微信等平台上作品的合理使用、法定许可、默示许可以及一般性不以营利为目的的转发行为，是作为著作权侵权的例外情形的。所以，一般且大量存在的不以营利为目的的转发行为可以免责，但具有显而易见的主观恶意且发生了负面法律后果的转发行为应承担相应的侵权责任。

二、其他侵权问题

（一）移动新媒体写作的其他侵权表现

由于创作的特性，除了侵犯知识产权外，移动新媒体写作中的其他侵权问题主要集中在侵犯隐私权和名誉权上。

1. 对隐私权的侵犯

在“隐私权”的概念界定上，法学界主要有三种观点：第一种观点认为，隐私权是独处而不受干扰的权利，是关于私人的生活不受侵犯或不得将私人的生活非法公开的权利；第二种观点认为，隐私权是主体对自己所有信息的控制权；第三种观点认为，隐私权是个人决定何时何地与外界沟通的权利。① 尽管法学界对“隐私权”概念的具体界定还没有达成一致的意见，但无疑隐私权是一种私权利。所以在移动新媒体写作中将其所知悉和掌握的与他人私权利密切相关的信息公开并予以传播，造成了他人的恐慌、不安和痛苦，就应当被认为是侵犯了他人的隐私权。

移动新媒体平台上的隐私权被侵犯的事件并不少见。如2011年10月，郭女士驾驶小轿车与杨某驾驶的越野车发生碰撞。之后，杨某驾驶越野车连续三次倒车，重复撞击郭女士的小轿车后逃逸。有现场目击者当场拍照，郭女士随后报警。警方很快找到了杨某，经调解双方达成和解协议：杨某赔偿郭女士3万元。后某网友在网络上发布信息称：“我女友驾车被撞，肇事司机驾车冲撞

① 杨立新：《人身权法论》，人民法院出版社2003年版，第662页。

三次并逃逸……车号××××××，求人肉!”两天后，杨某车辆投保的保险公司员工小胡出于“正义”，在微博上曝光了杨某的个人信息。之后，杨某向法院起诉小胡、保险公司、某微博公司，认为其侵犯了自己的权利。法院认为，公民的身份证号码、汽车号牌之间的对应关系属于个人隐私，他人无正当理由不得随意披露，小胡的行为侵犯了杨某的隐私权。法院判决小胡构成侵权，在微博置顶位置连续 7 天向杨某赔礼道歉。

所以随意将他人的隐私暴露在自己的移动新媒体上是一种侵犯隐私权的行为，移动新媒体写作者要严格避免此类行为的发生。

2. 对名誉权的侵犯

名誉，是指社会上人们对于公民或法人的品德、才干、声望、信誉和形象等各方面的综合评价。名誉权是人格权的一种。这些被维护的名誉是指具有人格尊严的名声，是人格的重要内容，受法律的保护。移动新媒体大多是可以分享信息、交流情感的开放或半开放平台，人们的喜怒哀乐都可以通过写作的方式在平台上得以展现。移动新媒体平台的用户可以对人和事发表评论、表达观点，这些评论和观点还能作为互联网上的公开信息被他人查阅获知；而一些人也把移动新媒体平台当作宣泄个人不满的地方，在这种情况下，移动新媒体上的名誉侵权的问题就显得较为常见了。

例如被称为“国内微博第一案”的“金山起诉奇虎 360 董事长周鸿祎案”。金山和奇虎 360 是两家存在竞争关系的网络安全厂商，两家公司在 2010 年 5 月打起了“口水战”。金山公司称，当天有大量金山网盾的用户向金山软件客服控诉 360 安全卫士恶意卸载金山网盾。随后，金山和奇虎 360 公司连发声明。5 月 25 日下午，周鸿祎相继在新浪、搜狐、网易、腾讯等网站，通过微博发表“揭开金山公司面皮”的系列文章，在短短 4 个小时内，共发布微博 42 条，对金山网盾进行了点名批评，用词激烈。5 月 31 日，金山公司起诉周鸿祎名誉侵权。北京市海淀区人民法院于 2010 年 12 月 6 日开庭审理，并在 2011 年 3 月 21 日进行了一审判决，认定周鸿祎的微博言论对金山公司造成了侵权，要求周鸿祎停止侵权，并删除其中 20 条内容侵权的微博。周鸿祎不服判决，提起上诉。北京市第一中级人民法院做出终审判决：周鸿祎微博言论对金山公司造成侵权，判决其删除相关微博文章。但相比一审，周鸿祎应删除的微博由 20 条减为 2 条，并认定其他博文内容尚未构成侵犯名誉权，赔偿款也由之前的 8 万元减为 5 万元。另外，终审的诉讼费 60200 元，其中金山公司承担 60000 元，周鸿祎承担 200 元。

直接发布诋毁内容可能侵犯名誉权，而转发侵权内容也同样不能免责。如

2016年，“肯德基使用6个翅膀、8条腿的怪鸡？烤熟的鸡肉有活蛆”等在微信朋友圈广为流传，令肯德基不胜其扰，最终选择将10个微信公众号告上法庭。肯德基认为，“6个翅膀、8条腿的怪鸡”“烤熟的鸡肉有活蛆”，这些耸人听闻的字眼，极大地刺激了公众的神经，破坏了肯德基的品牌形象。上海市徐汇区法院经过审理后认为，被告在并不确定文章所写事实是否真实的情况下，对涉案文章中多处存在凭空捏造的事实，以及诋毁、诽谤肯德基商业信誉、产品声誉的言辞，采取置之不理的态度，存在明显的过错，已经构成侵权。最终这10个微信公众号所隶属的三家公司不仅面临着60万元的赔偿，还需要在腾讯、新浪、搜狐等门户网站的新闻板块进行赔礼道歉。

（二）应对的措施

避免移动新媒体中的隐私权、名誉权等侵权行为，主要还是要依靠法制建设的不断完善和规范。2010年7月1日实施的《中华人民共和国侵权责任法》正式将隐私权作为一项公民基本权利进行了规定，该法第二条规定，“本法所称民事权益，包括……隐私权……等人身、财产权益”，隐私权再也不是附属于名誉权的二等权利。同时，该法第三十六条还对网络侵犯隐私权的责任加以规定，网络用户、网络服务提供者利用网络侵害他人民事权益的，应当承担侵权责任。1986年4月12日全国人民代表大会通过的《中华人民共和国民法通则》第一百零一条、第一百零二条和第一百二十条，都对名誉权进行了阐述。1999年3月15日全国人民代表大会通过并公布施行的《中华人民共和国宪法》第三十八条规定：中华人民共和国公民的人格尊严不受侵犯。禁止用任何方法对公民进行侮辱、诽谤和诬告陷害。

2016年8月4日，北京市第三中级人民法院召开“新媒体环境下审理名誉权纠纷案件情况”新闻通报会，通报会上对新闻媒体、网络服务提供者、自媒体使用者、公众人物等不同群体给出了相应的法律建议值得我们借鉴：新闻媒体在传播信息的同时要注意保护被报道对象权利，防止不实信息扩散损害他人名誉。自媒体使用者应遵守法律法规、加强网络自律，避免侵害他人名誉权。自媒体使用者应遵守法律法规、加强网络自律，保证原创信息具有一定的事实基础，避免使用不文明用语，不能任意夸大、歪曲事实或使用贬损、侮辱他人人格的言辞。对侮辱、诽谤性言论不跟风、不转发、不评论、不扩大侵权后果。公众人物和拥有一定知名度的微博用户应规范网络用语，做网络语言文明的表率，避免因使用粗鄙的言语而污染网络环境，不能为吸引粉丝眼球，随意传播、转载未经核实的信息甚至谣言，对他人批评、质疑意见应尽量保持理性、克制，参与公共话题讨论要在合理范围内表达意见，不能借机恶意诋毁和侮辱他人人格。网络服务提供者应建立健全网络空间言论规范机制。①

三、制谣传谣问题

在人类历史上，谣言的制造与传播由来已久，“众口铄金”“积毁销骨”“三人成虎”等成语都表明，即使是不真实的说法，说的人多了也会越来越像真的，破坏力也非常强大。随着网络的普及、移动新媒体的发展，信息的发布和传播变得十分容易，而谣言的制造与传播也变得十分简单，大有成为谣言滋生、扩散的重灾区之势。与传统谣言相比，移动新媒体中的谣言不论是传播速度还是传播范围都得到了更大的加强，甚至影响到了社会的和谐与稳定。

(一)移动新媒体上的主要谣言类别

中国社科院新闻与传播研究所发布的《2015 新媒体蓝皮书》调查显示，近六成假新闻首发于微博，发布的《2016 新媒体蓝皮书》认为，随着使用频率的增加，微信正在成为谣言传播的主渠道。总之，微博、微信等移动新媒体平台俨然已成为谣言最容易滋生和传播的温床。根据《微信公众号“谣言”传播研究报告》《微信年度谣言分析报告》等的数据分析，以微信为代表的谣言类型主要集中在健康养生类、人身和财产安全类、政经和社会秩序类、爱心转发类等类型上。

1. 健康养生类谣言

随着人们生活水平的提高，对健康养生的需求也随之旺盛起来。而一些关于健康养生的谣言也在移动新媒体平台上疯传，让人难辨真假。

例如 2013 年，微博上流传着“紧急通知：刚刚电视新闻已播出，暂时别吃牛肉、猪肉、羊肉、鸡肉、鸭肉或肉制品。因为辽宁到杭州 5570 头家畜感染了炭疽杆菌。杭州刚开完紧急会议。请尽量多通知亲朋好友”的谣言。信息中说得有板有眼，连具体数据都有，不少人信以为真，转发率很高。但浙江省疾控中心相关负责人在接受采访时说，浙江省从 1949 年起就没有出现过一例炭疽病患者。杭州市农业局工作人员也表示：从来都没有听说过，这是没有的事。其实类似的谣言已经流传很久，有好几个版本，只是这一次牵涉到了杭州而已。江苏省卫生厅、江苏省疾控中心，海南省农业厅都曾在媒体上公开表示：“这是一则子虚乌有的谣言。”

又如 2016 年，微信朋友圈被一篇题为“牛奶将人类送入癌症的坟墓”的文章给刷屏了。该文章称，牛奶中的 IGF-1(类胰岛素样生长因子 I)易致癌，牛

① 李丹、刘晓蕾：《北京三中院通报新媒体环境下名誉权纠纷案件审理情况》，http：//www.chinacourt.org/article/detail/2016/08/id/2050974.shtml，2017-07-17。

奶中的蛋白质会增加癌症、心脏病、糖尿病等的患病概率。其实，IGF-1 是生物自身分泌的一种激素样蛋白质，对人体血糖控制、生长发育等方面有重要作用。人体本身也含有 IGF-1，一名成年人每日体内的生成量为 1000 万纳克。而市场上的牛奶中 IGF-1 含量约 2.45 纳克/毫升，远低于人体内的量。且目前科学界评估认为，没有证据表明 IGF-1 是致癌因素。

2. 人身和财产安全类谣言

人身和财产安全是人们最为关心的话题之一，所以这类谣言在移动新媒体上也非常多。很多人看到此类谣言抱着宁可信其有不可信其无的思想，使得此类谣言影响面广，且难以阻断。如 2014 年，“借兜售军用望远镜之机，用射针伤人后摘取器官”这一“恐怖事件”在微信、微博等平台上广泛流传。该文称：“在长沙的桐梓坡路、枫林路一带，出现了一辆绿色哈弗 H5（车号辽 K75D33）越野车，有人在车旁兜售军用望远镜，在市民试用望远镜聚焦的时候，会有一根针弹出来射入他的眼睛，随后人会被带走摘取器官。”长沙警方辟谣说：从 2009 年开始，在北京、上海、湖北、山西、江苏等省市的汽车论坛里，均有网友发帖称在当地遇到操东北口音、驾驶辽 K 牌照的吉普车的人在路边搭讪兜售军用望远镜。针对传闻，北京、兰州、济南等地警方都曾专门辟谣。而长沙市公安局 110 报警中心近期并未接到过类似的报警。

3. 政经和社会秩序类谣言

政经和社会秩序类谣言是指为了某种特定的政治、经济等需要或达到某种政治、经济等目的，以移动新媒体写作作品为介质传播的毫无根据或对事实严重歪曲的政治、经济和社会秩序的消息。

一些政治类谣言不仅带有明显的政治意图，而且攻击对象非常明确，通常表现为有针对性地对敌对的政治集团尤其是领导人物进行目标明确的攻击、诽谤甚至是诬陷。可以这样说，网络政治谣言既是政治权力和政治利益斗争的产物也是进行政治斗争的工具和手段。在 2016 年美国总统大选期间移动新媒体上都曾出现过许多针对竞争对手个人进行攻击的政治类谣言。如一条题为“突发新闻：FBI 已经确定希拉里即将定罪”的谣言新闻，在美国最火的移动新媒体 Facebook 上获得了超过 14 万的转发与评论，让很多人误以为希拉里真的因为“邮件门”丑闻而在劫难逃。

4. 爱心转发类谣言

所谓爱心是指同情怜悯之心态（包括相应的行动），它是一种奉献精神，也是关怀、爱护人的思想感情，是一种良好的品质。然而一些唯利是图者利用人们的爱心，频频在移动新媒体上利用人们的爱心骗取转发率。这些谣言“绑架"公众爱心，利用人性的宽容与怜悯，假借人性对事情表露出的同情看法或人们看到弱小的东西时自然发出的爱心，欺骗他人，使得谣言在移动新媒体上广泛转播。这种出于好意的爱心转发，无意中却成了谣言的传播者，也成了受害者。

如2011年，一则谣言在网络论坛、微博、微信中流传："周萌萌，女，六岁半，于2011年1月31日在四川省彭州市被拐。母亲因思念过度住院。若有线索请马上与萌萌爸联系：133××××0798。必有重谢；每转发一次，都有可能带来一次希望；相信好人有好报！"并配发了一张很可爱的小女孩的照片。后经警方查证，图中的小女孩其实是杭州很有名的小童星徐湘涵，造谣者为了达到目的，使出移花接木大法硬生生地编造了这么一份寻人启事，照片是假的，名字也是假的。由于真正被拐的儿童还有很多没有找到自己的亲人，编造这种信息会浪费本来就有限的社会资源。

（二）应对的措施

谣言的存在，对社会来说就是一个毒瘤，百害无一利。移动新媒体的迅捷也给谣言的生长带来了便利。为了杜绝移动新媒体中的制谣传谣现象：首先政府层面需要加强立法和监管；其次相关部门应密切关注舆情，及时辟谣；最后教育公众树立不制谣传谣的意识。

对制谣传谣的法制建设已经越来越完善。在刑法领域，2015年11月1日起我国《刑法修正案（九）》正式实施，在刑法第二百九十一条第二款中增加了一条"编造、故意传播虚假信息罪"。这意味着在网络平台发布虚假信息，将会受到刑法处罚。现在微博、论坛、微信上的信息量繁多，部分网络使用者为了赚取关注度或者点击量，别有用心地编造发布虚假信息，以往可能最多受到治安处罚，但是现在，在微博、微信发布虚假信息有可能构成犯罪，其中造成严重后果的，最高可处7年有期徒刑。在行政法领域，《治安管理处罚法》第二十五条规定散布谣言、谎报险情或者故意扰乱公共秩序的，公安机关可以根据情节严重给予处罚，情节较轻的，处5日以下拘留或500元以下的罚款，情节较重，处以5日以上10日以下的行政拘留，同时可以并处500元以下的罚款。在专门的法规中，2000年9月，国务院颁布的《互联网信息服务管理办法》第十五条规定互联网服务提供者传谣散布谣言，传播虚假信息扰乱公共秩序。随后还出台以下规范文件如《互联网电子公告服务管理规定》《互联网站从事登载新闻业务管理暂行规定》《互联网新闻信息服务管理规定》《维护互联网安全的决定》《互联网等信息网络传播视听节目管理办法》《互联网视听节目服务管理规定》《关于加强互联网视听节目内容管理的通知》等。

谣言传播的速度快，辟谣的速度和力度也应进一步加强。政府主管部门和移动新媒体平台都应加强对谣言传播的治理，并迅速对谣言进行响应，第一时间发布信息，公开事实的真相，共同让辟谣“飞”得更快点。

不管是移动新媒体写作者还是转发者，都应该保持警惕，做到不制造谣言、不传播谣言、不给谣言生存的土壤。我们每个普通人，面对移动新媒体上那些蛊惑人心的谣言，都应进行理性判断，不对谣言推波助澜。

本章小结：

本章第一节从用语低俗、修辞过度和“标题党”现象等入手分析了移动新媒体写作的语言问题；第二节从网络暴力、舆论失真、文化禁忌问题等方面阐明了移动新媒体写作的道德问题；第三节是从知识产权保护、其他侵权、制谣传谣等角度揭示了移动新媒体写作的法律问题。

本章重点：移动新媒体写作的语言问题；

移动新媒体写作的法律问题。

本章难点：移动新媒体写作的道德问题。

本章思考题：

1. 分析下列移动新媒体写作作品存在哪些问题？

很多文章都在讲万科，后台有评论说“王石要是没有他老丈人，他现在算个屁”，我当时就想，哎哟，敢情就你知道王石有个职位很高的老丈人啊，欺负我们不会“百度一下”是吗？

有一条曾经被疯转的段子是这么说的：盖茨的书不会告诉你他母亲是 IBM 董事，是她给儿子促成了第一单大生意，巴菲特的书只会告诉你他 8 岁就知道去参观纽交所，但不会告诉你是由他身为国会议员的父亲带他去的，是高盛的董事接待的。

很多人看了就好兴奋，就像看到由佐山爱、希志爱野、麻美由真、西野翔联合主演的爱情片一样。因为寻寻觅觅许多年，他终于找到了自己至今一穷二白的原因：哦，原来这帮有钱人都是这么有背景的，难怪老子现在没钱、遭人白眼，其实是因为我老爸不行，因为我妈不是 IBM 的董事，因为我没娶到一个广东省政法委××的女儿。

他很欣慰，然后立刻转到朋友圈得意一番，就像一个定了百度外卖，然后因为送晚了而享受此单免费的人一样。

他接着关掉从淘宝花一块钱购买的盗版优酷账户，安心去看斗鱼的美女主播发嗲卖萌了，看到哪个房间发了火箭，一路小跑去抢个鱼丸。两分钟后回来，拿着抢来的仨俩鱼丸舔屏，幻想着哪天女主播也能加自己的微信，甚至还能约上一次。这样的日子日复一日，直到成为老人，他还会念叨着比尔·盖茨的母亲这个故事。

很抱歉，看到这种段子马上就转的，至少暴露了如下几个问题：

(1)毫无思辨能力，轻信各种信息。盖茨的书里没写他妈妈是IBM董事，你就以为盖茨骗了你，但你有没想过，这个段子是不是也骗了你？盖茨的妈妈真的是IBM董事吗？就算盖茨的妈妈是IBM董事，那人家的妈妈是怎么当上董事的，难道他妈妈还有一个做国会议员的姥爷？

(2)不思进取，为自己的懒惰找借口。这种人的逻辑是，因为巴菲特的爸爸是国会议员，所以他才获得了成功，我爸爸不是国会议员，所以我不成功是有道理的。不是我不努力，因为我爸爸不是国会议员啊。好吧，所以你终将是个傻×，而你的孩子也会因为你是个傻×，而继续不努力，选择做个傻×。

(3)智商。这个，不多说了，建议还是自己去测测为好。

（节选自微信公众号“世界周刊”2016年11月22日发布的《傻×们兴奋地发现：原来牛×的人都是有背景的》）

2. 请谈一谈你在从事移动新媒体写作时，如何避免出现语言、道德和法律问题？

本章推荐阅读：

1. [法]古斯塔夫·勒庞：《乌合之众——大众心理研究》，玛克利，译，广西师范大学出版社2007年版。

2. 陈来生：《无形的中国禁忌文化》，上海三联书店1999年版。

3. 陈秀云：《新闻误解：论新闻文本间距》，中国书籍出版社2011年版。

4. 刘志刚：《网络空间的文化治理》，江苏人民出版社2012年版。

5. 龙其林：《大众狂欢：新媒体时代网络文化透析》，浙江古籍出版社2014年版。

6. 路鹃：《新媒体传播中隐私侵权问题及救济路径研究》，清华大学出版社2016年版。

7. 龙井溶：《新媒体时代的版权与技术》，陕西师范大学出版社2016年版。

附录一　近五年大众流行词句一览

【2012 年】

1. 正能量

它指的是一种健康乐观、积极向上的动力和情感。“正能量”本是物理学名词，霍金在《时间简史》中就用过：“宇宙中的物质是由正能量组成的。”“正能量”的流行源于英国心理学家理查德·怀斯曼的专著《Rip it up》(中文译名《正能量》)，其中将人体比作一个能量场，通过激发内在潜能，可以使人表现出一个新的自我，从而更加自信、更加充满活力。当下，人们为所有积极的、健康的、催人奋进的、给人力量的、充满希望的人和事，贴上了“正能量”标签。

2. 舌尖上

2012 年中央电视台播出纪录片《舌尖上的中国》，展示了中国各地的美食生态和丰富多彩的饮食文化，引起广泛关注。此纪录片的走红，使得“舌尖上”的说法也受到了人们的青睐，俨然成了饮食文化的“代言人”，灵活地表达与之相关的丰富意蕴。如“舌尖上的中国”，即中国的饮食文化；“舌尖上的快乐”，意思是品味美食的乐趣；而“舌尖上的爱情”则可以理解为与饮食息息相关的爱情生活。

3. 高富帅/白富美

“高富帅”指高大、富有、帅气的男人，是由三个单音节形容词并列构成的准固定词组；“白富美”指肤白、富有、貌美的女人，也是由三个单音节形容词并列构成的准固定词组；都是指在择偶方面最有优势的男人和女人。最初这两个词是网民对青春偶像剧和日本动漫中男女主人公特征的概括，表达了对虚拟世界里“高富帅”与“白富美”之间童话婚恋的艳羡，同时也寄托着对理想生活的向往和对平凡现实的自我解嘲。“高富帅”和“白富美”现已成为日常生活里的热门词语。

4. 中国式

“中国式”的说法最初源自王海鸰的小说《中国式离婚》，改编成电视剧后曾火热一时，衍生出“中国式××”等说法。而今年，网友提出的“中国式过马路”，即“凑够一撮人就可以走了，和红绿灯无关”，成为“中国式”爆发的导火线。媒体上出现大批以戏谑口吻议论国人或中国社会问题的“中国式××”，如“中国式接送孩子”“中国式相亲”“中国式插队”，等等，于戏谑中表达自嘲与质疑。

5. 压力山大

意思是压力像山一样大。这个词是由我国男女老少最为熟悉的外国人名“亚历山大”，通过谐音、暗喻演变过来的。前半部分谐音，后半部分暗喻。后来又出现变体“鸭梨山大”，更加诙谐有趣。“压力山大”一问世，就被人们广泛接受，一来是交际上的需要，二来是念着顺口、听着顺耳，并且幽默感十足。

6. 最美

“最美丽”的简称，新兴的用法“最美+身份”的组合作为一种对人物的美称在 2012 年已成为感动中国的新力量。这种组合的流行始于“最美妈妈”。2011 年，一个 2 岁女童从 10 楼坠落，正在楼下的吴菊萍冲过去接住了孩子。小女孩得救了，而吴菊萍左臂粉碎性骨折，人们称赞吴菊萍为“最美妈妈”。此后各种“最美”称号不断涌现，如最美教师张丽莉、最美司机吴斌、最美战士高铁成、最美女法官后莉，等等。

7. 接地气

它的本义是“接土地之气”，民间常说的“水土不服”就是不接(当地的)土地之气(泛指自然环境和气候)。流行语“接地气”中的“地”用的是比喻义，指老百姓的生活。“接地气”就是“贴近老百姓真实生活的实际”“反映百姓真实生活情感”。如党员干部“接地气”，就是要深入基层，广泛接触民众，了解民众的苦与乐、民众的意愿和需求。

8. 躺着也中枪

出自周星驰电影《逃学威龙》中的一句台词。剧中双方激烈打斗，某人装死，另一人向地上发了一枪，正中装死的人，装死的人叫道“躺着都能中枪!”一般而言，枪战中如果躺在地上，中枪的概率是最低的。所以“躺着也中枪”用来形容无缘无故地受到牵连，或被卷进是非。现在也有人使用缩略形式“躺中”“躺枪”“中枪”等，表达的都是同样的意思。

9. 给跪了

来自网络用语“我给你跪下了”，是微博、论坛、百度贴吧等上的流行用词，意即膜拜、叹服，多用于调侃和讽刺，在加重语气的同时，带有一丝无奈和幽默的味道。后来又出现了类似意思的网络新语，如“献上膝盖”“请收下我的膝盖”等，在不同场合中遇到令人崇拜、敬仰的人物时可以使用，有时也用作调侃或讽刺。

【2013年】

1. 涨姿势

它是“长知识”的谐音，意喻让人长见识了，开眼界了。起初，“涨姿势”只用于见到新奇事物，往往指不好的反面，用于表示惊讶的语气，在小范围的网友之间传播，后被普遍理解为长知识或者对于自己惊讶之情的适度夸张。

2. 我和小伙伴们都惊呆了

2013年6月，某网友上传的一段讲述端午节来由的小学作文截图走红网络。这位小学生用一大段文字想象了一下我国的端午节是怎么来的，其中包含了屈原、经典影视情节等要素，因为整个故事情节曲折、内容丰富、想象十足、天马行空，所以一经面世就在新浪微博上广为传颂，成为网友们热捧的对象。而文章中结尾的一句“听了这个，我和我的小伙伴们都惊呆了”，一炮走红并迅速传播。“我和小伙伴们都惊呆了”和“小伙伴们都惊呆了”多用于表示惊讶与讽刺。

3. 土豪，我们做朋友吧

“土豪”是一个旧词，含贬义，因2013年网上流传的一个故事而重新焕发出新的生命力：“一日，青年问禅师：‘大师，我现在很富有，但是我却一点也不快乐，您能指点我该怎么做吗？’禅师问道：‘何谓富有？’青年回道：‘银行卡里8位数，五道口有3套房不算富有吗？’禅师没说话，只伸出了一只手，青年恍然大悟：‘禅师是让我懂得感恩与回报？’‘不，土豪……我们……可以做朋友吗？’”这句话略带嘲笑和讽刺，还有漫不经心地开玩笑的意味。

4. 抢头条

2013年，歌手汪峰五次发布自己的重要动态，都被娱乐圈更轰动的新闻淹没了，由此得到网友们的友情支持，誓要让汪峰抢到头条，于是“抢头条”成为2013年大家喜闻乐见的活动和口头语之一。该流行语在使用时带有鼓励人们积极拼搏、敢为人先的意味。

5. 感觉不会再爱了

原文出自豆瓣网友的日志，因其年仅13岁，就抱怨“马上就要13岁了，单身，身心疲惫，感觉不会再爱了”而备受广大网友吐槽并走红。本意原是用来表达爱情受挫后内心的抑郁。后被引申为遇到小挫折、小辛苦时抱怨的一句话。

6. 喜大普奔

它是“喜闻乐见、大快人心、普天同庆、奔走相告”的缩略形式。在过去的新闻写作中常常以一种程式化的叙述方式出现，多含有过分夸张之意，表示一件让大家欢乐的事情，大家要分享出去，相互告知。网友将几个词缩略使用，既有对程式化的传统新闻写作的讽刺，也含有一些幸灾乐祸的意思。

7. 为何要放弃治疗/何弃疗

出自杨永信医生用电击疗法治疗网瘾少年的事件，这是杨永信在治疗一些网瘾少年的过程中使用电击疗法而被指责时的回答，多用缩略结构“何弃疗”。这句话表面上看似是关心人，实际上是在损人，是对“你有病啊”等语意的委婉表达。

8. 中国大妈

由于中国大妈们大量收购黄金，导致2013年内国际金价创下最大单日涨幅纪录，华尔街在惊讶之余创造性地发明了“Dama”这个词。中国大妈随之也成为一个群体的代名词，这个群体代表了当下中国理财意识觉醒、有雄厚资金实力，但思想传统且不具备专业素养的部分中国消费者。使用时有戏谑的意味。

9. 高端大气上档次

最早出自电视剧《武林外传》的台词，后被运动员刘翔、湖南卫视《我们约会吧》节目等多次使用后，于2013年走红，形容事物有品位、有档次，偶尔也做反讽使用。网友们还在这个词汇组合后面加了很长的一段，即“高端大气上档次，低调奢华有内涵。奔放洋气有深度，简约时尚国际范。低端粗俗甩节操，土鳖矫情无下限。装模作样绿茶×，外猛内柔女汉子。卖萌嘟嘴剪刀手，忧郁深沉无所谓。狂拽炫酷吊炸天，冷艳高贵接地气。时尚靓丽小清新，可爱乡村非主流。贵族王朝杀马特，提莫团战必须死”，从而使得这个词充满诙谐意味。

10. 女汉子

“女汉子”这个词最早是由明星李艾在新浪微博上发起“女汉子的自我修养”这一话题所引起的。女汉子们不是真汉子，是指一般行为和性格向男性靠拢的一类女性。在职场中，女汉子们性格大大咧咧，异性缘好，与男生称兄道弟；生活中，女汉子们不喜欢化妆，打大型游戏仿佛小菜一碟，具有独立、自强的特点和豪爽的男子气概。为中性词。

11. 逆袭

这是一个从日语引进的新词，通过一些日本电影与动漫作品对我国青年产生影响，后也成为中国网络游戏常用语，区别于正常的由玩家向 NPC 发动攻击的方式，指在逆境中反击成功。如今其意义和用法得以拓展，新事物冲击旧事物、后浪推前浪等，都可称作逆袭。逆袭表达了一种自强不息、充满正能量的精神。

12. 奇葩

本来指珍奇而美丽的花朵，常用来比喻珍贵奇特的外貌或非常出众的事物，也比喻出众的文艺作品。“奇葩”在字典中不是贬义词，而是褒义词，表示夸赞他人。流行语境中的“奇葩”，则来源于网络，常用来比喻某人某事或某物十分离奇古怪，世上少有。

【2014 年】

1. 萌萌哒

即“萌萌的”，本为网络词语，现在已演化为大众流行语。“萌”即可爱；重叠为“萌萌”，则是很可爱的意思。“哒”读 dɑ，本为音译用字，谐音“的”，显得俏皮、幽默而亲切。“萌萌哒”三字连用，意为太可爱了，人、事、物均可使用。“萌萌哒”是由网络热词“么么哒”演变而来的，其受到日本萌系文化影响，起始于豆瓣小组，有用户发帖自称“今天出来没吃药，感觉整个人都萌萌哒”。后由于新堂爱的 GIF 图片而流行起来，由于语义环境差别，“萌萌哒”一般用来形容自己的萌化形象。

2. 画面太美我不敢看

这句出自蔡依林的歌曲《布拉格广场》中的歌词，“在布拉格黄昏的广场，在许愿池投下了希望，那群白鸽背对着夕阳，那画面太美我不敢看……”被网友引申为对奇葩事物的形容，表示对出人意料的画面的调侃、自嘲。嘴上说“美”，但用“不敢看”表达了对它的否定，暗含讽刺意味。常用于讽刺并不美好的事物，如一张图片很雷人，网友就可以用“那画面太美我不敢看”来形容它，表达自己因为看到这张图片受到了视觉或是心理冲击，害怕再次看到它。

3. 我也是醉了

该句可以追溯到金庸的《笑傲江湖》。小说中爱开玩笑的令狐冲曾这样讽刺别人的谄媚：“我一看到那些人的谄媚样，可就浑身难受，摇摇晃晃几欲醉倒。”之后 DOTA 游戏玩家们对此词情有独钟，喜欢说：“呵呵，这货的技术，我也是看醉了。”本是在电脑游戏解说中热门的这句话，逐渐被运用到微博评论中，进而在网络中扩散。它是一种对无奈、郁闷、无语情绪的轻微的表达方式。通常表示对人物或事物无法理喻、无法交流和无力“吐槽”。有卖萌、耍乖、撒娇的味道，通常表示对人物或事物的无法理喻、无法交流和无力“吐槽”。

4. 也是蛮拼的

出自热门综艺节目《爸爸去哪儿2》中艺人曹格的口头禅，主要表达说话者对其所说事件或任务的嘲讽、嘲笑或者鄙夷。因为节目的大热而被网友注意并模仿使用，之后在网络上被大家所熟知并广泛传播。是“挺努力”的意思，但是即使很努力了，却没有成功，具有反讽意味。在很努力地去做一件事情但却没有成功时，可以用这样一句话来表达自嘲意味。现代社会，压力不小，在努力无果时用“也是蛮拼的”代替放弃，表达现代人的一种乐观的态度。

5. 我读书少，你可别骗我

出自李小龙版的电影《精武门》，李小龙饰演的陈真说了一句台词：“我读书少，你可别骗我”，其实李小龙本人是哲学专业的留学生。后来马伯庸将这句台词当作书名，这本书就叫作《我读书少，你可别骗我》，被用来指代知道真相时一时无法接受的无奈与不解，从而被广泛用到互联网中，一般用于交谈中的调侃，表示不要欺负老实人。

6. 且行且珍惜

出自2014年上半年火热的娱乐圈事件。2014年3月31日凌晨，艺人文章首次回应“出轨门”承认了劈腿传闻。3分钟后，文章的妻子马伊琍在微博写了句“恋爱虽易，婚姻不易，且行且珍惜”来回应。一时间“且行且珍惜”流传于网络。“且行且珍惜”的字面含义为一边走着，一边珍惜着，有“好自为之”之意。

7. 保证不打死你

“宝宝你过来，爸爸保证不打死你”是热门综艺节目《爸爸去哪儿2》中艺人吴镇宇的一句口头禅，由于其口气太过严厉，被网友恶搞成“你过来，我保证不打死你”，觉得其霸气侧漏，就在微博上面大量使用，用于表达极度生气且压抑着的愤怒。

8. 我只想安静地做个美男子

出自网络迷你剧《万万没想到》，“叫兽易小星”扮演的唐僧常把这句话挂在嘴边，全句为“我想我还是安静地当一个美男子算了”。为何要安静，因为自己很闹腾；为什么做美男子，因为自己长得丑，因此这句话常常被长得丑又很闹腾的男生用来自我调侃，当用于形容他人时，常表示讽刺意味。

9. 不作死就不会死(no zuo no die)

出自日本动漫《机动战士高达》第12集中的台词，卡缪·维丹连续击坠两架FF-S3剑鱼战斗机后感叹：“不反抗就不会死，为什么就是不明白?”后被网友发扬光大，引申成“不作死就不会死”。当一个人没事找事，结果反而倒霉的时候，即可以此句来评价。作(zuo)，一声，吴语，表示无端生事、没事找事的意思。这句话与“自作孽，不可活”的意思大体相同。后在网络上又衍生出“no zuo no die”的中式英语版本，被编入美国网络俚语词典。

10. 你懂的

从英文“you know”翻译过来，来源于2008年知名论坛天涯和猫扑上关于求索某事件门套图的专用隐语。2014年3月2日，全国政协新闻发言人在回答关于周永康的提问时说：“无论什么人，无论职位有多高，只要触犯党纪国法，就要严厉惩处。我只能回答成这样了，你懂的。”发言人睿智而幽默的回答引发了一阵笑声。于是“你懂的”走出网络，在全社会流行。“你懂的”主要用于两种场合。一是由于许多人都知道，说话人不必多说或无需说明。二是由于涉及敏感话题，说话人不愿说、不能说或者不便说。当下，“你懂的”成为一个有几分神秘而又十分管用的社交应对语。隐含“我不说，你也懂”的意思。目前已是网友们对所有“心照不宣”的事情的最佳表达。

11. 神器

中国古代神话传说中，有“十大神器”的说法，比如盘古开天地的神器叫“开天斧”，女娲补天的神器叫“补天石”。古代人类对宇宙间许多现象无法认知，难以解释，只好“归功”于“神”的力量。如今网友们将某种新器物或高科技产品称为“神器”，目的是强调其独特的神奇功效。当前，“神器”一词已经成为备受青睐的潮语。

12. 你家里人知道吗?

起源于对一个在网吧看《新闻联播》的网友的评价：“你在这这么厉害，你家里人知道吗?”然后迅速在网上走红，“你家里人知道吗”很快成了网络流行语。其含有讽刺意味，属于“吐槽”类的常用语，如“你大清早的就逗我玩，你家里人知道吗?”

13. 前方高能

一般认为最早出自《机动战士高达》系列，在各ACG弹幕网的视频弹幕中经常会出现“前方高能”之类的弹幕，预示接下来视频会出现激烈的内容或画面。最早的格式是“前方高能反应，非战斗人员迅速撤退”之后经过简化变为“前方高能”，用来形容马上就要出现特别令人惊诧的、刺激性强的内容了。

14. 现在整个人都不好了

原本是天涯社区的求助帖子的标题“被男友拿了一血，现在整个人都不好了”，后简化为“整个人都不好了”，被广泛用于表达无语、无奈、受不了了等状态。

【2015 年】

1. 世界那么大，我想去看看

2015 年 4 月 14 日，河南省实验中学的一名女心理教师的辞职信在微信朋友圈引发热评，辞职的理由仅有 10 个字：“世界那么大，我想去看看。”有网友评价这是“史上最具情怀的辞职信”，也有网友调侃：“上联：世界那么大，我想去看看；下联：钱包这么小，哪都去不了；横批：好好上班。”反映了现代人个性自由、洒脱不羁的性格特征。

2. 你们城里人真会玩/城会玩

关于“你们城里人真会玩”的出处有两种说法。说法一：早些时候，前 EXO 成员吴亦凡在上海某所大学拍摄电影，结果有人假扮吴亦凡让那些狗仔以为是吴亦凡本人，并且狗仔把照片上传到微博上，然后才发现并不是吴亦凡本人，之后就出来了这句——你们城里人真会玩。说法二：戛纳红毯走秀后，“披着东北花被”的张馨予在微博上发照片，说自己是农村小媳妇，还称你们城里人真会闹。自此，这句话成为网络最经常见到的互相调侃的一句话。这是一种贬低自己、抬高别人的说法，看似是夸奖，其实是在暗讽。“城会玩”则是“你们城里人真会玩”的缩写，是带有讽刺意义的说法。

3. 脑洞大开

“脑洞大开”由“脑补”衍生而来。“脑补”源自日本动漫，本指观剧者通过自己的想象来补充或添加原剧中没有的情节或内容。后来词义扩大，对小说及其他艺术作品甚至现实生活中的情节、情景进行幻想、想象，也称“脑补”。“脑洞”则是大脑中需要用想象力去填充的“洞穴”，即进行“脑补”的场所。“洞穴”越大，想象越丰富。“脑洞大开”意为想象天马行空，联想极其丰富、奇特，甚至到了匪夷所思的地步。2015 年 2 月，网络剧《脑洞大开》播出，“脑洞大开”于是频频亮相于媒体，成为流行语。

4. 颜值

“颜”意为面容、容貌，“值”意为数值。“颜值”本指男女颜容英俊或靓丽的程度，是用数字来评价人物的容貌。如同其他数值一样，“颜值”也有衡量标准，可以测量和比较，所以有“颜值高”“颜值爆表”“颜值暴跌”的说法。后来“值”的数值意义淡化，在词义上“颜值”就相当于“颜”，只表示面容和姿色。2015 年，其指称范围进一步扩大，由人及物，物品的外表或外观也可用“颜值”表示。

5. 明明可以靠脸吃饭，却偏偏要靠才华

艺人贾玲昔日的一张清秀照片被网友翻出来后，大家惊讶地发现，自嘲经常跟男生掰腕子的贾玲曾经竟也清秀动人、袅袅婷婷。而贾玲本人则在微博上回应道：“我深情地演绎了：明明可以靠脸吃饭，偏偏要靠才华。”引发众多网友热议和传播。这句话主要用于赞美自己和他人，意思是此人不仅长得漂亮，还非常有才华。

6. 我想静静

源自“秋裤大叔”2015 年的一首歌《我是静静》中的歌词“我说我想静静，你却问静静是谁”，伴随着歌曲的走红，这句歌词也受到关注，并被简化为“我想静静”。这句原意是“让我静一静”，但因使用时被故意曲解为“我想念静静”的意思，从而表达出人与人之间微妙的隔离感。

7. 网红

“网红”即“网络红人”，指被网民追捧而走红的人。“网红”走红的原因很复杂，或因出众的才貌，或因搞怪的行为，或因意外事件，或因网络推手的运作，等等。“网红”是网络时代的产物，其身上投射出的特质，迎合了网络世界的“审美”或“审丑”心理，从而赢得了广大网民理性或非理性的关注。“网红”在 2015 年热度飙升，和媒体纷纷爆出明星大腕与其“网红”女友的恋情有关。

8. 内心几乎是崩溃的

“内心几乎是崩溃的”即“我的内心几乎是崩溃的”。2015 年 1 月 3 日，快看世界科技有限公司年仅 22 岁的女 CEO 陈安妮在电视上接受采访时说了一句“我的内心几乎是崩溃的”，于是“内心几乎是崩溃的”成为 2015 年流行语，被大众争相使用。其用来形容人遭遇到巨大挑战、重大困难时，内心十分纠结但外表看不出来的状态。

9. 我妈是我妈

来源于市民陈先生“如何证明我妈是我妈”的奇葩遭遇：陈先生一家三口准备出境旅游，却被要求出具陈先生和紧急联络人的母子关系证明。陈先生早已落户北京，父母在江西老家的户口簿上早就没有了陈先生的信息。头疼之际，有人给陈先生指了一条道：到父母户口所在地派出所开个证明。最后这一难题的解决，得益于向旅行社交了 60 元钱。这句话用来调侃各种“无法自证的清白”，却让人们四处跑腿证明、摸不着头脑。

10. 主要看气质

“主要看气质”，意思是不要太看重外在形式，内在气质才是决定因素。此语在2015年末突然蹿红，成为一句强势的流行语。起因是台湾女歌手王心凌为了配合新专辑《敢要敢不要》的发行，在微博上发布了一张吃汉堡的宣传照。网友纷纷留言评论，普遍说博主品位不高。但有位网友认为，虽然是一张奇葩照片，但“主要看气质”，这则留言立马获得了广大网友点赞，被大量转发，火速引爆，并在短时间登顶热搜第一。使用“主要看气质”时，通常要发布一张使人大跌眼镜的图像或视频，甚至是装丑照。它体现了现代人自嘲的幽默感。

【2016年】

1. 吃瓜群众

现实生活中，人们常一边嗑着瓜子吃着零食，一边听人闲聊并参与唠嗑。在网络论坛中，人们发帖讨论问题，后面往往有一堆人排队跟帖，或发表意见，或不着边际地闲聊。2016年，有人将“不发言只围观”的普通网民称为“吃瓜群众”，自嘲或互嘲，用来表示一种事不关己、高高挂起、不发表意见、仅仅围观的状态。

2. 友谊的小船

2016年3月，一个叫“喃东尼”的画师在其微博上贴出了一组名为《友谊的小船说翻就翻》的漫画：两个生动可爱的小企鹅是好朋友，坐在同一条小船上，因为一个小原因(如一方变瘦)，小船立马弄翻。这组漫画很快受到追捧，网民纷纷配上新的文字，掀起了一场“翻船体”造句大赛。语言学者考证称，“友谊的小船”可能源自风靡中国的经典美剧《老友记》。《老友记》的台词中曾如此幽默道：“什么船是永不沉没的？友谊的船。”

3. 葛优躺

2016年7月，一组“葛优躺”表情包开始出现在网络上。其图片源自曾热播的大型家庭情景剧《我爱我家》，葛优饰演的“二混子”去别人家蹭吃蹭喝，像一摊烂泥瘫坐在沙发上，其神态妙趣横生。随着表情包走红，网民们便把极其懒散的瘫坐姿势称作“葛优躺”。有人说，如今生活节奏越来越快，生活压力越来越大，内心累积了越来越多的“负面情绪”，“葛优躺”式的颓废迎合了人们放空一切、降低焦虑、释放压力的心理需求。这正是“葛优躺”一词流行的心理背景。

4. 洪荒之力

2015年，仙侠玄幻剧《花千骨》中，主角花千骨的经典台词“我已控制不住体内的洪荒之力”引爆了热度并在网络速传成潮流。2016年8月，中国选手傅园慧在里约奥运会女子100米仰泳半决赛中杀出重围、晋级决赛。赛后接受媒体采访时，她以一句“我已经用尽洪荒之力啦”红遍神州。如今，“洪荒之力”被频频使用，多用来形容超乎想象的巨大能量。

5. 套路

汉语中本有“套路”一词，指编制成套的武术动作，如少林拳套路；也指成系统的技术、方式、方法等，如改革新套路。2016年网络流行语中的“套路”翻出新意，泛指经过精心编制的、用来迷惑人的说法或做法，甚至诡计、陷阱。

6. 小目标

2016年8月，万达集团董事长、亚洲首富王健林在接受电视专访时表示：“想做世界首富，这个奋斗的方向是对的，但是最好先定一个能达到的小目标，比如我先挣它1个亿。”深受震动的网民纷纷转发该视频截图。“小目标”这个词语也迅速走红，其意思正好与本意相反，指的是普通人难以达到的“大目标”，甚至是一辈子无法企及的目标，其中满含娱乐、自嘲精神。

7. 蓝瘦，香菇

2016年11月才开始风行的“蓝瘦，香菇”，其实是“难受，想哭”的谐音。2016年10月，广西南宁一名小伙子在失恋后录了一段视频说：“难受，想哭，本来今天高高兴兴，你为什么要说这种话？难受，想哭……”由于小伙子的普通话带着非常浓郁的广西味，所以听上去像“蓝瘦，香菇”。2016年10月13日，深圳某公司抢先将“蓝瘦，香菇”注册为公司商标。网民则大量使用“蓝瘦，香菇”表达难受而无奈的情绪。

8. 辣眼睛

辣眼睛的原意是辣椒辣了眼睛。一说来自2016年3月的网红刘梓晨传播不雅视频事件；另一说是出自网络剧《屌丝男士》的剧情台词“辣眼睛”。多用于形容看到不该看、不好看的东西；或某人的某些行为恶心到对方，以致不能直视，具有不忍直视、惨不忍睹、看了长针眼等潜在含义。

9. 厉害了word哥

它是“厉害了，我的哥”的谐音版。据传是一位学生在军训时玩游戏被教官抓住了，然后教官帮学生把这把游戏玩完了，而在游戏过程中开挂一般的厉害，以致队友们纷纷表示：“厉害了，我的哥！”后来在传播过程中，有人用

“word”代替“我的”，因其发音有相近之处。

（综合近五年《咬文嚼字》编辑部发布的年度“十大流行语”，国家语言资源监测与研究网络媒体中心、商务印书馆、中国网络电视台联合发布的年度“十大网络用语”，以及百度百科、360百科等整理）

附录二　近五年大众流行语体一览

1. 元芳体

简介：出自收视和口碑都奇佳的电视剧《神探狄仁杰》，是正面人物狄仁杰、李元芳常说的对话。在电视剧《神探狄仁杰》中，狄仁杰碰到案件时，总喜欢问一下副手李元芳："元芳，此事你怎么看？"而且四部《神探狄仁杰》一脉相承，此话简直成了狄大人的口头禅，而李元芳的回答也挺固定化，大多是"大人，我觉得此事有蹊跷""此事背后一定有一个天大的秘密"，等等。这一程式化的电视剧对话片段被大家发现，并迅速引发跟风模仿潮，形成了"元芳体"，不管什么事情都可以"问元芳"，使得元芳曾经一天在网上被询问了250万余次，形成了微博热点话题。使用元芳体时，既有打趣的、调侃的、自嘲的，也有风马牛不相及的，还有借机宣传商品的。

特征：前面任意叙述一件事情，最后加上一句"元芳，你怎么看"。由于李元芳的标准回答是"大人，此事必有蹊跷"或"大人，此事背后一定有一个天大的秘密"，因此在使用"元芳体"时，并不需要真的得到答案。

示例1：得了个诺贝尔奖，为什么还买不起北京的房子？元芳，你怎么看？

示例2：我现在还没有女朋友，元芳，你怎么看？

2. 待我长发及腰体

简介：出自何晓道创作的言情小说《十里红妆女儿梦》中的一首诗"待我长发及腰，少年娶我可好？待你青丝绾正，铺十里红妆可愿？却怕长发及腰，少年倾心他人。待你青丝绾正，笑看君怀她笑颜"，非常唯美。其中第一句"待我长发及腰"引发了网友们的顺势模仿和发挥，使得"待我长发及腰体"火了起来。待我长发及腰体在使用时，不再局限于唯美感人的爱情，有许多搞笑、嘲讽、逗趣，甚至打广告的方式。

特征：陈述完一件事，结尾加上："待我××××，××××可好？"两个部分要有逻辑联系。

示例1：房里好脏呀！待我长发及腰，拿来拖地可好？

示例 2：听说某某酒喝了特别好，待我长发及腰，送我一瓶可好？

3. 问题来了体

简介：最早来源于山东蓝翔技师学院的一句广告语——挖掘机技术哪家强？中国山东找蓝翔。2014 年，网易评论区的会员张乐，刻意在某些新闻帖后面发一大串评论，这些评论大多是一个很长的故事，但是在故事的结尾都会来上一句："那么问题来了，挖掘机技术到底哪家强？"从而创造出"问题来了体"。这种语体经微博、微信传播后，很快演变成流行语体。

特征：说完一件事，无论有无关系，接着都加上一句："那么，问题来了"，然后接一句疑问句。可以无差别使用，表达严肃、搞笑、嘲讽等意思均可。

示例：王菲和谢霆锋破镜重圆，那么，问题来了，这次他们能坚持下去吗？

4. 节奏体

简介："这是要×的节奏"的语体，最早来自网络游戏解说的语言，后来歌曲《最炫民族风》中的一句歌词"什么样的节奏是最呀最摇摆"助推"节奏"一词走红，在微博中广泛流传，最终成为大众流行语体。

特征：在陈述事情之前或之后加"这是要×的节奏"，或者在对话时用"你这是要×的节奏"。这个×可以是任何字，也可以是任何单词。这句话可以用在很多场合，它可以表达一种期许、一种愤怒、一种遗憾、一种鼓励，如果是对已经发生的事情做出评价，你可以加上感叹号，表达你对这件事的惊讶或愤怒；如果是对还未发生的事情做出预测，你就可以加上一个"吗"字和一个问号，以表达你的一种猜测或疑惑。这种流行语体的适用性很广。

示例 1：我看到你的微博被转发了上十万次！你这是要火的节奏啊！

示例 2：不会游泳的人跑去冲浪，这是要找死的节奏吗？

5. 甄嬛体

简介：来自热门古装电视剧《后宫甄嬛传》中的仿古文艺腔对话。观众们在看电视剧的过程中，被里面"古色古香"的台词所倾倒，剧中人物对话文艺腔十足，语调不急不缓，口气不惊不乍、从容大方。网友在细细品味这古诗风韵之余，也开始效仿，并将这种文体称为"甄嬛体"。很多网友平时说话聊天时纷纷效仿，形成一股全民大造句的热潮，一时间各种版本在网上流传开来，各种媒体也发动网民征集甄嬛体句子。言语间颇具古风，极具喜感，微博上，除了刻意的甄嬛体造句，网友们还把甄嬛体引入到日常生活中，凭空制造出无数欢乐。

特征：一种是言必称“本宫、臣妾、嫔妾、朕、哀家”，描述事物时多用双字，比如方才、想来、极好、罢了；另一种是句式的使用，如“若是……想必是极好地，但……倒也不负……”有网友总结道：“复古范儿+装X范儿+恶搞范儿+起哄范儿+不好好说话范儿=甄嬛体。”

示例：刚刚儿才充过电，不到半个时辰就没了，害得本宫错过boss召见，不是本宫没充够时间，是这iPhone5自个儿不争气，以前Nokia伺候本宫多年，尽管模样儿敦厚老实，但也没出过什么差错儿，都怪本宫听信她人所言换成这iPhone5，中看不中用，一副狐媚相儿！

6. 十动然拒体

简介：来自一则新闻。原文是“前日，华中科技大学男生王文瑾，向他心仪的女生送出了一封他用212天时间写的16万字情书。这封情书的内容包括散文、诗歌等多种文体，内容主要是回忆两人在一起做的事或借景抒怀。他将其装订成册并取名《我不愿让你一个人》。女孩十分感动，然后拒绝了他。”这一事件中的“女孩十分感动，然后拒绝了他”一句被网友缩略为新词“十动然拒”，并发挥出“十动然拒体”。“十动然拒体”可谓标准的纯天然的网络流行语体，它起源于一位普通的网民，再由一群普通的网民炒红，不涉及任何名人，不涉及任何热门事件，也不涉及任何重要人物。

特征：模仿新闻原文，用夸张的色彩陈述一件事，然后加一句“A十分感动，然后拒绝了(B)”。

示例：一名学生向饭堂送出了一封他用212天时间写的16万字意见书。这封意见书包含散文、短篇小说、诗歌等多种文体，内容主要是回忆在饭堂吃过的各种特殊食材，要求改善伙食，学生将其装订成册并取名《我的小强分你一半》。饭堂老板十分感动，然后拒绝了他。

7. 陈欧体

简介：来自国内知名购物网站聚美优品的一段广告。这段广告的完整版的长度不到两分钟，但是里面经典的台词和聚美优品老总陈欧的亲自出演，让其成为开年后路人皆知的火爆广告，尤其是其给力的台词让网友们听完后顿时感到动力十足、激情澎湃。原文是“你只闻到我的香水，却没看到我的汗水。你有你的规则，我有我的选择。你否定我的现在，我决定我的未来。你嘲笑我一无所有，不配去爱。我可怜你总是等待，你可以轻视我们的年轻。我们会证明这是谁的时代，梦想是注定孤独的旅行。路上少不了质疑和嘲笑，但那又怎样，哪怕遍体鳞伤也要活的漂亮！我是陈欧，我为自己代言。”这样一段广告词，成为年轻人竞相模仿的对象，尤其是最后一句“我是××，我为自己代言”，更是成为许多年轻人表达自己独立个性的口头禅之一。这句话的流行，充分表现了网络时代人人都想证明自己的存在价值的心态，也是每个人需求独立个性的外在表现方式之一，人人都想成为与众不同的代言人。

特征：“你有××，我有××。你可以××，但我会××……但那又怎样，哪怕××，也要××。我是××，我为自己代言！”可以表达积极向上、自嘲逗趣等意思。

示例：你只看到我睡懒觉，却没看到我失眠到几点才睡着。你有你的生物钟，我有我的时间表。你嘲笑我睡懒觉，不配时代的朝气，我可怜你早起的无趣。你可以不叫我吃早饭，我会证明午饭魅力的强大。睡懒觉是注定艰辛的旅程，路上总少不了闹钟铃声的伴奏。但那又怎样，哪怕起迟，也要坚持赖床。我是懒虫，我为自己代言。

8. 回音体

简介：回音体，顾名思义，指的是一种模拟回音的文体。回音体的流行来自于恶搞视频《包青天公审采花贼》。网友采用了电视剧《包青天》的画面，而包大人的开场白为：“下跪何人报上名来，跪何人报上名来，何人报上名来，人报上名来，报上名来，上名来，名来，来。”下跪的采花贼当时就震惊了，惊讶地看着包青天。结果，包大人又说：“看什么看，这是肥音你懂吗，什么看这是肥音你懂吗，么看这是肥音你懂吗……你懂吗，懂吗，吗?”“肥音”就是“回音”的谐音。从此“回音体”开始流行。

特征：将一句话逐字缩短，以模拟回音。目的是让人体验悲愤或其他感情而产生的荡气回肠之感。

示例：小亚拿到了人生第一笔工资1400元，她兴致勃勃地告诉弟弟，哪知道，弟弟在QQ上这样回答：“你们单位怎么这么抠！们单位怎么这么抠！单位怎么这么抠！位怎么这么抠！怎么这么抠！么这么抠！这么抠！么抠！抠！”

9. 见与不见体

简介：网友仿照电影《非诚勿扰2》中一首名为《见与不见》的诗，这首诗名为《班扎古鲁白玛的沉默》，作者为扎西拉姆·多多，该诗出自其2007年创作的作品集《疑似风月》。该诗在网上流传之后网友模仿其格式创作了各式各样的仿写诗歌体，被称为“见与不见体”。原诗为：“你见，或者不见我，我就在那里，不悲不喜；你念，或者不念我，情就在那里，不来不去；你爱，或者不爱我，爱就在那里，不增不减；你跟，或者不跟我，我的手就在你手里，不舍不弃；来我的怀里，或者，让我住进你的心里。默然，相爱；寂静，欢喜。”

特征：“你XX，或者不XX我，Y就在那里，不A不B；你ZZ，或者不ZZ我，W就在那里，不C不D……”多用于以诗化的语言调侃当下的社会事件。

示例：你开，或者不开车，路就堵在那里，不走不动；你买，或者不买车，油价就在那里，只增不减；你上，或者不上高速，收费站就在那里，不给不开；出门挤高峰，或者，让高峰来挤你，淡定，憋尿。焦躁，淅沥。

10. 咆哮体

简介：咆哮体是一种流行于网络的文体，一般出现在回帖或者QQ、MSN等网络聊天对话中。由于人人网上发表的一篇《学法语的人你伤不起》的帖子而走红。咆哮体没有固定的格式或内容，就是带有许多“有没有啊/有木有啊”，以及感叹号。这种语体因看上去具有很强烈的感情色彩而引来了大众的追捧。或者以音频或者视频的方式在网络上激动地表达自己感情，通常大声呼喊“有木有”，并配合凌乱的字幕。

特征：无固定格式，带有强烈的感情色彩，有非常多感叹号和感叹词“啊”，通常不断重复“有没有/有木有”“伤不起”等。

示例：收集一组新闻评论!!!! 至少五篇哦亲!!!! 有关某个热点新闻事件或现象的，有木有!!!! 列出标题和主要观点哦亲!!!! 下周一上课时交!!!! 每个教新闻评论的老师都是折翼的天使!!!! 严格而脆弱的X老师你们伤不起!!!! 伤不起!!!!

11. 淘宝体

简介：淘宝体是指说话的一种方式，最初见于淘宝网卖家对商品的描述。其亲切、可爱的方式逐渐在网上走红并被用于诸多场合，以营造亲切、愉悦的氛围。淘宝体逐渐在网上走红，历经几年流传依然火爆。

特征：有“亲”“哦”“呢”等常见字眼，语态亲切可爱，听起来温柔软糯。

示例1：南京理工大学“淘宝体”录取短信：“亲，祝贺你哦！你被我们学校录取了哦！亲，9月2号报到哦！录取通知书明天‘发货’哦！亲，全5分哦！给好评哦！”

示例2：外交部官方微博平台发布的招聘启事：“亲，你大学本科毕业不？办公软件使用熟练不？英语交流顺溜不？驾照有木有？快来看，中日韩三国合作秘书处招人啦！这是个国际组织，马上要在裴勇俊、李英爱、宋慧乔、李俊基、金贤重、Rain的故乡韩国建立喔~此次招聘研究与规划、公关与外宣人员6名，有意咨询659621××~不包邮。”

12. 一句话证明体

简介：源自2012年网友“楸楸”发布的“一句话证明×××”话题——“用一句话证明你上过学”，随后引起了大批网友的追捧，转发量达12700多次，评论有近2000次，成为当时微博上最火的话题之一。“下面我找个同学来背下这篇课文”，这是网友“真的心遇不到真的人”学生时代印象最深刻的一句话。另一位网友则记得有的文章后面总有这样一句话，“有感情地朗读并背诵全文。”就是这句话让同学们当堂滴汗。“上课！起立，老师好！”网友“无上之下”提供了一个更典型的答案。“一句话证明体”带领大家进行了一次集体的追忆，要的就是那种相似年龄、职业、爱好、经历的人之间的心领神会。一句话，只需要一句话，立马能够引起人们的共鸣，调出这个定格的记忆。

特征：“用一句话证明你×××××……”而后给出最有代表性的答案。

示例1：网友发起了另一个主题，“请用一句话证明你追过《还珠格格》”。答案有“尔康，一个破碎的我，怎么拯救一个破碎的你”“皇上你还记得大明湖畔的夏雨荷吗”“化干戈为糨糊”等。

示例2：网友发起的另一个主题，“请用一句话证明你的童年不是‘喜洋洋’”，同样受到了网友的追捧，答案五花八门，如“大师兄，师傅跟二师兄被妖怪捉走了”“葫芦娃，葫芦娃，一根藤上七朵花”“代表月亮消灭你”等。

13. 装×体

简介：这是流行于网络上的一种网络语言体，具体的源头已无从考证。这种文体的特点是：作者多少有些无病呻吟，总想彰显自己的品位、格调以及突出某种意境，但看多了却适得其反，令人反胃。此语体有故意嘲讽做作的文艺腔、假装高雅实则普通的人之意。

特征：能用英文绝不用汉语。说东西时一定把它的牌子和产地都一起说出来，不论有多么别扭。另外就是大量使用没有实际意义的书面语、形容词等。

示例1：下午觉得有些渴了。就去买了Robust纯净水。轻轻喝一口，味道的确比Wahaha要好些。看来我最钟爱的牌子，果然是没错的。用Pure的handkerchief擦了擦嘴角以后，我开始在两个同样钟爱的品牌中摇摆不定。是去买佳侬新出的Wolfboy限量版呢，还是选择Keaoor的呢？

示例2：我轻轻地摇了摇头，走到水池边。往cup里注满water，开始使用Colgate的toothbrush和toothpaste。额上还残留着水珠。浑圆。仿如清晨荷叶上的露珠。我用cold water泡了一点rice，放入microwave oven中开始加热。微黄色的灯光。温暖着我的心灵。取出bowl，开始为自己做一杯soybean milk，拿出冰箱里的半根oil tiao，开始咀嚼。我的人生，就像这oil tiao，金黄却绵软，充满着无力感和不完整。走出家门。今天，又是，一个，阴天。我的 Yong Jiu Bicycle，静静地停在角落，等候着，期待着。去往今天的下一个地方。

14. 司马体

简介：2012 年由司马迁名句“人固有一死，或重于泰山，或轻于鸿毛”衍生出的“司马体”一夜间爆红网络。2014 年，在某公司的推动下，由司马体发展而来的“得不得”形式又悄然走红，原句出自《史记·季布栾布列传》，讲楚国人季布一生重信，只要答应别人的事情就一定要办到，从没有失信于人，因此人们常说：“得黄金千两，不如得季布一诺。”

特征：2012 年的“司马体”特征大致为：“司马迁曾经曰过：人固有一死，或重于泰山，或轻于鸿毛。其实呢，人总要 XX，或 XX，或 XX。”2014 年的“司马体”特征大致为：“得 XXXX，不如得 YYYY”。总体都具有逗趣搞笑的风格。

示例 1：司马迁曾经曰过：人固有一死，或重于泰山，或轻于鸿毛。其实呢，人总要上班，或者早上上班，或者晚上上班。

示例 2：得佳丽三千，不如得贤妻一个；得黄金百斤，不如得茶叶蛋一枚；得“帅锅”一群，不如得壮汉一个等。

15. 不相信爱情体

简介：“不相信爱情体”引发新一轮调侃，各种不相信爱情的表达。对于多数人来说，面对很多事物，“我不相信”已经成为近于本能的第一选择，可以把不相信爱情当作某种倾诉，说这句话可以借此表达一下被压抑的情绪，只想大喊“我不相信”而已。

特征：先陈述一件事情，要跟爱情没有任何的关系，结尾再加上一句“我再也不相信爱情了”。这样看似没有逻辑、强拉硬凑式的造句，表达自己对某种让人难以置信的事情的惊叹和调侃，有时也表达某种批判和质疑。

示例 1：这年头，连故宫都失窃，我再也不相信爱情了。

示例 2：苍天啊，大地啊，楼下餐馆倒闭了！我再也不相信爱情了！

16. 承包鱼塘体

简介：源自于 2014 年电视剧《杉杉来了》中饰演总裁的张翰怀抱赵丽颖时说出的一句台词：“我要让全世界知道，这个鱼塘被你承包了。”

特征：基本形式为“我要让全世界知道，这……被你承包了”。表达一种霸道宣示主权的意思。

示例 1：我要让全世界都知道，中国偶像剧的高富帅都被何润东和张翰承包了。

示例2：克鲁尔将球门守得固若金汤，克鲁尔说："我要让全世界知道，这个球门，被我承包了。

17. 虚伪体

简介：是一种首见于微博、微信上的流行文体，起始于2013年。虚伪体具有强烈的调侃意味，主要是在话语当中添加括号，括号里标注汉语拼音，一个字后面跟一个音节(拼音的声调能让人更快的辨识，可加可不加)。拼出来的内容与其所对应的文字长短一致，且意思背道而驰，从而达到诙谐、幽默的效果。通过括号得到的信息，往往才是发言者的心之所想。由于该文体的特色即表里不一、口蜜腹剑，故被一部分网友私下命名为"虚伪体"。

特征：在要突出的词语后面添加括号，以一个字一个括号的方式，在括号里标注汉语拼音，词语意思和拼音读出来的意思要完全相反。理解意思时，按括号里拼音显示的音节去理解。

示例1：一名高校美女在获知前男友遭人殴打的消息后，难过多少还有，但毕竟缘分已尽，她用虚伪体进行评价：感(jiù)同(yóu)身(zì)受(qǔ)。

示例2：大晴天，朋友邀请你一同出游，你却因有事而无法前往，便可以这样调侃：在这样一个春(wù)光(mái)明(yán)媚(zhòng)的天气里，不能游玩实在遗憾。

18. 台湾腔普通话体

简介：台湾腔的普通话和标准正统的普通话，在语气和卷舌上有所不同，台湾腔多半轻柔慵懒，并不刻意咬文嚼字，而标准的普通话强调咬字的清晰度和准确度。于是诞生了用文字模仿台湾腔普通话发音特点的语体，特别突出其轻柔、语速快、连字的特点。

特征：只取字的读音，去模拟语速过快后字音就连在一起的台湾腔普通话。常见的台湾腔普通话体代表有"酱紫"(这样子)、"你造吗"(你知道吗)，等等。

示例1：欧皓辰，你造吗，我宣(喜欢)你！

示例2：有兽(时候)，我很想问你，你怎么酱紫(这样子)！

19. 任性体

简介：来自2014年网友对一件诈骗事件的调侃，江西的老刘在网上花1760元买了一款保健品，不久之后，他接到一个陌生号码的电话说，必须再买其他配药才会有疗效。接下来4个月，老刘一共给骗子汇去54万元。记者采访老刘时他透露，其实在他被骗了7万元的时候，已经发现自己被骗了，但他选择继续被骗，理由是："我就是想看看，他们究竟能骗我多少钱！"这则新闻引爆互联网，网友调侃：有钱就这么任性。之后“有 XX 就是任性”的“任性体”走红。

特征：陈述一件事情，结尾加上“有 XX 就是任性”。用于讽刺那些令人大跌眼镜的做事风格，或作为好友间的调侃用语。

示例 1：听说你辞职去周游世界了？有钱就是任性！

示例 2：我要好好锻炼，去攀登珠穆朗玛峰，有梦想就是任性！

20. 三遍体

简介：来自“重要的事情说三遍”，据知乎网友考据，这源自一个日本网络典故，源头是日本著名综艺节目主持人三野文太(诨号：咸猪手文太)出演的一个药品广告。然后在日本 ACG 爱好者群体发扬光大，很多动画、漫画、游戏、电视剧都出现过这个梗，继而传入中国，最终成为大众熟知的桥段。后来中国某房地产网站推出了一条电台广告：“走直线，走直线，走直线，重要的事情说三遍”，迅速火遍各大电台。随后该广告语升级成：“别拐弯，别拐弯，别拐弯，重要的事情说三遍。”至此，其他广告纷纷跟进。“重要的事情说三遍”在网络上火爆于 2015 年 6 月 21 日，其在当日的搜索量剧增。从此“三遍体”成为一种流行表达。

特征：把一个词、一句话或一段话，重复发三遍，结尾加一句“重要的事情说三遍”以表示对重要内容的强调。

示例 1：不要熬夜，不要熬夜，不要熬夜，重要的事情说三遍。

示例 2：明天记得交证件，明天记得交证件，明天记得交证件，重要的事情说三遍。

21. 宝宝体

简介：出自“吓死宝宝了”，“宝宝”代指“我”，“吓死宝宝了”就是“吓死我了”。对于“吓死宝宝了”的来源，有很多说法。说法一：源自综艺节目《奔跑吧兄弟》中王宝强说的一句话。说法二：源自网友“天下第一贱客小唠”的口头语，走红之后为大众所熟知。说法三：原话为“吓死爹了”，“吓死爸爸了”，后来改成“吓死宝宝”了。说法四：这是卖萌的话语，是 YY 语音中的歌手东方宝宝的口头禅，有调侃“卖萌”的意思。说法五：是游戏《英雄联盟》女主播宝宝先说出来的，她在某次主持中进行现场抽奖，让画面随机选择头像，突然有一个很黑很肥的胖子出现在画面中，然后她就说了句：“吓死宝宝了。”说法六：《喜羊羊与灰太狼》中懒羊羊在被蛋蛋吓到时说出的“卖萌”的话语。说法七：源自在东方卫视《相约星期六》节目中某女嘉宾口头禅“吓死囡囡了”。因为“囡囡”是上海方言，所以到其他地方就变成了“吓死宝宝了”。说法八：《天线宝宝》中小波受到惊吓时说的一句话。后来“宝宝”作为代词独立使用，形成了“宝宝体”，表现出亲昵、可爱、萌的态度。“宝宝体”迅速走红，与“淘宝体”大有抗衡之势。

特征：用“宝宝”或“本宝宝”来称呼自己或对方，几乎可在任何语境中使用，不论男女都可以使用。

示例：“笑死本宝宝了”“宝宝这厢有礼了”“本宝宝明天就结婚了”，等等。

22. 一言不合体

简介：最初为“一言不合就飙车”。“飙车”说法流行起来是由于世界电子竞技大赛(WCA)举办方态度令广大DOTA2观众不满，他们去WCA百度贴吧“爆吧”，纷纷开帖发一些不雅视频的文件编号等信息，大家把这种行为叫作“开车”。有些人在看视频或帖子的时候喜欢在弹幕或评论中发这些东西，大家就称这种行为为“飙车”，后来演变为“现在的年轻人一言不合就要飙车”。之后又演变成“一言不合就××”的“一言不合体”，多用于文章标题。

特征：“一言不合就××”，“××”通常为动词。

示例：“一言不合就跳舞”“一言不合就卖萌”“一言不合就旅行”，等等。

23. 简直不能体

简介：来自“简直不能忍”，意思是让人难以忍受的厌恶、嫌弃等。后来被扩展成“简直不能××”这种流行句式，是利用语法中的双重否定结构来增强情感。

特征：“简直不能××”，“××”通常为动词；“简直不能更××”，“××”通常为形容词。

示例：“简直不能看”“简直不能听”“简直不能更美”“简直不能更帅”，等等。

(综合近五年《咬文嚼字》编辑部发布的年度“十大流行语”，国家语言资源监测与研究网络媒体中心、商务印书馆、中国网络电视台联合发布的年度“十大网络用语”，以及百度百科、360百科等整理)

附录三　信息网络传播权保护条例

（2006年5月18日中华人民共和国国务院令第468号公布　根据2013年1月30日《国务院关于修改〈信息网络传播权保护条例〉的决定》修订）

第一条　为保护著作权人、表演者、录音录像制作者（以下统称权利人）的信息网络传播权，鼓励有益于社会主义精神文明、物质文明建设的作品的创作和传播，根据《中华人民共和国著作权法》（以下简称著作权法），制定本条例。

第二条　权利人享有的信息网络传播权受著作权法和本条例保护。除法律、行政法规另有规定的外，任何组织或者个人将他人的作品、表演、录音录像制品通过信息网络向公众提供，应当取得权利人许可，并支付报酬。

第三条　依法禁止提供的作品、表演、录音录像制品，不受本条例保护。

权利人行使信息网络传播权，不得违反宪法和法律、行政法规，不得损害公共利益。

第四条　为了保护信息网络传播权，权利人可以采取技术措施。

任何组织或者个人不得故意避开或者破坏技术措施，不得故意制造、进口或者向公众提供主要用于避开或者破坏技术措施的装置或者部件，不得故意为他人避开或者破坏技术措施提供技术服务。但是，法律、行政法规规定可以避开的除外。

第五条　未经权利人许可，任何组织或者个人不得进行下列行为：

（一）故意删除或者改变通过信息网络向公众提供的作品、表演、录音录像制品的权利管理电子信息，但由于技术上的原因无法避免删除或者改变的除外；

（二）通过信息网络向公众提供明知或者应知未经权利人许可被删除或者改变权利管理电子信息的作品、表演、录音录像制品。

第六条　通过信息网络提供他人作品，属于下列情形的，可以不经著作权人许可，不向其支付报酬：

（一）为介绍、评论某一作品或者说明某一问题，在向公众提供的作品中适当引用已经发表的作品；

(二)为报道时事新闻，在向公众提供的作品中不可避免地再现或者引用已经发表的作品；

(三)为学校课堂教学或者科学研究，向少数教学、科研人员提供少量已经发表的作品；

(四)国家机关为执行公务，在合理范围内向公众提供已经发表的作品；

(五)将中国公民、法人或者其他组织已经发表的、以汉语言文字创作的作品翻译成的少数民族语言文字作品，向中国境内少数民族提供；

(六)不以营利为目的，以盲人能够感知的独特方式向盲人提供已经发表的文字作品；

(七)向公众提供在信息网络上已经发表的关于政治、经济问题的时事性文章；

(八)向公众提供在公众集会上发表的讲话。

第七条 图书馆、档案馆、纪念馆、博物馆、美术馆等可以不经著作权人许可，通过信息网络向本馆馆舍内服务对象提供本馆收藏的合法出版的数字作品和依法为陈列或者保存版本的需要以数字化形式复制的作品，不向其支付报酬，但不得直接或者间接获得经济利益。当事人另有约定的除外。

前款规定的为陈列或者保存版本需要以数字化形式复制的作品，应当是已经损毁或者濒临损毁、丢失或者失窃，或者其存储格式已经过时，并且在市场上无法购买或者只能以明显高于标定的价格购买的作品。

第八条 为通过信息网络实施九年制义务教育或者国家教育规划，可以不经著作权人许可，使用其已经发表作品的片断或者短小的文字作品、音乐作品或者单幅的美术作品、摄影作品制作课件，由制作课件或者依法取得课件的远程教育机构通过信息网络向注册学生提供，但应当向著作权人支付报酬。

第九条 为扶助贫困，通过信息网络向农村地区的公众免费提供中国公民、法人或者其他组织已经发表的种植养殖、防病治病、防灾减灾等与扶助贫困有关的作品和适应基本文化需求的作品，网络服务提供者应当在提供前公告拟提供的作品及其作者、拟支付报酬的标准。自公告之日起 30 日内，著作权人不同意提供的，网络服务提供者不得提供其作品；自公告之日起满 30 日，著作权人没有异议的，网络服务提供者可以提供其作品，并按照公告的标准向著作权人支付报酬。网络服务提供者提供著作权人的作品后，著作权人不同意提供的，网络服务提供者应当立即删除著作权人的作品，并按照公告的标准向著作权人支付提供作品期间的报酬。

依照前款规定提供作品的，不得直接或者间接获得经济利益。

第十条　依照本条例规定不经著作权人许可、通过信息网络向公众提供其作品的，还应当遵守下列规定：

（一）除本条例第六条第一项至第六项、第七条规定的情形外，不得提供作者事先声明不许提供的作品；

（二）指明作品的名称和作者的姓名（名称）；

（三）依照本条例规定支付报酬；

（四）采取技术措施，防止本条例第七条、第八条、第九条规定的服务对象以外的其他人获得著作权人的作品，并防止本条例第七条规定的服务对象的复制行为对著作权人利益造成实质性损害；

（五）不得侵犯著作权人依法享有的其他权利。

第十一条　通过信息网络提供他人表演、录音录像制品的，应当遵守本条例第六条至第十条的规定。

第十二条　属于下列情形的，可以避开技术措施，但不得向他人提供避开技术措施的技术、装置或者部件，不得侵犯权利人依法享有的其他权利：

（一）为学校课堂教学或者科学研究，通过信息网络向少数教学、科研人员提供已经发表的作品、表演、录音录像制品，而该作品、表演、录音录像制品只能通过信息网络获取；

（二）不以营利为目的，通过信息网络以盲人能够感知的独特方式向盲人提供已经发表的文字作品，而该作品只能通过信息网络获取；

（三）国家机关依照行政、司法程序执行公务；

（四）在信息网络上对计算机及其系统或者网络的安全性能进行测试。

第十三条　著作权行政管理部门为了查处侵犯信息网络传播权的行为，可以要求网络服务提供者提供涉嫌侵权的服务对象的姓名（名称）、联系方式、网络地址等资料。

第十四条　对提供信息存储空间或者提供搜索、链接服务的网络服务提供者，权利人认为其服务所涉及的作品、表演、录音录像制品，侵犯自己的信息网络传播权或者被删除、改变了自己的权利管理电子信息的，可以向该网络服务提供者提交书面通知，要求网络服务提供者删除该作品、表演、录音录像制品，或者断开与该作品、表演、录音录像制品的链接。通知书应当包含下列内容：

（一）权利人的姓名（名称）、联系方式和地址；

(二)要求删除或者断开链接的侵权作品、表演、录音录像制品的名称和网络地址；

(三)构成侵权的初步证明材料。

权利人应当对通知书的真实性负责。

第十五条　网络服务提供者接到权利人的通知书后，应当立即删除涉嫌侵权的作品、表演、录音录像制品，或者断开与涉嫌侵权的作品、表演、录音录像制品的链接，并同时将通知书转送提供作品、表演、录音录像制品的服务对象；服务对象网络地址不明、无法转送的，应当将通知书的内容同时在信息网络上公告。

第十六条　服务对象接到网络服务提供者转送的通知书后，认为其提供的作品、表演、录音录像制品未侵犯他人权利的，可以向网络服务提供者提交书面说明，要求恢复被删除的作品、表演、录音录像制品，或者恢复与被断开的作品、表演、录音录像制品的链接。书面说明应当包含下列内容：

(一)服务对象的姓名(名称)、联系方式和地址；

(二)要求恢复的作品、表演、录音录像制品的名称和网络地址；

(三)不构成侵权的初步证明材料。

服务对象应当对书面说明的真实性负责。

第十七条　网络服务提供者接到服务对象的书面说明后，应当立即恢复被删除的作品、表演、录音录像制品，或者可以恢复与被断开的作品、表演、录音录像制品的链接，同时将服务对象的书面说明转送权利人。权利人不得再通知网络服务提供者删除该作品、表演、录音录像制品，或者断开与该作品、表演、录音录像制品的链接。

第十八条　违反本条例规定，有下列侵权行为之一的，根据情况承担停止侵害、消除影响、赔礼道歉、赔偿损失等民事责任；同时损害公共利益的，可以由著作权行政管理部门责令停止侵权行为，没收违法所得，非法经营额5万元以上的，可处非法经营额1倍以上5倍以下的罚款；没有非法经营额或者非法经营额5万元以下的，根据情节轻重，可处25万元以下的罚款；情节严重的，著作权行政管理部门可以没收主要用于提供网络服务的计算机等设备；构成犯罪的，依法追究刑事责任：

(一)通过信息网络擅自向公众提供他人的作品、表演、录音录像制品的；

(二)故意避开或者破坏技术措施的；

(三)故意删除或者改变通过信息网络向公众提供的作品、表演、录音录像制品的权利管理电子信息，或者通过信息网络向公众提供明知或者应知未经权利人许可而被删除或者改变权利管理电子信息的作品、表演、录音录像制品的；

（四）为扶助贫困通过信息网络向农村地区提供作品、表演、录音录像制品超过规定范围，或者未按照公告的标准支付报酬，或者在权利人不同意提供其作品、表演、录音录像制品后未立即删除的；

（五）通过信息网络提供他人的作品、表演、录音录像制品，未指明作品、表演、录音录像制品的名称或者作者、表演者、录音录像制作者的姓名（名称），或者未支付报酬，或者未依照本条例规定采取技术措施防止服务对象以外的其他人获得他人的作品、表演、录音录像制品，或者未防止服务对象的复制行为对权利人利益造成实质性损害的。

第十九条　违反本条例规定，有下列行为之一的，由著作权行政管理部门予以警告，没收违法所得，没收主要用于避开、破坏技术措施的装置或者部件；情节严重的，可以没收主要用于提供网络服务的计算机等设备；非法经营额5万元以上的，可处非法经营额1倍以上5倍以下的罚款；没有非法经营额或者非法经营额5万元以下的，根据情节轻重，可处25万元以下的罚款；构成犯罪的，依法追究刑事责任：

（一）故意制造、进口或者向他人提供主要用于避开、破坏技术措施的装置或者部件，或者故意为他人避开或者破坏技术措施提供技术服务的；

（二）通过信息网络提供他人的作品、表演、录音录像制品，获得经济利益的；

（三）为扶助贫困通过信息网络向农村地区提供作品、表演、录音录像制品，未在提供前公告作品、表演、录音录像制品的名称和作者、表演者、录音录像制作者的姓名（名称）以及报酬标准的。

第二十条　网络服务提供者根据服务对象的指令提供网络自动接入服务，或者对服务对象提供的作品、表演、录音录像制品提供自动传输服务，并具备下列条件的，不承担赔偿责任：

（一）未选择并且未改变所传输的作品、表演、录音录像制品；

（二）向指定的服务对象提供该作品、表演、录音录像制品，并防止指定的服务对象以外的其他人获得。

第二十一条　网络服务提供者为提高网络传输效率，自动存储从其他网络服务提供者获得的作品、表演、录音录像制品，根据技术安排自动向服务对象提供，并具备下列条件的，不承担赔偿责任：

（一）未改变自动存储的作品、表演、录音录像制品；

（二）不影响提供作品、表演、录音录像制品的原网络服务提供者掌握服务对象获取该作品、表演、录音录像制品的情况；

（三）在原网络服务提供者修改、删除或者屏蔽该作品、表演、录音录像制品时，根据技术安排自动予以修改、删除或者屏蔽。

第二十二条　网络服务提供者为服务对象提供信息存储空间，供服务对象通过信息网络向公众提供作品、表演、录音录像制品，并具备下列条件的，不承担赔偿责任：

（一）明确标示该信息存储空间是为服务对象所提供，并公开网络服务提供者的名称、联系人、网络地址；

（二）未改变服务对象所提供的作品、表演、录音录像制品；

（三）不知道也没有合理的理由应当知道服务对象提供的作品、表演、录音录像制品侵权；

（四）未从服务对象提供作品、表演、录音录像制品中直接获得经济利益；

（五）在接到权利人的通知书后，根据本条例规定删除权利人认为侵权的作品、表演、录音录像制品。

第二十三条　网络服务提供者为服务对象提供搜索或者链接服务，在接到权利人的通知书后，根据本条例规定断开与侵权的作品、表演、录音录像制品的链接的，不承担赔偿责任；但是，明知或者应知所链接的作品、表演、录音录像制品侵权的，应当承担共同侵权责任。

第二十四条　因权利人的通知导致网络服务提供者错误删除作品、表演、录音录像制品，或者错误断开与作品、表演、录音录像制品的链接，给服务对象造成损失的，权利人应当承担赔偿责任。

第二十五条　网络服务提供者无正当理由拒绝提供或者拖延提供涉嫌侵权的服务对象的姓名（名称）、联系方式、网络地址等资料的，由著作权行政管理部门予以警告；情节严重的，没收主要用于提供网络服务的计算机等设备。

第二十六条　本条例下列用语的含义：

信息网络传播权，是指以有线或者无线方式向公众提供作品、表演或者录音录像制品，使公众可以在其个人选定的时间和地点获得作品、表演或者录音录像制品的权利。

技术措施，是指用于防止、限制未经权利人许可浏览、欣赏作品、表演、录音录像制品的或者通过信息网络向公众提供作品、表演、录音录像制品的有效技术、装置或者部件。

权利管理电子信息，是指说明作品及其作者、表演及其表演者、录音录像制品及其制作者的信息，作品、表演、录音录像制品权利人的信息和使用条件的信息，以及表示上述信息的数字或者代码。

第二十七条　本条例自 2006 年 7 月 1 日起施行。

附录四　互联网新闻信息服务管理规定

（2017 年 5 月 2 日，国家互联网信息办公室公布《互联网新闻信息服务管理规定》，自 2017 年 6 月 1 日起施行）

国家互联网信息办公室令

第一章　总　则

第一条　为加强互联网信息内容管理，促进互联网新闻信息服务健康有序发展，根据《中华人民共和国网络安全法》《互联网信息服务管理办法》《国务院关于授权国家互联网信息办公室负责互联网信息内容管理工作的通知》，制定本规定。

第二条　在中华人民共和国境内提供互联网新闻信息服务，适用本规定。

本规定所称新闻信息，包括有关政治、经济、军事、外交等社会公共事务的报道、评论，以及有关社会突发事件的报道、评论。

第三条　提供互联网新闻信息服务，应当遵守宪法、法律和行政法规，坚持为人民服务、为社会主义服务的方向，坚持正确舆论导向，发挥舆论监督作用，促进形成积极健康、向上向善的网络文化，维护国家利益和公共利益。

第四条　国家互联网信息办公室负责全国互联网新闻信息服务的监督管理执法工作。地方互联网信息办公室依据职责负责本行政区域内互联网新闻信息服务的监督管理执法工作。

第二章　许　可

第五条　通过互联网站、应用程序、论坛、博客、微博客、公众账号、即时通信工具、网络直播等形式向社会公众提供互联网新闻信息服务，应当取得互联网新闻信息服务许可，禁止未经许可或超越许可范围开展互联网新闻信息服务活动。

前款所称互联网新闻信息服务，包括互联网新闻信息采编发布服务、转载服务、传播平台服务。

第六条　申请互联网新闻信息服务许可，应当具备下列条件：

（一）在中华人民共和国境内依法设立的法人；

（二）主要负责人、总编辑是中国公民；

（三）有与服务相适应的专职新闻编辑人员、内容审核人员和技术保障人员；

（四）有健全的互联网新闻信息服务管理制度；

（五）有健全的信息安全管理制度和安全可控的技术保障措施；

（六）有与服务相适应的场所、设施和资金。

申请互联网新闻信息采编发布服务许可的，应当是新闻单位（含其控股的单位）或新闻宣传部门主管的单位。

符合条件的互联网新闻信息服务提供者实行特殊管理股制度，具体实施办法由国家互联网信息办公室另行制定。

提供互联网新闻信息服务，还应当依法向电信主管部门办理互联网信息服务许可或备案手续。

第七条　任何组织不得设立中外合资经营、中外合作经营和外资经营的互联网新闻信息服务单位。

互联网新闻信息服务单位与境内外中外合资经营、中外合作经营和外资经营的企业进行涉及互联网新闻信息服务业务的合作，应当报经国家互联网信息办公室进行安全评估。

第八条　互联网新闻信息服务提供者的采编业务和经营业务应当分开，非公有资本不得介入互联网新闻信息采编业务。

第九条　申请互联网新闻信息服务许可，申请主体为中央新闻单位（含其控股的单位）或中央新闻宣传部门主管的单位的，由国家互联网信息办公室受理和决定；申请主体为地方新闻单位（含其控股的单位）或地方新闻宣传部门主管的单位的，由省、自治区、直辖市互联网信息办公室受理和决定；申请主体为其他单位的，经所在地省、自治区、直辖市互联网信息办公室受理和初审后，由国家互联网信息办公室决定。

国家或省、自治区、直辖市互联网信息办公室决定批准的，核发《互联网新闻信息服务许可证》。《互联网新闻信息服务许可证》有效期为三年。有效期届满，需继续从事互联网新闻信息服务活动的，应当于有效期届满三十日前申请续办。

省、自治区、直辖市互联网信息办公室应当定期向国家互联网信息办公室报告许可受理和决定情况。

第十条　申请互联网新闻信息服务许可，应当提交下列材料：

（一）主要负责人、总编辑为中国公民的证明；

（二）专职新闻编辑人员、内容审核人员和技术保障人员的资质情况；

（三）互联网新闻信息服务管理制度；

（四）信息安全管理制度和技术保障措施；

（五）互联网新闻信息服务安全评估报告；

（六）法人资格、场所、资金和股权结构等证明；

（七）法律法规规定的其他材料。

第三章 运 行

第十一条 互联网新闻信息服务提供者应当设立总编辑，总编辑对互联网新闻信息内容负总责。总编辑人选应当具有相关从业经验，符合相关条件，并报国家或省、自治区、直辖市互联网信息办公室备案。

互联网新闻信息服务相关从业人员应当依法取得相应资质，接受专业培训、考核。互联网新闻信息服务相关从业人员从事新闻采编活动，应当具备新闻采编人员职业资格，持有国家新闻出版广电总局统一颁发的新闻记者证。

第十二条 互联网新闻信息服务提供者应当健全信息发布审核、公共信息巡查、应急处置等信息安全管理制度，具有安全可控的技术保障措施。

第十三条 互联网新闻信息服务提供者为用户提供互联网新闻信息传播平台服务，应当按照《中华人民共和国网络安全法》的规定，要求用户提供真实身份信息。用户不提供真实身份信息的，互联网新闻信息服务提供者不得为其提供相关服务。

互联网新闻信息服务提供者对用户身份信息和日志信息负有保密的义务，不得泄露、篡改、毁损，不得出售或非法向他人提供。

互联网新闻信息服务提供者及其从业人员不得通过采编、发布、转载、删除新闻信息，干预新闻信息呈现或搜索结果等手段谋取不正当利益。

第十四条 互联网新闻信息服务提供者提供互联网新闻信息传播平台服务，应当与在其平台上注册的用户签订协议，明确双方权利义务。

对用户开设公众账号的，互联网新闻信息服务提供者应当审核其账号信息、服务资质、服务范围等信息，并向所在地省、自治区、直辖市互联网信息办公室分类备案。

第十五条 互联网新闻信息服务提供者转载新闻信息，应当转载中央新闻单位或省、自治区、直辖市直属新闻单位等国家规定范围内的单位发布的新闻信息，注明新闻信息来源、原作者、原标题、编辑真实姓名等，不得歪曲、篡改标题原意和新闻信息内容，并保证新闻信息来源可追溯。

互联网新闻信息服务提供者转载新闻信息，应当遵守著作权相关法律法规的规定，保护著作权人的合法权益。

第十六条　互联网新闻信息服务提供者和用户不得制作、复制、发布、传播法律、行政法规禁止的信息内容。

互联网新闻信息服务提供者提供服务过程中发现含有违反本规定第三条或前款规定内容的，应当依法立即停止传输该信息、采取消除等处置措施，保存有关记录，并向有关主管部门报告。

第十七条　互联网新闻信息服务提供者变更主要负责人、总编辑、主管单位、股权结构等影响许可条件的重大事项，应当向原许可机关办理变更手续。

互联网新闻信息服务提供者应用新技术、调整增设具有新闻舆论属性或社会动员能力的应用功能，应当报国家或省、自治区、直辖市互联网信息办公室进行互联网新闻信息服务安全评估。

第十八条　互联网新闻信息服务提供者应当在明显位置明示互联网新闻信息服务许可证编号。

互联网新闻信息服务提供者应当自觉接受社会监督，建立社会投诉举报渠道，设置便捷的投诉举报入口，及时处理公众投诉举报。

第四章　监督检查

第十九条　国家和地方互联网信息办公室应当建立日常检查和定期检查相结合的监督管理制度，依法对互联网新闻信息服务活动实施监督检查，有关单位、个人应当予以配合。

国家和地方互联网信息办公室应当健全执法人员资格管理制度。执法人员开展执法活动，应当依法出示执法证件。

第二十条　任何组织和个人发现互联网新闻信息服务提供者有违反本规定行为的，可以向国家和地方互联网信息办公室举报。

国家和地方互联网信息办公室应当向社会公开举报受理方式，收到举报后，应当依法予以处置。互联网新闻信息服务提供者应当予以配合。

第二十一条　国家和地方互联网信息办公室应当建立互联网新闻信息服务网络信用档案，建立失信黑名单制度和约谈制度。

国家互联网信息办公室会同国务院电信、公安、新闻出版广电等部门建立信息共享机制，加强工作沟通和协作配合，依法开展联合执法等专项监督检查活动。

第五章　法律责任

第二十二条　违反本规定第五条规定，未经许可或超越许可范围开展互联网新闻信息服务活动的，由国家和省、自治区、直辖市互联网信息办公室依据职责责令停止相关服务活动，处一万元以上三万元以下罚款。

第二十三条　互联网新闻信息服务提供者运行过程中不再符合许可条件的，由原许可机关责令限期改正；逾期仍不符合许可条件的，暂停新闻信息更新；《互联网新闻信息服务许可证》有效期届满仍不符合许可条件的，不予换发许可证。

第二十四条　互联网新闻信息服务提供者违反本规定第七条第二款、第八条、第十一条、第十二条、第十三条第三款、第十四条、第十五条第一款、第十七条、第十八条规定的，由国家和地方互联网信息办公室依据职责给予警告，责令限期改正；情节严重或拒不改正的，暂停新闻信息更新，处五千元以上三万元以下罚款；构成犯罪的，依法追究刑事责任。

第二十五条　互联网新闻信息服务提供者违反本规定第三条、第十六条第一款、第十九条第一款、第二十条第二款规定的，由国家和地方互联网信息办公室依据职责给予警告，责令限期改正；情节严重或拒不改正的，暂停新闻信息更新，处二万元以上三万元以下罚款；构成犯罪的，依法追究刑事责任。

第二十六条　互联网新闻信息服务提供者违反本规定第十三条第一款、第十六条第二款规定的，由国家和地方互联网信息办公室根据《中华人民共和国网络安全法》的规定予以处理。

第六章　附　则

第二十七条　本规定所称新闻单位，是指依法设立的报刊社、广播电台、电视台、通讯社和新闻电影制片厂。

第二十八条　违反本规定，同时违反互联网信息服务管理规定的，由国家和地方互联网信息办公室根据本规定处理后，转由电信主管部门依法处置。

国家对互联网视听节目服务、网络出版服务等另有规定的，应当同时符合其规定。

第二十九条　本规定自 2017 年 6 月 1 日起施行。本规定施行之前颁布的有关规定与本规定不一致的，按照本规定执行。

参考文献

一、著作类

[1]邢福义. 文化语言学[M]. 武汉：湖北教育出版社，1990.

[2][美]华莱士·马丁. 当代叙事学[M]. 伍晓明，译. 北京：北京大学出版社，1991.

[3][美]尼葛洛庞帝. 数字化生存[M]. 胡泳，范海燕，译. 海口：海南出版社，1996.

[4]严耕，陆俊. 网络伦理[M]. 北京：北京出版社，1998.

[5][美]麦克卢汉. 理解媒介：论人的眼神[M]. 何道宽，译. 北京：商务印书馆，2000.

[6]于根元. 网络语言概说[M]. 北京：中国经济出版社，2000.

[7][美]曼纽尔·卡斯特. 网络社会的崛起[M]. 夏铸九，译. 北京：社会科学文献出版社，2001.

[8]冯寿农. 文本·语言·主题[M]. 厦门：厦门大学出版社，2001.

[9]黄鸣奋. 超文本诗学[M]. 厦门：厦门大学出版社，2001.

[10][法]雅克·德里达. 书写与差异[M]. 张宁，译. 北京：生活·读书·新知三联书店，2001.

[11][法]蒂费纳·萨莫瓦约. 互文性研究[M]. 邵炜，译. 天津：天津人民出版社，2003.

[12]杨立新. 人身权法论[M]. 北京：人民法院出版社，2003.

[13][美]阿尔伯特·贝茨·洛德. 故事的歌手[M]. 尹虎彬，译. 北京：中华书局，2004.

[14][美]丹尼斯·麦奎尔. 受众分析[M]. 刘燕南，等，译. 北京：中国人民大学出版社，2006.

[15][美]约翰·费斯克. 理解大众文化[M]. 王晓珏，宋伟杰，译. 北京：中央编译出版社，2006.

[16]虢亚冰、黄升民、王兰柱，等. 中国数字新媒体发展报告[M]. 北京：中国传媒大学出版社，2006.
[17][法]古斯塔夫·勒庞. 乌合之众——大众心理研究[M]. 玛克利，译. 桂林：广西师范大学出版社，2007.
[18]陈玲. 新媒体艺术史纲[M]. 北京：清华大学出版社，2007.
[19]宫承波. 新媒体概论[M]. 北京：中国广播电视出版社，2007.
[20]杨继红. 谁是新媒体[M]. 北京：清华大学出版社，2008.
[21]何坦野. 新媒体写作论[M]. 杭州：浙江大学出版社，2008.
[22]段建军. 新变写作思维学教程[M]. 上海：复旦大学出版社，2008.
[23]陈刚，沈红，马澈，等. 创意传播管理：数字时代的营销革命[M]. 北京：机械工业出版社，2012.
[24][美]罗伯特·鲁特-伯恩斯坦，米歇尔·鲁特-伯恩斯坦. 创意天才的思维方法：世界著名创意大师的13种思维工具[M]. 王美芳，王蕾，译. 北京：电子工业出版社，2015.

二、期刊论文类

[1]卞毓麟. 公元零年与天文纪年[J]. 百科知识，1995(2).
[2]董希文. 文学文本互文类型分析[J]. 文艺评论，2006(1).
[3]尹洪斌. 现时代自主创新的新特征及政策建议[J]. 中州学刊，2006(3).
[4]李秀莹，付玉辉. 我国移动新媒体研究走向：移动·融合·创新——2011年中国移动新媒体研究综述[J]. 中国传媒科技，2012(5).
[5]刘然茹. “戏仿”与后现代美学[J]. 温州大学学报(社会科学版)，2012(5).
[6]潘建国. 西洋照相石印术与中国古典小说图像本的近代复兴[J]. 学术研究，2013(6).
[7]栾轶玫. 新闻APP：向死而生[J]. 网络传播，2014(1).
[8]唐续军，黄楚新，刘瑞生. 移动化新媒体：微传播改变中国[J]. 中国报业，2014(13).
[9]翟云. 网络舆情治理的未来愿景、现实困境与实现路径[J]. 行政管理改革，2015(1).
[10]王鑫，路琳娜. 新媒体时代的媒体功能研究[J]. 科技传播，2015(2).
[11]范卫国. 网络谣言的法律治理：英国经验与中国路径[J]. 学术交流，2015(2).

[12]李文冰，强月新. 传播社会学视角下的网络传播伦理失范治理[J]. 湖北大学学报(哲学社会科学版)，2015(2).
[13]李林容，李佩. 新媒体对传统媒体生态影响初探[J]. 中国出版，2015(3).
[14]靖鸣，钟倩. 微信空间里的“标题党”现象[J]. 新闻与写作，2016(5).
[15]吴幼祥. 政务微信运维的三力模型[J]. 新闻战线，2015(12).
[16]张宁. 消解作为抵抗：“表情包大战”的青年亚文化解析[J]. 现代传播(中国传媒大学学报)，2016(9).

三、学位论文类

[1]周大勇. “超传播”背景下的中国新闻文学化问题——“新10年”新闻“历史回归”现象研究[D]. 吉林大学，2012.
[2]汪頔. 新媒体的发展趋势及其对价值观的影响[D]. 复旦大学，2013.
[3]于鹏亮. 中国网络流行语二十年流变史研究[D]. 上海交通大学，2014.
[4]王玉华. 网络公共事件传播中微博伦理失范与规制研究[D]. 中国科学技术大学，2014.
[5]雷霞. 新媒体时代抗议性谣言传播及其善治策略研究[D]. 中国社会科学院，2014.

四、网站类

主要参考了以下网站的相关资料：新华网；新华报业网；人民网；央视网；新浪网；搜狐网；网易网；腾讯网；中国互联网网络信息中心网站；新榜网；虎嗅网；钛媒体网；中国新媒体艺术网；中国法院网。

五、移动新媒体平台类

(一)微博类

主要参考了以下微博账号的相关资料：中国政府网；共青团中央；外交小灵通；青海人事考试中心；青春绵阳；人民日报；央视新闻；环球时报；棋牌新闻；碧浪；小米手机；美拍；万达集团；宝马中国；带着微博去旅行；悦跑圈；游在市南；女巫占卜师；二混子----Stone；天天美食推荐；国史古风；稗官野记；你的英语我帮你；高考快讯；金爸爸教你学数学；光影杂货铺；健康养生日志；全球育儿大全；幽默段子坊。

(二)微信类

主要参考了以下微信公众号的相关资料：人民日报；央视新闻；南都周

刊；广东共青团；新疆我的家；现代快报；第九文化；爱上练瑜伽；六神磊磊读金庸；基层干部；做饭很简单；三九养生；大唐网；上海高考志愿研究院；全国空气质量播报；伊的家；东风汽车有限公司；华为；杜蕾斯；CA 中国；上汽大众大众品牌；沃尔玛；一起去旅行；面包旅行；娱乐新天地；菜菜菜菜的美食日记；世界周刊；君士阁；央视微 C；国家人文历史；意外艺术；新高考；书法微报；七弦古琴网；教育百师通；学生时代；健康圈；成长树；丁香医生；灵魂有香气的女子；咪蒙；皮皮电影；管叔说；育儿；视觉志；冷笑话精选。

(三)APP 客户端类

主要参考了以下 APP 客户端的相关资料：国务院；今日头条；一点资讯；腾讯新闻；澎湃新闻；明星衣橱；故宫；春雨医生。

后记　移动新媒体写作的发展与未来

人类已经进入21世纪第二个十年，信息传播渠道从PC端互联网全面延伸到移动终端互联网，智能移动终端的大量使用催生了移动新媒体。尽管业界和学界对“移动新媒体”这一概念看法比较谨慎，大多认为移动新媒体就是新媒体的移动化，但本书从更为现实和务实的角度出发，抓住移动互联网时代信息传播内容领域的重要呈现方式，把移动新媒体看作是依托互联网的智能手机、平板电脑、电子阅读器等智能移动终端发展起来的以微博、微信、新闻APP客户端为典型代表的新兴媒体。从人类写作的发展历史来看，每一次的媒体变革都引发了重要的写作革命，从口头、纸张到网络PC端、移动端的写作不仅突破了写作工具、写作媒介等的界限和局限，更在写作理念上有所更新，因此移动新媒体写作的出现与发展也有着非同一般的意义。移动新媒体刚刚兴起不到十年，就一路高歌猛进并获得了数亿的用户，而移动新媒体写作也随之蓬勃发展，向传统媒体写作的主流地位发起了挑战。而这样的发展速度和势头，是传统媒体写作望尘莫及的。

而事实上，移动新媒体写作已经对传统媒体写作产生了实质性的冲击，特别是纸媒行业面临着巨大的竞争压力，最先感受到传统媒体写作的寒冬来了。仅仅2015年和2016年，就有如《新闻晚报》《上海商报》《上海壹周》《动感新时代》《都市主妇》《新报》《今日早报》《长株潭报》《程序员》《杂文报》《读者原创版·全世爱》《当代歌坛》《生活新报》《环球企业家》《外滩画报》《瑞丽时尚先锋》《时尚新娘》《芭莎艺术》《新视线》《劲漫画》《艺术财经》等多家报纸和杂志停刊、转型或破产，其中不乏一些曾有极大影响力的媒体。而在2016年年末，《中国青年报》发布了“2017年起周末不再出版纸质报纸”的新闻，成为中央级媒体舍弃部分报纸业务的首例。但同时，《中国青年报》正努力向新媒体转型，进行“打造全媒体平台”的改革。面对这种严峻的情况，我们不得不深思纸质媒体的未来到底在哪里，传统媒体写作究竟要何去何从？我们认为，传统媒体向新媒体，特别是移动新媒体的转型是大势所趋，这也许就是笼罩在黑暗中以纸媒行业为代表的传统媒体的一条“重生”之路。所以，移动新媒体写作的未来发展空间还相当巨大，前途也是一片光明。

我们编写的这本书致力于全面展现前沿的移动新媒体写作的理论、方法和问题，既有移动新媒体和移动新媒体写作的基本理论，又通过案例分析和章后练习题来突出实践应用特色，还针对移动新媒体写作中存在的主要问题进行了阐发。同时，本书在保证基本理论较全面的前提下，有针对性地对当前最重要的若干移动新媒体写作类型，如政务公文类、新闻资讯类、企业营销类、休闲娱乐类、文化教育类、健康母婴类等的写作技巧进行了集中分析。

在本书编写过程中，我们受到了申凡教授、谭邦和教授、舒咏平教授的指导与帮助，特别是在体系框架、章节安排等方面，给予了我们极大的启发，在此深表感谢。同时，还要特别感谢武汉大学出版社对本书出版所给予的大力支持。

本书即将走向尾声，但移动新媒体写作的发展之路还长。为了编写本书，我们的编写团队放弃了节假日的休息时间，全身心地投入编写工作，兢兢业业、精益求精。尽管成书的过程十分艰苦，但我们无怨无悔，我们希望这本书能真正帮助中文、新闻、广告等专业的大学生们熟悉和掌握移动新媒体写作的最新理论、技术流程和关键技巧，使初入移动新媒体行业的从业人员通过自学自练提高新媒体写作的能力，让对新媒体行业有兴趣的广大群众了解移动新媒体写作的基本情况。全书凝结着整个团队的心血，主编负责组织编委会、确立编写体例、拟定大纲和分工，编写团队全程保持密切交流、研究讨论，几经修改才形成终稿，最后由主编修正、审定成书。具体分工如下：

刘晶：绪论、第一章第一节第二部分、第一章第二节、第二章、第七章、第十章、附录、后记；

方蔚：第三章、第四章、第六章、第七章、第八章、第九章；

彭晓艳：第五章；

王丽明：第一章第一节第一部分；

李春梅：第一章第一节第三部分。

移动新媒体写作是一种新兴事物，可资借鉴的成果十分有限，笔者对其进行的理论提炼尚属草创。由于水平有限，时间又比较仓促，难免存在一些不妥和疏漏之处，有待进一步修正、补充和提高，希望广大读者能给予批评指正。

编者

2017 年 9 月

高等学校新闻传播学应用型系列教材

书目

- * 新闻传播学导论
- * 新编新闻采访学教程
- * 中国新闻事业史
- * 西方新闻理论概论（第二版）
- * 新闻编辑原理与实务
- * 新时期优秀新闻作品评析
- * 新闻通讯员实务（第二版）
- * 新闻摄影实务
- * 新闻综合实训
- 新闻写作学（第五版）
- * 电视新闻节目学
- 电视制作实践教程
- * 电视节目策划
- 电视文艺编导
- 纪录片创作基础
- 影视制作技术与艺术
- 广播编辑与音频制作
- * 网络新闻标题制作
- 新媒体概论
- * 商业博客营销与写作
- * 当代新闻采访与写作教程（第二版）
- * 财经新闻报道
- * 影视赏析
- * 平面媒体电子编辑实训教程
- * 媒介融合教程
- * 移动新媒体写作

* 已出书